© tao.de in Kamphausen Media GmbH, Bielefeld

1. Auflage 2018

Peter Hien: Menschen stark machen / Make man strong
Layout / Satz: Wilfried Klei
Coverbild: Anja Kierblewski (www.marlik.net)
Printed in Germany

Verlag: tao.de in Kamphausen Media GmbH, Bielefeld,
www.tao.de, eMail: info@tao.de

Bibliografische Information
der Deutschen Nationalbibliothek

Die Deutsche Nationalbibliothek verzeichnet diese
Publikation in der Deutschen Nationalbibliografie;
detaillierte bibliografische Daten sind im Internet
über **http://dnb.d-nb.de** abrufbar.

ISBN Paperback: 978-3-96240-113-9
ISBN E-Book: 978-3-96240-115-3

PETER HIEN

Menschen stark machen
Make man strong

Ideale der westlichen Welt
Ideals of the Western world

tao.de

MENSCHEN
STARK MACHEN

MAKE MAN
STRONG

EINLEITUNG

Zunehmend viele Menschen verlieren die Kontrolle über sich und ihr Leben.
Mein Sohn sagte zu mir vor 10 Jahren, wie viele seiner Mitschüler mit sich und ihren Leben nicht mehr zurechtkämen.
Kürzlich, nun in Gießen meinte er, da seien es ja noch viel mehr.

In einem Fernsehbeitrag über eine Salafisten-Demo in Köln meinte ein junger Araber, dass die Menschen der westlichen Welt keine Ideale und keine Ziele mehr hätten.

Junge Ägypter bewundern den Westen um seine Hochkultur,
und verachten dennoch die Menschen, weil sie dies weder erkennen,
noch leben.

Eine ganz aktuelle Untersuchung besagt, dass 25% unserer Mitmenschen deprimiert-depressiv-haltlos seien.

Einer jungen Frau aus schwierigen Verhältnissen stand ich bei Problemen bei – in ihrem Bekanntenkreis bekämen über 50% keine Struktur mehr in ihr Leben.

Wenn man heute leitend in Schulen, Betrieben, Kliniken, Firmen, Behörden tätig ist, dann nimmt man diese Entwicklung sehr deutlich wahr. Das ist häufig und zunehmend ganz schlimm und wird bedrohlich.

Deshalb reagiere ich darauf seit einigen Jahren recht offensiv,
und schaffe es mein Umfeld zu stärken und positiv auszurichten.
Anbei für Sie das Handout zum Vortrag.

Das Ziel ist es, den jungen Menschen ein Werkzeug an die Hand zu geben, mit dem Sie sich und ihr Umfeld strukturieren und positiv ausrichten können.

Dieses Problem und diese Aufgabe werden zunehmend bedeutender.
Der Erfolg von Menschen und einer Gesellschaft hängen davon ab.

Auch dadurch erklärt sich, warum in der BRD einige Regionen als sog. „Triple-A" eingestuft werden und mit Abstand an der Weltspitze sind; und andere, eigentlich mit denselben Voraussetzungen, zunehmend absteigen.

INTRODUCTION

Increasingly people lose control over themselves and their lives.
My son told me about 10 years ago, that a lot of schoolmates had no
competence to handle their lives and themselves. Now that he is living
in a city, he told me again the same thing, only that it was even more
striking.

In TV we saw a Salafist demonstration in cologne.
A young arab said, that the people of the western world had no ideals
and no objectives.

Young Egyptians admire the wonderful western culture, and feel contempt for a western population which doesn´t recognize this, and which
doesn't identify its culture.

An actual survey shows, that 25% of western men and women are down-
cast-depressive-unfounded.

I supported a young woman in her struggle to overcome difficult social
circumstances she lived in. Among her circle of friends more than 50%
would get no structure into their life.

If you are heading firms, schools, hospitals, departments, working
groups, you realize this negative development very clearly.
It is frequent, incremental and becomes more and more threatening.

Therefore I´ve decided to attend to this problem activey, and to work
hard to strengthen my fellow humans, my staff, and give them a positive
orientation.

The objective is to give young persons a tool that helps to structure
themselves and their fellows. And to get a positive orientation towards a
strong life.

This task and this problem becomes increasingly important.
The success of the individuals and of the society depends upon this.

This explains also why some regions in germany are "triple-A",
with economics and society at the top in the whole world;
and other regions in germany descend frighteningly, despite the same
preconditions.

10

In meiner Kindheit und Jugend waren die Menschen stark im Leben. Äußere Strukturen, wie Obrigkeiten, Kirche, feste Regeln und einfache Wahrheiten, Zugehörigkeit zu einer starken Gruppe, wie Familie, Verein, Gemeinde, mit gemeinsamen Veranstaltungen, sicherten ein stabiles Gerüst. Natürlich war dies auch in vielerlei Hinsicht ungut und bei weitem nicht „optimal", aber es waren immerhin Strukturen, manche nennen das sog. „Leitplanken".

Diese Vorgaben wurden zunehmend hinterfragt und zuletzt nahezu ersatzlos aufgelöst. Nun kommen die Menschen mit sich selbst u. ihrem Umfeld zunehmend nicht mehr zurecht. Das seien (kürzlich in der FAZ) etwa 25% der Bevölkerung, Tendenz rasch steigend.

Wir haben für diese alten damaligen Vorgaben heute keinen Ersatz, und deren Verlust wird immer schmerzlicher. Das wird auch bald gefährlich werden. Das merkt man allerorten, z.B. in Betrieben, und insbesondere in Leitungspositionen.

Deshalb habe ich die Fundamente unserer westlichen Kultur zusammen gefaßt, von den „alten" Griechen, über das Christentum, Volksweisheiten, Aufklärung, Philosophie, Psychologie bis in die Moderne.
Das Thema ZEN habe ich eingefügt als hilfreiche Ergänzung, denn ZEN erklärt gut, was unser ICH ist – und wie es „funktioniert".

Diese Fundamente unserer westlichen Gesellschaft sollen ein Werkzeug sein, mit dem sich Menschen selbst ein gutes tragfähiges inneres Gerüst aufbauen können.
Dieser Themenkomplex wird zukunftsweisend, das ahne ich seit Jahren, und es scheint meines Erachtens, und auch nach Beobachtung anderer, es wird von Jahr zu Jahr notwendiger und wichtiger.

In my childhood and adolescence the persons around me were strong in their life. Binding rules and accepted truths were common sense of the social group. Social affiliation to a strong family, church, clubs and a community with social events and traditions ensured a stable framework. Of course this was not always the best way and very often bad and unpleasant; but nevertheless robust structures, in a psychological sense so called "guardrails".

These accepted values were increasingly questioned, abolished and not replaced. And now too many people cannot handle themselves or their social lives. These are 25% of our fellow humans, this trend is rapidly increasing.

We don't have substitutes for these traditional guidelines, rules and truths. The lack of this becomes more and more painful. This will be dangerous for our society. You can realize this deficit everywhere, in firms, schools, hospitals, communities, especialy in executive positions.

For this reason I have summarized the foundations of our very special western culture, Beginning with ancient Greece, Christianity, folk wisdom, enlightenment, philosophy, and modern psychology.
ZEN, a helpful addition to our western culture, explains very good how our "I" works.

These foundations of our western society and culture should be a tool for people to build up a strong and sustainable inner framework.
This complex of themes is becoming future oriented – with urgency.
Ans it's becoming more important year after year.

IDEALE-DER-WESTLICHEN-WELT

Wesentlich ist für uns die Kenntnis unserer westlichen Fundamente: Denn unsere Lebensbasis ist nicht im Orient, in Afrika oder in Asien, unsere Lebensbasis ist das was unser ICH, unser Leben und unsere Gesellschaft geformt hat.

Das muss man im Kern verstehen, damit man versteht wie unser Umfeld „funktioniert" und wie wir „funktionieren".

Nachfolgend kurz gefasst die entscheidenden wesentlichen Säulen:
1. Griechische Philosophie
2. Christentum
3. Humanismus, Renaissance, Literatur
4. Psychologie
5. Soziales Leben, Beziehungen
6. ZEN-Buddhismus
7. Humor

1. GRIECHISCHE PHILOSOPHIE UND ANTIKE

Sokrates versuchte durch Fragen und Logik den Einzelnen sich selbst zu betrachten und zum richtigen Leben zu bringen. Erkenne dich selbst. Er sprach zudem vom Menschen, der seine ethischen Pflichten (Gutes zu tun) wahrnimmt, und dadurch im Leben und für sich selbst am stärksten wird.

Berühmt ist **Platons** Höhlengleichnis: Wir sind wie Menschen, die in einer Höhle sitzen, nie die Sonne gesehen haben und unsere Schatten für das wahre Leben halten. Nur wenige Menschen begeben sich fleißig und diszipliniert aus der Höhle. Hier finden sie das „richtige" Leben.

Stoa und **Epikureismus** befassten sich mit dem Thema „glückendes Leben" im weitesten Sinne und begannen psychologisch zu denken.

Aristoteles war der Realist. Biologie und Medizin, Politik, Rhetorik wurden mit einem enzyklopädischen Wissensdrang erfasst und strukturiert dargestellt. Er begründete die Logik mit ihrer heute noch aktuellen Gliederung. Und er legte die Fundamente für ein humanistisch-wissenschaftliches Menschenbild.

IDEALs-OF-THE-WESTERN-WORLD

Essential for us is the awareness of and familiarity with our western foundations:
Our groundworks are not in Africa, Asia or in the Orient, our grounding is here, our culture is the basis of our life and our community.
It is indispensable and vital to understand this, to understand how our environment "works", and how we ourselves "work".

Subsequently a brief summary of the decisive and major pillars:
1. ancient greek philosophy
2. christianity
3. humanism, enlightenment, literature
4. psychology
5. social life and relationships
6. ZEN-buddhism
7. humour

1. ANCIENT GREEK PHILOSOPHY

Sokrates wanted his fellows to recognize themselves with questions, rationale and logic with the aim of a good and correct life. KNOW THYSELF! His subject was the man who fulfills his ethical duties (DO GOOD!). By this way man becomes inwardly out outwardly stronger.

Famous is **Plato's** allegory of the cave: We are people sitting in a dark cave without seeing the sunlight. And we consider our shadows as the real life. Only a few people, working hard, busy and disciplined, will find the way out of this dark underground cave. Only there they´ll find the right life and the right way of living.

Stoicism and **Epicureanism** deal with the so called "happy" life in the broadest sense and start with a psychological way of thinking.

Aristoteles was the "realist". He had systemetically determined subjects like biology, medicine, politics, rhetoric, communication skills. He filled libraries with workbooks, speeches, lectures and scientific publications. He founded the art of logical thinking that is valid until today. He founded our unique western scientific-humanistic conception of man.

2. CHRISTENTUM

Das Neue Testament hat danach eine extrem erfolgreiche Gesellschaft geformt, wie wir es in den Programmen der großen Parteien und den Verfassungen der westlichen Welt nachlesen können:

- Solidarität, Nächstenliebe, soziale Sicherung
- Gerechtigkeit, Würde, Schutz vor Willkür und Missbrauch
- Freiheitliche Demokratie
- Menschen für das freie Gemeinwesen in die Pflicht zu nehmen
- Bildung und Kultur
- Ökologie – Schutz der natürlichen Lebensgrundlagen

3. HUMANISMUS – AUFKLÄRUNG

Grundwerte des Humanismus:

- Die Würde des Menschen ist unantastbar.
- Toleranz
- Demokratie
- Frieden
- Gleichberechtigung zwischen Mann und Frau
- Gegen Dogmatismus und absolute Wahrheiten
  Friedlicher Austausch von Ideen
  Anerkennung der Begrenztheit unseres Wissens
- Bejahung der Wissenschaft
- Forschung und Entwicklung, die an ethische Kriterien geknüpft ist.
- Die Welt in ihrer Vielfältigkeit und Widersprüchlichkeit akzeptieren
  Die Vielfalt als Bereicherung des Lebens und der Gesellschaft ansehen
- Bewahrung der natürlichen Lebensgrundlagen
- Die Freiheit zwischen den Lebensauffassungen wählen zu können
- Ziel ist die Minimierung von Leid und die Vermehrung von Glück und Wohlstand
  Freiheit der Kunst, der Rede und des Denkens

2. CHRISTIANITY

Later on the New Testament formed an extremely successful society. We can read about this in the party manifestos and the national constitutions of the western world:

- Solidarity, social security, brotherly love
- Justice, dignity, protection against abuse or despotism
- Liberal democracy
- A free society for which the individual accepts responsibility.
- Education, training and culture
- Ecology – protection of our natural basis of life

3. HUMANISM – ENLIGHTENMENT

Fundamental values of Humanism:

- The dignity of man is unimpeachable.
- Tolerance
- Democracy
- Peace
- Equality between men and women
- Against dogmatism and absolutism
  Peaceful exchange of ideas
- Affirmation of science
- Research and development
  That ist orientated towards ethical standards
- Accept the world's variousness and discrepancies
  Diversity and variousness enriches our lives and communitie.
- Beware the ecologic basis of natural and human existence
- Everybody is free to choose his (or her) kind of life style and view of life
- The aim is to minimize suffering and achieve more happiness and prosperitiy
  Freedom of art, speech and thinking

Kant erkennt (lange nach und im Sinne von Aristoteles) wieder die Notwendigkeit logisch zu Denken – und er trennt damit (im wesentlich alleine) die Neuzeit vom Mittelalter.

Der kategorische Imperativ – also das ehrliche, fleißige, engagierte, disziplinierte und tugendhafte Leben als Erfolgsgarant für die Person und die Gesellschaft wird von ihm erstmals so formuliert – Humanismus auf christlicher Basis und Logik für eine freie Welt.

Erasmus von Rotterdam steht für die Literatur und die Entwicklung des europäischen Humanismus. **Wilhelm von Humboldt** bekam den Auftrag, dass dies in den deutschen Schulen den jungen Menschen beigebracht wurde.

Literatur, die Klassiker

Schiller ist politisch, er formuliert erstmals kompromisslos und resolut alles was wir heute als normal erachten; deshalb fand er auch keinen Dienstherrn, der ihm ein Auskommen sicherte.

Damals herrschte in Deutschland eine feudale Fürstenwillkür, wie wir sie heute noch überall andernorts auf der Welt haben (siehe Afrika, Orient, Asien, Russland). Die wollten von Freiheit und Gleichheit der Menschen natürlich nichts hören.

Goethe war da kompromissbereiter und schaute sich an, ganz unpolitisch, wie sich der Mensch entwickelt und lebt. Und dies sprachlich genial und inhaltlich einzigartig. Ein aktiver Wortschatz von 30.000 Wörtern, Gebildete überschreiten 10.000 Worte nicht – Goethe war und ist bis heute ein unvergleichbares Genie. Inhaltlich liegt er nahe an unserer modernen Psychologie.

Sein Fazit war zuletzt, dass sich der Mensch ein starkes ICH entwickeln muss, damit er auf dieser Welt bestehen kann. Das Werkzeug ist Bildung, Erfahrung, Sprache und die Kommunikationsfähigkeit; es bedarf eines sehr breiten Repertoires, um auf die Vielfalt der Herausforderungen reagieren und bestehen zu können.

Kant rediscovers (a very long time after and according to Aristoteles) the need of logic thinking – and leads europe (quite alone) from middle age into the new age.

The Categorical Imperative – Kant postulated an honest, engaged, busy, disciplined and virtuous life as a guarantee of success for a person and for society. He is the first who verbalizes this synthesis of Christianity, humanism and logic thinking for a free world.

Erasmus von Rotterdam – his name stands for the literature and the development of the european humanism. **Wilhelm von Humboldt** had the task that humanism and education should be brought to the pupils in german schools.

Literature, classical works

Schiller thinks very political. He verbalizes uncompromisingly and determinedly what is today common sense. For this reason he found during his lifetime no employer or sponsor to ensure him a decent life.

In this day a feudalistic arbitraryness of the aristocracy – very similar to actual conditions in contemporary countries (Africa, Arab countries, Orient, Asia, Russia) prevailed. These lords and rulers wanted to hear nothing of equalitiy, freedom, brotherhood or fair justice.

Goethe was adapted to the governing aristocracy and more willing to compromise. He observed and described apolitically the life and the development of the individual human being in society.

And he did this linguistically ingenious and contentually unique. An active vocabulary of 30.000 words; very educated persons have no more than 10.000 words – Goethe is until today an incomparable genius. His unmatched way of thinking is a synergy of literature, philosophy and modern sociology and psychology.

His bottom line was that the individual person has to elaborate a strong "I". This is essential to cope with the tasks and challenges of life. The tools are education, experience, language and communication skills. Man needs a very broadly based repertoire for covering the variety of tasks and challenges he is persistently confronted with.

4. PSYCHOLOGIE

Klinische Psychologie fasst zusammen, was klinisch und wissenschaftlich an gesicherter Erkenntnis vorliegt. Der Mensch definiert sich selbst über die Inhalte seines Bewusstseins und seiner Gedanken. Man spricht vom „menschlichen Geist". Das Gehirn funktioniert gut, und ist gleichzeitig höchst störanfällig. Themen der klinischen Psychologie sind z. B.:

- Was tut unser menschliches Gehirn?
- Was ist Bewusstsein (Unter- bzw. Vorbewusstsein)?
- Was ist Schlaf, Meditation, oder Hypnose?
- Wie entsteht und was ist Demenz?
- Klinische Psychologie beschreibt verschiedenste psychische Krankheiten und Psychotherapien, wie
  - Psychoanalyse
  - Verhaltenstherapie
  - Aversionstherapie
  - Soziales Lernen
  - Kognitive Therapie
  - Humanistische Sinn-Therapie

„Irrationales Verhalten":

- Sich lösen (am besten nur kurzzeitig) von der rationalen Kontrolle
- Lust, Sex, Ekstase, Trance, Rausch
- Drogen, rhythmische Ekstase, Rituale
- Schreien, Grölen, aggressiver Gesang bzw. Verlautbaren, Schlachtrufe
- Macht und Lust ausleben
- Archaisches Gebaren (Horden, Tiere)
- Bei allen Menschen, in allen Kulturen, zu jeder Zeit
- Was ist das ?
- Warum braucht man das in irgendeiner Form?
- Die psychische Notwendigkeit auf einen rauschhaften Zustand.
- Das ist normal und notwendig, und schlecht wenn man es verleugnet.
- Deshalb damit ehrlich umgehen und aufpassen (Kontrolle)

Die **Neurosenlehre** befasst sich mit diesem Thema des Irrationalen. Die entscheidende Frage bei abnormem irrationalen Verhalten ist, ob der Mensch dies erkennt, ob es für den Einzelnen und sein Umfeld erträglich ist, ob er es noch steuern und kontrollieren kann.

4. PSYCHOLOGY

Clinical psychology summarizes knowledge that is clinically and scientifically secured. Human beings define themselves by the contents of their awareness and their thoughts – what we call the human mind or "spirit". The human brain functions very well – and is simultaneously highly vulnerable. Some subjects of clinical psychology are:

- What is our human brain doing?
- What is consciousness versus subconscious or preconscious contents?
- What is sleep, meditation, oder hypnosis?
- How develops and what is dementia?
- Clinical psychology describes various psychic diseases and the different strategies of psychotherapies:
  - psychoanalysis
  - behavioural therapy
  - therapy with aversions
  - social learning
  - kognitive therapy
  - humanistic therapy with sense / meaning

"Irrational behaviour":
- Release oneself (mostly only for a short while) from rational control
- Lust, sex, ecstasis, trance, exhilaration
- Drugs, rhythmic ecstasis, ritualistic actions
- Crying, bellowing, aggressive singing / screaming, rallying, crying
- Acting out of lust or force
- Archaic behaviour (animalistic, tribal habits)
- This is normal for nearly all people, in all cultures, all the times
- What is this?
- Why need man from time to time something like this?
- A mental need and the right to act out ecstatic outbreaks.
- This is an important part of us, and it is disastrous to deny this.
- Be honest with yourself, take care and control over these impulses.

The **study of neurosis** deals with this subject of the irrational. The key question with irrational behavior is wheter the person recognize it, wheter it is bearable for himself and his fellow humans, and wheter the person can manage and control these impulses.

Destruierende Impulse:

Das Gehirn, unser sog. „ICH", wird zunehmend zu dem, was wir daraus machen. Die Entwicklung von positiven Tugenden erfordert Beharrlichkeit, Ausdauer, Selbstbeherrschung, Disziplin und Fleiß. Die Entwicklung von Bildung, Humor, Eloquenz, Leistung, Stärke und Kultur werden als mühselig wahrgenommen.

Und leider funktioniert auch das Gegenteil sehr gut – und ist für den Menschen erst mal „viel einfacher und verführerischer".

Man beobachtet zu oft folgendes Muster:

- Stete Flucht in Zerstreuung und Ablenkung.
- Entspannung und Erholung werden zu Nichtstun und Bequemlichkeit
- Trotzdem das Bedürfnis nach Anerkennung, gutem Leben und Gruppenzugehörigkeit
- Es folgen zunehmend ungerichtete Angst, Ängste vor Versagen und Ablehnung
- Zunehmend Depression, Neid, Hass, Eifersucht.

Wesentlich das hochgewichtige archaische Bedürfnis nach Gruppenzugehörigkeit, allgemeine Anerkennung und vor allem Anerkennung durch eine bestimmte Bezugsperson. Und wenn das dann auf niedrigem Niveau ist – in Kombination mit mangelnder Lebensperspektive (beruflich, sozial, persönlich) – schon hat man eine kriminelle Bande, einen Führerkult oder eine Terrorgruppe.

Diese Muster finden wir in primitiven Strukturen, wie kriminellen Vereinigungen, bei Terroristen, Fanatikern, aggressiven Kulturen. Man ist überrascht, wie schnell diese in den Vordergrund kommen, wenn die Kontrollinstanzen schwach werden oder weg fallen oder „Destruktion" (Zerstörung, Terror, Morden, Bedrohen, etc.) erlaubt wird. Klassische Beispiele sind Konzentrationslager, Gewalt in schwachen Staddteilen, Terror im Nahen Osten.

Teilhabe in der modernen westlichen Welt erfordert Talent, Leistungsbereitschaft, Einfühlungsvermögen, sehr komplexe und schwierige Anpassungsstrategien. Diese sind sehr schwer umzusetzen und mit viel Versagen und Frustration verknüpft. Deshalb gilt weiter der schöne biblische Hinweis, dass der gute Weg schmal, steil und dornig ist – aber in den Himmel führt. Den Himmel dürfen wir uns heute als was Diesseitiges vorstellen, aber auch dieser Weg dahin ist mühsam.

Destructive impulses:

Our brain, our so called "I", develops according to the way we decide to shape it. The development positive expansion of positive virtues requires firmness, perseverance, self-control, discipline and effort. The persuit a life of humour, education, strength, culture, eloquence and strength is initially hard work and needs education and training.

This is perceived as strenuous. Therefore a completely different development is possible – and this way is for a person easier and more seductive. Unfortunately more often – an uncontrolled life shapes the mind.

Too often we note the following development:
- Continuous flight into dissipation and distraction.
- Relaxation and recreation turn into inactivity and laziness.
- In spite of this the desire for respect, good life and group affiliation remains.
- As a consequence increasing anxiety, fear of failure and of being refused.
- Increasingly depression, envy, hatred, jealousy.

Of crucial importance is the archaic for a group membership, general appreciation and especially the appreciation from a person to whom one relates closely (or wants to relate.....). If this is on a very low level – and combined with an insufficient life perspective (occupational, social, private) – and before long you have a criminal gang, a leader cult or a terrorist group.

We will find this pattern in primitive structures like criminal groups, in terrorist organizations, fanatics, aggressive civilizations. It is surprising how easily and quickly such negative developments arise prevail if controlling authorities become fragile or disappear. Or if "destruction" (demolition, terror, murder, threats, etc.) is allowed. Typical examples are concentration camps, violence in bad (weak) urban settings, terror in the middle east.

Participation in the modern western world requires a high motivation, talent, empathy, and very complex adaption strategies. These are very difficult to achieve, hard to perform and are associated with a high level of failure and frustration. That's why the biblical advice is true: the good path is thorny, narrow and steep – but it leads to "heaven". Today "heaven" can be conceived as being rather this wordly. But nonetheless such aspirations are demanding.

Resilienz (als Gegenteil von Angst-Depression):

Menschen, die als resilient bezeichnet werden, sind in der Lage Belastungssituationen und auch Niederlagen und Tiefschläge gut zu meistern. Selbst aus Krisensituationen können sie gestärkt hervorgehen. Selbstvertrauen und Selbstbewusstsein sind nur schwache vordergründige Begriffe.

Resilienz findet man bei disziplinierten, geordneten, gebildeten und fleißigen Menschen. Ein eng verwandter Begriff ist Selbstregulation. *„Wer sich selbst beherrscht, der beherrscht die Welt."*

Die 7 Säulen der Resilienz:

Optimismus: Resiliente Menschen setzen ihre positiven Ziele ganz bewusst ein, um ihre eigenen Ressourcen effektiv und zielgenau einzusetzen.

Akzeptanz: Nur wenn eine Krise erkannt und akzeptiert wird, kann sie auch angegangen werden.

Orientierung auf eine Lösung: Lösungen werden gesucht, mit Zieldefinition

Aktiv selbst gestalten: Aufmerksamkeit nicht nur auf andere Personen und Umstände richten, sondern in erster Linie sich selbst fordern. Diese Menschen versuchen Umstände aktiv und selbst zum Besseren zu verändern.

Verbindliche Verantwortlichkeit: Dazu gehört, dass man die Konsequenzen von Vermeidungsstrategien (Bequemlichkeit, Nichts-Tun) erkennt und stattdessen aktiv, engagiert, gebildet, diszipliniert und fleißig wird.

Netzwerke aufbauen: Indem man etwas mit und für andere tut!

Zukunft planen und gestalten: Pläne und Gestaltung des Lebens – vor allem mit altruistischen Zielen. Anmerkung: Sinntherapie nach Fabry und Frankl.

Resilience (the opposite of anxiety-depression):

Persons designated as resilient are able to master stress situations and even defeats and deep hits. They manage to emerge from a crisi strengthened and consolidated. Self-confidence and self-awareness are only vague and superficial words.

We observe resilience in disciplined, organized, educated, and dikigent persons. A closely related concept is self-regularization: *"Those who control themselves master their environment."*

The 7 pillars of Resilience:

Optimism: Resilient persons deploy their positive goals purposefully to master their own ressources effectively and accurately.

Acceptance: Only if a crisis is recognized and accepted it can be resolved.

Orientation towards a solution: Solutions and answers are wanted, with a target definition.

Actively self-organizing: Attention not only towards other persons and circumstances, but primarily to one´s own responsibility. Such persons try hard to improve things active.

Reliable Responsibility: This means to realize the consequences of avoidance strategies (convenience, laziness) and to be active, engaged, educated, disciplined and busy.

Networking: To dedicate oneself to other people, to work for and with other people.

Planning and organising the future: Plans and structuring of life – mainly with altruistic objectives. Note: meaningful logotherapy accordimg to Fabry and Frankl.

Entwicklungspsychologie

Entwicklungspsychologie beschreibt, wie sich der kleine Mensch zum gro-ßen Menschen entwickelt – und was für eine gute Entwicklung und ein gutes Ergebnis richtig ist.

Das Gehirn des kleinen Kindes entwickelt sich erst mal rasant:

- Die wesentlichen Verbindungen und Vernetzungen finden vor dem 3. Lebensjahr statt.
- Bis zum 6. Lebensjahr besteht der höchste Grad der Vernetzung.
- Das sind doppelt so viele wie beim Erwachsenen; leider wird meist bis zum Jugendalter wieder abgebaut – auf den Stand mit ca. 2 Jahren.
- Welche Verbindungen erhalten und verstärkt werden, wird durch Lernen, Erfahrungen und von den Umweltreizen bestimmt.
- In den ersten 10 - 12 Jahren wird der Grundstein für die weitere kognitive Entwicklung gelegt.

Kinder brauchen Liebe. Man muss humorig, liebevoll und geduldig Dis-ziplin von außen immer wieder an sie herantragen, damit dies sich von innen aufbauen kann. Dann bewältigen Kinder die vielfältigen Belastun-gen und Herausforderungen des Lebens. Sie brauchen stabile Leitplanken, die auch vorbildhaft und humorig vorgelebt werden, um sich selbstbewusst entwickeln zu können.

Zusammenfassung:

- Die Kindheit ist ganz wesentlich für die Entwicklung.
- Sprache ist das zentrale Thema. Lieder, Gedichte, Vorlesen, Geschichten.
- Vor allem selbst musizieren und Lieder singen.
- Entwicklung endet aber nicht mit der Kindheit bzw. Jugend – Entwicklung findet über die gesamte Lebensspanne statt.
- Nicht-Entwicklung von Geist und Gehirn ist steter Abbau. Dies bewirkt zunehmendes Versagen und Ängste, und auch eine frühe dementielle Entwicklung.
- Entwicklung wird heute als ein das ganze Leben andauernder Prozess der Auseinandersetzung des einzelnen Menschen mit sich und der der Umwelt angesehen.

Developmental psychology:

Developmental psychology describes how the infant develops into an adult person – and what is necessary for a good development and outcome.

Initially the brain of a small child develops rapidly:

25

- The main connections and networks are established in the first 3 years.
- The highest degree of cross-linking is attained by the age of 6.
- The numbers of connections is twice as much as in adult brains. Unfortunately in most adolescent' brains networks will be degraded – to the level of a two-year-old child.
- Which connections are preserved and strengthened is due to learning, experience and environmental stimulants.
- The foundation for future cognitive development is laid in the first 10 - 12 years.

Childrens need love. And children need discipline. Discipline is to be established in a humorous, consistent, loving and patient manner, so that it can be adopted and built up internally. And this way they can handle the manifold challenges and burdens in their life. They need stable guardrails. The parents should live these values exemplarily and with humour, so the children can develop into confident persons.

Summary:

- Childhood is crucial for the human development.
- Language is the central subject. Songs, poems, reading, stories.
- Mainly playing a musical instrument and singing songs.
- Development doesn't end with childhood or adolescence – development continues throughout life.
- Failure to train one's mind and brain leads to a steady deterioration. This causes anxiety and progressive failure – and very often a trend towards an early dementia.
- Development of mind and brain is a livelong process of interaction between the individual human being and his (or her) environment.

5. SOZIALES LEBEN, BEZIEHUNGEN

Die moderne Psychologie ist die **Betriebspsychologie**. Das Zusammenleben und Zusammenarbeiten in der modernen Produktionsgesellschaft ist die zentrale Frage unserer Gesellschaft.

Alles, was wir zusammen tun, ist **Kommunikation**, alles, worauf funktionierende Betriebe und funktionierendes Zusammenarbeiten und Zusammenleben beruhen, ist Kommunikation.

Sozialpsychologie wird immer bedeutsamer: wie nehmen Menschen sich selbst, ihre Umwelt und sich selbst in ihrer Umwelt wahr, soziale Kognition und Konstruktion einer sozialen Realität.

Soziale Regeln:

- Bedürfnis nach Zugehörigkeit zu einer Gruppe → aber: Erwartungen zu erfüllen.
- Ansonsten negative Konsequenzen → wenn diese nicht erfüllt werden.
- Führt zu Uniformität → Abweichungen nur teilweise erlaubt
- Oft wird Zwang ausgeübt → Zurückweisung, Anpassungsdruck

Prosoziales Verhalten – Altruismus:

- Prosoziales Verhalten, das in erster Linie weitestgehend ohne Berücksichtigung der eigenen Sicherheit oder eigenen Interessen durchgeführt wird.
- ontogenetisch sinnvoll zum Erhalt der Gruppe (Familie, Stamm, Land)
- Und es bewirkt Anerkennung, soziale Beziehungen und man stärkt sich selbst in der Gesellschaft.

Dies findet nahezu nicht mehr statt, diese christliche Lebensform erkennt man kaum noch; sog. „alte Lebensmodelle" wie Kirche, Familie, Gemeinde oder Vereine leben dies vor. Diese Art zu leben und zu denken, die wird nun zunehmend ersetzt durch *„jeder macht sein Ding"*.

5. SOCIAL LIFE AND RELATIONSHIPS

The leading modern psychology ist the **industrial psychology**. Human coexistence and cooperation are the central subjects of our modern productive society.

Everything we do together is **communication**. The groundwork for well-functioning companies and a well-functioning society is **communication.**

Social psychology is becoming more and more important: self perception and perception of the environment, social cognition and the construction of a social reality.

Social rules:

- Desire for group membership → but: need to fulfil expectations.
- Otherwise negative consequences → if demands are not fulfilled.
- Pressure towards uniformity → deviations are only partially tolerated
- Often pressure is exerted → rejection, adjustement pressure

Prosocial behavior – altruism:
- A person with prosocial behaviour disregards its own interests and security to a large extent.
- This is ontogenetically vital for the preservation of a social group (tribe, family, clan, community, nation)
- And it ensures respect, stable relationships and self-strengthening in a social community.

This prosocial behavior is disappearing, this christian form of life is rarely recognizable; So called "old life models" like church, family, associations or communities are living examples. This kind of living and thinking is more and more replaced by *"everybody follows his or her interests only"*.

Aggression:

- Unterdrückung und Hemmung bewirkt Aggression.
- Schwache Geschöpfe, die unsicher sind, ziehen sich entweder zurück, oder werden aggressiv.
- Hemmung und Enthemmung von Aggression im Gehirn in der sog. Amygdala,
- es kann mittels Elektroablation oder Stimulation gesteuert werden.

Erlaubte Aggression durch vermeintlich legitimierte Autoritäten:

- Versuchsprotokoll mit Menschen massiven Stromschlägen
- Welpen (Quietschen, Schreien, massive Angst etc) auf „Anordnung" gequält.
- Wissentlich werden angeordnete falsche Medikamente gegeben.

- So funktionieren Folter, Tötungen und Massaker auf Befehl,
- und das tun dann ganz normale Menschen!

Wie funktioniert das – Erklärung:

- Hyposensibilisierung, langsames Steigern der Untaten.
- Gruppenzugehörigkeit.
- Zuerst tut das Unsägliche nur Einer, dann folgen Andere.
- Zuerst assistiert man nur.
- Der leitend Befehlende „ist glaubwürdig",
- das Opfer ist emotional und räumlich getrennt.
- Ganz schnell hat der Einzelne soviel Schuld,
- die er nun nicht mehr erkennen und einräumen will.
- Damit verlöre er aber die Gruppenzugehörigkeit,
- und riskierte zudem dann sogar selbst zum misshandelten Opfer zu werden.

Aggression:

- Suppression and restraints cause aggression.
- Weak persons who are unstable withdraw themselves, or become aggressive.
- Inhibition and disinhibition of aggression is located in the brain's Amygdala,
- it can be controlled with electro-stimulation or electro-ablation.

Permitted aggression by supposedly legitimate authorities:

- Study design with humans getting high voltage electric shocks
- Puppies (Squeeks, screaming, freightened) are tortured by "order".
- Ordered medicaments are given, even knowing that they are false.

- This way torture, murder or massacres are performed by command.
- This is done by quite normal people!

How does this work – an explanation:

- Hyposensitization – gradual increase in severity of criminal deeds.
- Group membership.
- First only one offender does the unspeakable – then others follow.
- Initially only as assistant.
- The leader in command "is trustworthy",
- The victim is emotionally and spatially separated.
- Quite quickly the individual person is so guilty, by only watching or by assistance,
- that he cannot recognize or even concede his cruelties.
- By doing so he would moreover lose his group membership,
- and what's more risk – becoming a maltreated victim himself.

6. ZEN UND DIE WERTE DER WESTLICHEN WELT

Buddhas Einsicht – er fasste die **4 edlen Wahrheiten** zusammen:

1. Leben ist Leiden und vor allem Angst
2. Leid und Angst entsteht durch Begierde und Anhaften
3. Es ist möglich sich von Leid und Angst zu befreien
4. Der Weg dazu ist der Achtfache Pfad zum rechten Leben

Der 8-fache Pfad zum rechten Leben:

1. rechte Ansicht / rechte Einsicht
2. rechtes Motiv / rechte Gesinnung
3. rechte Rede
4. rechtes Tun
5. rechter Lebensunterhalt
6. rechte Anstrengung
7. rechte Achtsamkeit
8. rechte Konzentration / rechte Meditation

ZEN heißt „Sitzen"

- Sitzen und seinen Atem verfolgen
- Sitzen und seine Gedanken betrachten
- Sitzen und seine Gefühle/Emotionen betrachten
- Sitzen und musizieren (Musikinstrument als sog. „Mantra")

Im Kern besagt ZEN:

- Unentwegte Emotionen, Gedanken und Körperempfindungen
- sind wie eine Non-stop-Matrix, die pausenlos mehrdimensional im Gehirn abläuft
- Sowohl bewusst, als auch vorbewusst und unterbewusst.
- Der Mensch ist dem meist ausgeliefert (es konditioniert ihn).
- Wenn man dies erkennt (Werkzeug ist Mediation o.ä.),
- dann lernt man Gedanken-Emotionen-Empfindungen zu betrachten,
- und zunehmend eine humorvolle Distanz dazu aufzubauen.
- Dann ist man dem nicht mehr ausgeliefert,
- nun kann sich selbst in der Welt besser steuern.

6. ZEN AND THE VALUES OF THE WESTERN WORLD

Buddha's knowledge – he described the **4 noble truths**:

1. Life is suffering (better translated with "fear")
2. Suffering and fear are caused by craving and attachment / adhering.
3. It is possible to get free from this suffering and fear.
4. The way to do that is the Eightfold Path to the right life

The Eightfold path to the right way of life:

1. right view / right insight
2. right motive / right attitude
3. right speech
4. right action
5. right livelihood
6. right effort
7. right mindfulness
8. right concentration / rechte meditation

ZEN means "sitting"

- sit and track one's breath
- sit and consider one's endless thoughts
- sit and consider one´s unpredictable emotions
- sit and play an instrument (the music instrument is a "mantra")

The main point of ZEN is:

- Endless unpredictable emotions, thoughts, body sensations
- are comparable to a non-stop computer-matrix
- which is unwinding non-stop multidimensionally within the brain.
- This happens consciously, as well as sub- and pre-consciously.
- The human being is defencelessly delivered (he becomes conditioned).
- If a person realizes this (mediation is a tool),
- he learns to watch thoughts-emotions-sensations,
- and with time he more and more achieves a humorous distance.
- This way a human is not completely defenceless delivered anymore,
- more and more he gains control over himself and his life.

Das ICH der Menschen ist fast immer unfrei und konditioniert. Die Menschen sind plötzlichen unkontrollierbaren Gedanken, Emotionen, Impulsen, Belastungen ausgeliefert. Dadurch verliert man weitestgehend die Kontrolle über sich, sein Leben, sein Umfeld und seine sozialen Kontakte.

In der Meditation, im Gebet, beim TaiChi, auch beim Singen oder musizieren (analog einem Mantra) lernt man zunehmend diese unkontrollierbaren Bewusstseinsinhalte zu betrachten, zunehmend kann man diese beobachten – und bekommt dazu eine humorige Distanz; man ist dem nicht mehr schutzlos und unvorhersehbar ausgeliefert.

7. HUMOR

Karl Valentin meinte: „Nur g'scheid – ist auch blöd". Es ist gut dem Leben, der Kommunikation und den sozialen Interaktionen eine humorige Dimension zu geben – es aus einer „freieren, leichteren und höheren" Warte aus zu betrachten und zu führen.

Konflikte, Bedrohungen oder nicht-veränderbare Konstellationen erzeugen Spannung. Der Mensch lacht und freut sich, wenn es gelingt dies durch einen Perspektivwechsel aufzulösen. Witze und Anekdoten, Sketche und humorige Äußerungen funktionieren nach diesem Prinzip. In der Regel ist das Lachen etwas ganz Positives, eine Befreiung, eine Freude, weil es eine Lösung, eine Auflösung, eine Befreiung oder einen gangbaren Weg gibt.

Es ist aber nicht nur die Entspannung auf einer höheren Ebene oder durch einen Perspektivwechsel. Man nutzt Humor auch, um eine emotionale Distanz zu Unvermeidlichem zu bekommen. Ängste werden verfremdet dargestellt und man kann sich befreiend emotional distanzieren. Kontakte können mit Humor geknüpft und verfestigt werden. Lachen mit Partnern solidarisiert, stärkt die Gruppe und die Verbundenheit. Konflikte können mit Humor vermieden oder abgemildert werden. Die Menschen lachen zu gerne über Bekanntes, das sie einerseits belastet, und ein anderer, humoriger Blickwickel wird dann befreiend; Komik ist Leid, das man überwindet.

Diese Technik oder Art zu denken kann man üben-trainieren-vertiefen-erlernen, wenn man sich damit befasst und derartiges immer wieder liest und betrachtet. Die Fähigkeit zu überraschenden erfreulichen Gedankenverbindungen ist erlernbar. Das ist ein Handwerk, mit dem man auch im Leben viel Gutes tun kann. ZEN beschreibt dies übrigens und nutzt dies auch.

The "I" of the human beings is nearly always un-free and conditioned. The individuals are nearly defencelessly delivered to sudden uncontrolled thoughts-emotions-impulses. Thus most people lose control over themselves to a large content, over their life and their interaction with their environment and their social contacts.

Tools like meditation, prayer, training TaiChi, playing an instrument and singing, archery, conscious walking, etc., can be used to learn watching this uncontrolled non-stop stream of consciousness. More and more you learn to observe them and get a humorous distance; and thus you aren't unprotected anymore, gaining more and more control.

7. HUMOUR

Karl Valentin reckoned: "Only brainy – is also stupid". It is good to have in life, in communication and in social interactions a humorous distance – to watch oneself and the others from a free, untroubled and higher perspective.

Conflicts, threats or non-changeable constellations create tension. If we resolve this through a change of perspective we laugh and are pleased. Jokes and anecdotes, sketches and humorous expressions operate according to this principle. As a rule, laughter is something very positive, an exemption, a kind of joy, because there is a solution, a resolution, an exemption or a feasible way.

But it is not only the relaxation at a higher level or by a change of perspective. Humour gives an emotional distance to the inevitable. Fears are represented in an alienated way and you can dissociate emotionally. Social contacts can be made with humour and solidified. Laughing with partners declares solidarity within the group and strengthens the bonds. Conflicts can be avoided or mitigated with humor. People laugh about things which encumber them, and this humourous point of view is liberating; with a sense of humour (and comic) one can overcome suffering.

This technique or art of thinking can be trained when dealing with it. You learn it by reading and utilizing it over and over again. The ability to surprising pleasing thoughts can be learned. This is a craft, which allows you to do much good in life. ZEN describes this by the way, and uses this as well.

Gerade wenn man sich mit Werten, Moral, Sinn, Philosophie, Gesellschaft usw. auseinandersetzt, ist das ab einem bestimmten Punkt sehr belastend; ab einem bestimmten Punkt sogar abstoßend und impliziert das Gegenteil.

Deshalb ist Humor gerade bei diesen Themen, wie Menschen sich ausrichten und Zusammenleben funktioniert, ein ganz zentrales Thema. Vielleicht sogar das wichtigste. Man betrachte, wie Goethe den Prolog im Himmel darstellt, dieses unglaubliche Spannungsfeld zwischen Gut und Böse, er hat dieses unsägliche komplexe Thema mit Humor und Eloquenz bewältigt.

Humor und Lachen sollte zentral sein bei jährlichen Mitarbeiterbefragungen. „Arbeitszufriedenheit" und Ähnliches ergeben kein valides Bild. Wird an Ihrem Arbeitsplatz gelacht und ist der Umgang humorig? Dies brächte eine zuverlässige Aussage über das Klima. Dabei sind oft die Mitarbeiter selbst Ursache einer humorlosen Atmosphäre. Humor und Lebensart muss man üben und leben.

Natürlich können Witz, Sarkasmus, Zynismus und Ironie negativ eingesetzt werden; das gibt es sehr häufig, ist aber nicht unser Thema und hat auch nichts mit Humor zu tun.

„Lachen ist die beste Medizin", wenn es aufrichtig und ehrlich ist, sagt der Volksmund. Lachen setzt im Gehirn Endorphine frei, die lindernd auf Schmerzen, körperliches Unwohlsein, Ängste und Stress einwirken. Menschen, die lachen, leben länger und glücklicher.

„wizzi" entstand als Ableitung zu einem Vorläufer des Verbs „wissen". Also gewitzt sein, Grundbedeutung „Verstand, Klugheit", Esprit, Spiritus, geistreicher Einfall. Analysen von Humor und Witz sind stets gequält und sinnlos, ähnlich wie die Besprechung von Bildern, Musik, Theater u.ä.

Gewitztes Denken, humorige Lebensphilosophie und eloquentes Formulieren, das ist eine ganz hohe Lebenskunst, die einem selbst und anderen sehr viel Freude macht und Kraft gibt. Ähnlich einem Musikinstrument, einer Wissenschaft, einem Handwerk oder einer Sprache muss man dies aber auch lernen und üben, ein Repertoire an Sprache, Inhalten, Anekdoten, Geschichten und Sprüchen kontinuierlich und beharrlich entwickeln. Es ist wie Musik nicht nur eine Kunst, sondern auch ein „Handwerk".

Especially when one is dealing with values, morals, sense, philosophy, society, etc., this is at a certain point very distressing. This is at a certain point even repulsive and implies the opposite.

Therefore, with these issues of cooperation and social interaction humour is a very key issue. Maybe even the most important one. Consider how Goethe represents the Prologue in Heaven, this incredible tension between good and evil, he has mastered this unspeakable complex topic with humor and eloquence.

Humour and laughter should also be central in annual employee surveys. "Job satisfaction" and questionnaires do not provide a valid picture. Is there laughing at your workplace and is the social intercourse humourous? This would bring a reliable assessment about the work climate. But often the employees themselves are causing a humourless atmosphere. Humour and way-of-life must be practiced and lived.

Of course, wit, sarcasm, cynicism and irony can be used negatively; it is very common, but is not our issue and has nothing to do with humour.

"Laughter is the best remedy", if it is sincere and honest, so the saying goes. Laughter releases the brain endorphins that relieve pain, physical discomfort, anxiety and stress. Laughing people live longer and happier.

"wizzi", the first version of wit, has its origin in wisdom. So wisdom is the basis of being smart, having esprit, eloquence, witty ideas. Analyses of humor and wit are always tormented and pointless – similar to the interpretation of images, music, theatre. Humour, wit and art stand for themselves.

Shrewd thinking, humorous philosophy of life and eloquent formulation, this is a very high standard of art of living that gives oneself and others a lot of fun and gives strength. This is similar to playing a musical instrument, working in a field of science, performing a craft or improving a foreign language – you have to learn and practise this as well. You continuously develop a repertoire of statements, contents, anecdotes, stories and sayings. It's like making music, not just an art, but also a "craft".

8. ZUSAMMENFASSUNG

LaoTse beschreibt in seinem Tao-te-king vor 3500 Jahren, das eine positive persönliche und gesellschaftliche Entwicklung nur mit einem übergeordneten „Sinn" möglich ist.

Der Themenkomplex ICH & SINN werden von LaoTse, im ZEN, im Christentum, Literaten wie Goethe, durch Freud und in der modernen Psychologie ähnlich beschrieben.

Die westliche Welt basiert auf unschätzbar hohen Idealen. Es wurde eine Hochkultur geschaffen, mit einem Wohlstand und einer Technologie, die in der Geschichte der Menschheit einzigartig sind. Die Menschen des Westens selbst nehmen das als selbstverständlich, das ist es aber nicht; sehr leicht erkennbar, wenn man andere Kulturkreise vergleicht.

Freiheit, Gleichheit und Gerechtigkeit geben grundsätzlich jedem die Möglichkeit sich zu entfalten. Diese Chance beruht auf Solidarität, Liebe, Mitgefühl, Leistung, Disziplin, Fleiß, Bildung und gesellschaftlich positiv formulierten Zielen. Dies ist verankert in den Verfassungen.

Ein gutes Beispiel ist die Musik. Musik ist ein Fundament unserer Hochkultur. Musiker verstehen das Leben wahrscheinlich am besten. Da, wo viel musiziert wird, wo viele ein Musikinstrument spielen, wo es ein gelebtes Kulturleben gibt, dahin folgt auch die gesellschaftliche und wirtschaftliche Entwicklung.

Das Leben in der westlichen Welt ist wie eine sehr große Sinfonie, wir dürfen im größten und weltbesten Orchester mitspielen. Alle Instrumente, alle Klangfarben, alle Tonarten, alle Rhythmen, alle Stilrichtrungen.

Wenn man ein Instrument spielt, bedarf es Fleiß, Disziplin, Ausdauer, Kraft, und verbindliche Übernahme der Verantwortung, damit man richtig mitspielen und einsetzen kann. Wir lernen Teil dieses Orchesters zu sein, bringen es unseren Kindern bei, helfen unseren Mitmenschen mit zu wirken.

Und wenn unser Leben zu Ende geht, dann haben wir an vielen sehr guten Passagen und Konzerten mitgewirkt, haben damit viele erfreut, haben unseren Kindern und anderen die Musik und Instrumente beigebracht – und geben unseren Platz am Ende des Lebens weiter an andere. Und derart wurde unsere großes Sinfonieorchester über die Jahrhunderte immer besser und entwickelte sich.

36

8. SUMMARY

3,500 years ago **LaoTse** describes in his Tao-te-ching that a positive development of a community or society is only succussful with an overriding "meaning".

The subjects "I & meaning" are described by LaoTse, in Christianity, with ZEN, by literature (firstly Goethe), by Freud and in modern psychology – in similar ways.

The Western world is based on invaluably high ideals. It has achieved a high level of culture, with a prosperity and a technology, that is unique in human history. Western humans take this for granted, but this is not the case. This is easily understood if we look at other nations and societies

In principal freedom, equality and justice give everyone the opportunity to unfold. This opportunity is based on solidarity, love, compassion, power, discipline, hard work, education and socially positive formulated goals. This is anchored in our constitutions.

A good example is music. Music is a cornerstone of our civilization. Musicians probably understand life best. Because where music is made, where many play a musical instrument, there is culture, a good way of life, people are singing and there is social and economic development.

Life in the Western world is like a huge symphony, we can play in the biggest and world's top orchestra. All instruments, all sounds, all the keys, all the rhythms, all styles.

Playing an instrument requires hard work, discipline, endurance, strength, and acceptance of a binding responsibility, so that you can play well and use the instrument properly. We learn to be part of this orchestra, we teach it to our children, and help our fellow human beings to act together with us.

And if our life comes to an end, then we have worked on many high quality arrangements of music and concerts, have made so many others happy, have taught music and instruments to our children and others – and hand our places at the end of life over to others. And so our large symphony orchestra evolved over the centuries.

38

Die griechisch-römische Antike:

- hier sind die Wurzeln unserer Hochkultur und Freiheit
- Aristoteles legte das Fundament
- das Christentum fügte das Prinzip der Liebe und Solidarität hinzu

Humanismus und Aufklärung:

- ermöglichte das freie Denken in einer freien Welt
- mit Wissenschaften, Demokratie, Wirtschaft, sozialer Sicherung, Kultur
- Soziales Leben in einer freien Gesellschaft.

Das Gehirn und unser ICH werden zu dem, was wir daraus machen:

- mit Liebe, Mitgefühl, Bildung, Leistung, Disziplin, Fleiß, Ethik
- stete positive Entwicklung von positiven Tugenden

ZEN ergänzt dies komplementär, wie der Kontrapunkt in einer Fuge:

- der Mensch ist unfrei und leidet, weil er konditioniert ist
- er muss diese Konditionierungen erkennen
- lernen mit diesen umzugehen
- und gewinnt dadurch die Kraft und die Freiheit
- für ein sehr gutes Leben.

Humor:

- Gewitztes Denken und eloquente Sprache
- eine feine schöne positive Denk- und Lebensart,
- die einem selbst viel nützt und auch anderen Freude macht

Politik:

- Eine starke Gesellschaft gelingt nur mit starken Menschen.
- Das muss man verstehen und dafür muss man auch was tun.
- Dies ist DER wesentliche Erfolgsfaktor,
- um notwendige Aufgaben (wirtschaftlich, Sicherheit, Soziales, usw.) erfüllen zu können.

Es wird notwendig, dass sich die westliche Welt auf ihre Fundamente besinnt. Vieles ist sehr bedrohlich und sehr beängstigend auf dieser Welt, muss aber aktiv angepackt werden. Und wir werden jetzt zunehmend sehr stark werden müssen. Die globalen Veränderungen erlauben keine „splendid isolation", für niemanden. Es bedarf einer enormen unbezwing-

The Greco-Roman antiquity:
- Here are the roots of our civilization and freedom
- Aristotle laid the foundations
- Christianity added the principle of love and solidarity

Humanism and Enlightenment:
- Allowed free thinking in a free world
- With science, democracy, economy, social security, culture
- Social life in a free society.

The brain and our ego are what we are making of it:
- With love, compassion, education, power, discipline, diligence, ethics
- Continuous positive development of positive virtues

ZEN is complementary, like the counterpoint in a fugue:
- Man is not free, and suffers because he is conditioned.
- He must recognize these conditionings,
- learn to deal with them
- and thereby gain the power and freedom
- for a very good living.

Humor:
- Shrewd thinking and eloquent language,
- a fine nice positive way of thinking and way of life,
- is good for oneself and also gives a lot of joy to others.

Politics:
- A strong nation will only succeed with strong people.
- It is necessary to understand this, it is necessary to take care for this.
- This is the main key to success of a country
- to fulfill reliable its vital tasks (economical, security, social, etc.)

It is more and more necessary that the people of the Western world should look at their foundations. Increasingly much becomes frightening and threatening on this earth, we must take care. And we should realize that we should be very strong. The global changes do not allow "splendid isolation", for no one. It requires an enormous indomitable strength. This

baren Stärke. Diese muss wirtschaftlich und wissenschaftlich sein, mental und psychologisch, kulturell und gesellschaftlich, aber auch strukturell und militärisch. Dies wird nun immer wichtiger, um das zu erhalten, zu entwickeln, zu schützen und weiter zu geben, was sich in der westlichen Welt die letzten 2500 Jahre gebildet hat. Eine Gesellschaft ist nur dann stark, wenn auch die Menschen stark sind.

DAS STARKE ICH – WAS IST ES NICHT?

Und nun stellt man fest, dass mittlerweile jeder Vierte depressiv oder niedergeschlagen ist, dass so viele Menschen nicht mehr verstehen was in ihnen vor sich geht, und wissen nicht mehr, wie sie mit sich selbst und ihrem Umfeld zurechtkommen können.

Hin- und hergerissen zwischen Gedanken-Emotionen-Empfindungen-Interpretationen; ohne Plan, keine Strategie, keinen Überblick, zunehmende Unordnung und Unsicherheit. Das geht in der Regel mit zunehmender Angst-Niedergeschlagenheit einher.

Das Leben ist für so viele wie eine große komplizierte Maschine, überall zischt es und brodelt es, dampft und bewegt sich, knattert und bläst, alles dreht und bewegt sich, und es geht kaum was vorwärts.

Trotz übergroßem Druck und Energieeinsatz sogar Stillstand, bis Rückwärtsbewegung, es treten Ereignisse ein, die man so gar nicht wollte.

Und man sitzt in dieser Maschine, dem eigenen Leben – und man kann es nicht steuern.

Mein Sohn sagte zu mir vor 10 Jahren – da war er noch ein Mittelgroßer:

Papa – Du glaubst nicht, wie viele meiner Mitschüler mit sich und ihrem Leben nicht zurechtkommen.

10 Jahre später, nun in der Stadt, Ausbildung, Musiker und Studentenfreunde, meinte er: „Weißt Du noch als ich Dir damals sagte......" „Ja" Das ist in Gießen noch viel ausgeprägter und schlimmer.

Das war mir sehr wichtig, jetzt besonders,

ich war nämlich gerade 1 Jahr in Berlin, und sah da enorm viele „kaputte" Menschen, auf der Strasse, in den U-Bahnen, nachts in der Notaufnahme, extrem viele.

strength must be economical and scientific, mental and psychological, cultural and social, but also structural and military. This will be increasingly important to protect what has been formed in the Western world over the past 2500 years. A nation and its society can only be strong if the individual persons are also strong.

41

THE STRONG "I" – WHAT IS IT NOT?

And now we learn that today 25% of our citizens are depressive or low-spirited, so much people don't understand what happens within themselves, and don´t know how to handle themselves, how to interact with their fellow beings and their environments.

Torn between thoughts-emotions-sensations-interpretations, no plan, no strategy, no overview, growing disorder and uncertainty. Mostly this is accompanied by growing anxiety and depressiveness.

Life becomes for so much people like a big, difficult, complex engine, everywhere there is hissing, bubbling, steaming and moving, it is rattling and blowing, everything rotates and is in motion.

But there is no forward movement. Despite enormous pressure and energy-use even standstill, even backward movement.

There are incidents that are not planned, not wanted and not intended.

People are sitting in their life-machine – and are not able to steer it.

My son told me about 10 years ago, that it would be barely believable that a lot of pupils have no competence to handle their lives and themselves.

Now he is in a city, 10 years later as a student and in an apprenticeship, a lot of friends, communities, music and bands, he recounted the very same observation, only its degree being even more remarked.

This subject became more and more important – also for me.

1 year working in Berlin I saw so much broken human beings, in the streets, in the subways, during nighttime in the emergency department of a hospital.

Zudem in den Krankenhäusern zunehmend sehr heftige aggressive Konflikte mit Menschen, die mit sich selbst und ihrem Leben nicht zurechtkommen.

So viele Menschen, die kontinuierlich abbauen:

- Das Kleinkind hat das größte geistige Potential;
- Im Durchschnitt haben davon Jugendliche nur noch 20%.
- 6 Wochen Ferien reichen für einen nachweisbaren Verlust an Struktur und Intelligenz.
- Arbeitslose haben nach einem Jahr kaum noch Struktur für eine geordnete Tätigkeit.
- Menschen mit einem Frührentenbegehren sind, 3 Jahre nach dem „Erfolg" – dement.

Der allerletzte Auslöser diesen umfassenden Themenkomplex bzgl. Ideale, Werte, Ziele und Stärke, individuell und gesellschaftlich, zu bearbeiten war eine Sendung über eine Salafistendemonstration in Köln. Ein junger Araber wurde interviewt und sagte:

„Die Menschen der westlichen Welt haben keine Ideale, Werte und Ziele mehr".

Und zunehmend sehr viele junge Menschen, die mit sich selbst nicht zurechtkommen, nicht mit ihrem Leben und nicht mit Ihrem Umfeld.

Die Älteren zu oft ohne Vorbildfunktion, im Prinzip ebensolche Probleme, die haben jedoch oft noch Kompensationsstrategien, wie Beruf, Hausbau, Hobbies, u.ä.

Und jetzt braucht man Hilfe, Werkzeuge, einen Werkzeugkasten, um diese Aufgabe lösen zu können.

Man kann diese Stärke und Strukturiertheit recht geradlinig erreichen, die einem in vielerlei Hinsicht Erfolg beschert, vor allem menschlich, aber auch beruflich und in der Gesellschaft, und auch Freiräume und Freiheiten schafft, um sich zu entwickeln.

Also in the hospitals increasingly very harsh conflicts with people, who lose (or have lost) control over themselves and their lives.

So much people who break down continuously:

- The small child has the greatest mental and spiritual potential for life.
- Adolescents reduced this capacity (in average) to only 20%.
- 6 weeks holidays induce a noticeable loss of brain-connections and intelligence.
- After 1 year workless people have barely any chance to structure themselves for a job.
- People who have struggled "successfully" for an early retirement – for the most part demented 3 years later.

The final trigger to summarize this complex array of subjects concerning ideals, values, aims, strength, individually and in the communities, this was a late evening TV-report about a Salafist demonstration in cologne. A young arab said, that the people of the western world had no ideals and no purpose.

And increasingly so many young people who cannot manage themselves, don't cope with their lives and don't understand to place themselves in their environment.

The elder generation too often was no role model. Basically the same problems. But the elder generation often had compensation strategies like job and career, home building, hobbies, etc.

And now so much young and older people need help, need tools, a tool box, to solve this very complex life-task.

There is a rather straightforward in which to achieve strength and life-control. Thus man can achieve control and success in his life, Mainly humanly, but also economically and in society. And he gets open spaces and freedom to develop himself.

DAS STARKE ICH – WAS IST ES?

Was geht in den Menschen vor, was unterscheidet zwischen Erfolg & Misserfolg? (wobei Erfolg keinesfalls nur wirtschaftlich ist).

44

Die Antwort ist unglaublich einfach – es ist die Struktur, die Ablauforganisation im Hirn,
man sagt: dieser Mensch ist strukturiert.
Er kann seine Gedanken sortieren
Er kann Emotionen zuordnen
Er versteht sich selbst (einigermaßen)
Er hat einen Plan, eine Lebebsstrategie.
Dadurch kann er verschiedene Lebensbereiche auch strukturieren und trennen,
und schafft sich neben Erfolg auch Freiheiten-Freiräume.
Humorige-aufgeräumte Menschen,
andere suchen gerne Kontakt zu diesen.
Er will sich selbst und sein Umfeld stärken und positiv ausrichten.

Und wo ist diese Strukturierung im Menschen angesiedelt:
Dafür gibt es ein Organ, das Mittelhirn, insbesondere im Hippocampus.
Das ist die Steuerzentrale im Gehirn, ein Schaltkasten.
Gedanken, Emotionen, Aufgaben, Hirnleistungen, Bewegungen, usw. –
das wird hier sortiert, organisiert, in die richtigen Bereiche geleitet,
zugeordnet und gesteuert.

Erfolgreiche Menschen haben einen großen Hippocampus
(Erfolgt nicht nur wirtschaftlich definiert)
Wenn Menschen ihren Geist trainieren und aufbauen, dann wächst der Hippocampus.
Wenn Menschen inaktiv werden, abbauen, dann wird dieser kleiner.
Das Interessante daran ist, dass dies nicht mit Intelligenz zusammenhängt,
Intelligenz ist im Großhirn abgesiedelt,
Intelligenten Menschen kann ihr Leben entgleiten,
einfache Menschen können eine gute Struktur haben.

THE STRONG "I" – WHAT IT IS?

What happens inside man? What makes the difference between failing and success? (success not only economically defined).

The answer is incredible simple – it is the structuring, the process organization in the brain.

A saying is: *"This man is very well structured"*.

He can sort his thoughts.

He can allocate his emotions.

He understands himself.

He has a plan, a life-strategy.

This way he can control and structure different fields of life.

And he can create freedom and open space for his successful development.

A humorous fellow, who is straightend up optimally.

Others search to have contact with him.

This person wants to strengthen himself and also strengthen his environment positively.

And where is this "place of structure & control" located in the brain?

For this purpose exists the middle-brain, especially the so-called Hippocampus. This is the control center of our brain, in an older sense the "switch box".

Thoughts, emotions, tasks, thinking, movement, etc. – in the middle brain it is not done, but here it will assorted, organized, correctly allocated, controlled and navigated.

Successful people have a big Hippocamopus

(success not only economically defined).

If people train and build up their mind, then the Hippocampus grows measurably.

If people become inactive, deplete, then this Hippocampus becomes ever smaller.

The interesting thing about this is, that there is no correlation with intelligence.

Intelligence is located in the big cerebrum and the brain folds.

Even intelligent people have a risk that they lose control over their life, simple common people however can have a very stable life-structure.

Wichtig – wann wird diese zentrale Organisationseinheit kleiner:
Körperliche und geistige Inaktivität ohne sinnvollen Aufgaben
Desinteresse, kein soziales Engagement, sozialer Rückzug

Und – wie baut man diese Schaltzentrale auf:

- Sinnvolle Aufgaben und soziales Engagement
- Ethik, Philosophie, Ziele, Ideale, Werte
- Geistige und körperliche Aktivität
- Offenheit, Kommunikation, Kontakte
- Würde und Stolz durch gelebte Tugenden,
- Wie Fleiß, Mitgefühl, Disziplin, Verzicht, Verlässlichkeit, Verantwortung, u.a.
- Und dieser Hippocampus ist auch regelrecht trainierbar – mit:
- Musizieren, speziell Klavier & Gesang
- Meditation, Gebet
- Tanzen, TaiChi, gute Muskulatur
- Gedichte, Humoriges, Anekdoten

Studien zeigen, wer geistig und körperlich gesund, „glücklich" & erfolgreich ist:

- **Muskulatur** (günstig vor allem TaiChi und Tanzen)
- **Musizieren** (am besten Klavier mit Singen)
- **Liebe, Dank, Vergebung, Sinn** (die christliche Kultur mit Idealen und Werten)
- **Freund sein für andere** (sie E. Fromm: „Haben oder Sein")
- **Humorvolles Gespräch und Anekdoten, Gedichte** (insbesondere spontan zu Unbekannten humorigen Kontakt aufnehmen)

Important is – what makes this "central control box" smaller:
Inactivity of the body and of the mind and if people give up meaningful social responsibilities without interest for social engagement and social retreat.

And now – how to build up this brain control center:

- Meaningful tasks and social engagement
- Ethics, philosophy, aims, ideals, values
- Activity of mind and body
- Openness, communication, social contacts
- Dignity and pride by virtues in daily life, as
- hard work, empathy, discipline, abstention, reliability, responsibility, etc.
- And this Hippocampus is even properly trainable, with:
- learning-playing a musical instrument, especially piano with singing,
- meditation, praying
- dancing, TaiChi, trained strong muscles
- poems by heart, anecdotes, humourous kind of thinking.

Actual studies show who is healthy in body and mind, who is "happy" and successful:

- **Muscles** (especially training with TaiChi and dancing)
- **Musical instruments** (especially playing the piano and singing)
- **Love, gratitude, forgiveness, meaning** (christian culture with ideals and values)
- **Being a friend for others** (E. Fromm: "To have or to be")
- **Humorous social contacts with anecdotes, poems and singing** (especially the spontaneous friendly contact even to unknown people)

47

48

Barack Obama sagte im Dezember 2016:

(sinngemäß übersetzt)

„Die Menschen der westlichen Welt
stehen vor enormen Herausforderungen.
Die werden wir nur bestehen,
wenn wir uns darauf besinnen wer wir sind,
und unsere Ideale und Werte leben".

Barack Obama said in december 2016:

(analogously summarized)

"People in the west
are facing immense challenges.
We will only be able to cope with them
if we reflect who we are
and live up to our values and ideals".

Powerpoint-Vortrag:

Powerpoint-Speech:

MENSCHEN STARK MACHEN

MAKE MAN STRONG

52

Die Menschen der westlichen Welt stehen vor enormen Herausforderungen.

Um diese zu bestehen müssen sie sehr stark sein.

Barack Obama sagte im Dezember 2016:

„ Die westlichen Menschen
stehen vor enormen Herausforderungen.
Wir werden diese nur bestehen,
wenn wir uns darauf besinnen wer wir sind
und unsere Ideale und Werte leben ".

The people in the western world are facing enormous challenges

To meet these requirements, we have to be very strong.

Barack Obama said in december 2016 :
(analogously summarized)

" People in the west
are facing immense challenges.
We will only be able to cope with them
if we reflect who we are
and live up to our values and ideals".

Um künftig erfolgreich zu sein,
müssen die Menschen gefestigt sein.

Und genau das ist die Aufgabe,
wie wird man das im Leben ?

Um erfolgreich zu sein
braucht man gefestigte starke Menschen.
Das ist die Aufgabe.
Das ist der Kern
nahezu aller aktuellen
gesellschaftlichen und politischen Themen.

In order to remain successful in the future,
the western humans have to be stable.

This is the very central task,
how can one achieve this
strength in one´s life.

To be succesful,
you need stable and strong humans.
This is the task.
This is the core
of nearly all current
social and political issues.

54

In der Nachkriegszeit gab es einfache Wahrheiten, feste Regeln. Äußere Strukturen, Kirche, Schule und „Obrigkeiten" sicherten ein stabiles äußeres Gerüst.

Dies wurde zunehmend hinterfragt und nahezu ersatzlos aufgelöst

In the decades after WW2 we had straightforward truths, solid rules. External structures, church, school and „authorities" assured a stable outer framework.

This has been increasingly being questioned and has nearly been completely abolished

Das ging erst mal gut;
in den 70 - 90er Jahre
war ja alles bestens.

Tolle Chancen - fast jeder konnte sich
irgendwie
gut einrichten

This worked out well for a time.
From the 1970s until the 1990s
everything was just fine.

Great opportunities made it possible
for almost everyone,
in one way or another,
to live a comfortable life.

56

Seit etwa 10 Jahren sind ungute Veränderungen nicht mehr zu verdrängen

Man hätte die Welt gerne wieder unbedrohlich und komfortabel.

Man muss sich nun aber enormen Aufgaben und Herausforderungen stellen

This worked out well for a time. From the 1970s until the 1990s everything was just fine.

Great opportunities made it possible for almost everyone, in one way or another, to live a comfortable life.

keine
    guten
        Nachrichten !

Die Wahrheit ist,

es wird schlimmer werden,

Überbevölkerung & Überrüstung,

entwurzelte Menschen & gescheiterte Staaten,

Klimawandel & unbewohnbare Regionen,

Globalisierung & Leistungsverdichtung.

no
    good
        news !

The truth is,

it is getting worse :

overpopulation & excessive armament,

uprooted people & failed states,

climate change & uninhabitable regions,

globalisation & compression of performance.

58

....**das Schlaraffenland...**

Es gibt
nun für die Menschen in Europa und USA
keine schnellen bequemen Lösungen.

Es bedarf ausdauernder harter Arbeit und
Disziplin, um zu bestehen.

....**the**
   land of
      milk and honey....

For
the people in europe and in the US
there are no convenient or quick solutions.

Hard work, discipline and perseverance
are required to face the challenges.

Vergleichbar mit täglichem Sandsäcke
schleppen, um das Schlimmste abzuwenden.

Dazu bedarf es stabiler Menschen
und einer starken Gesellschaft.

59

…comparable with hauling of sandbags
day after day - to stave off the worst.

This requires stable and strong humans
in a consolidated social community.

60

Nun ist es die Aufgabe
die Menschen zu stärken, sie stark zu machen.

Da sagte schon mal jemand:
„*Der Mensch lebt nicht vom Brot allein*".

It is now our task to strengthen our fellow
humans, to make them stable and strong.

Someone said 2000 years ago:
"*Man does not live by bread alone*".

Das Ziel ist es,
den Menschen
ein Werkzeug
an die Hand zu geben,

mit dem sie sich
gut strukturieren
und positiv
ausrichten können.

61

The objective is
to provide man a tool,
an instrument

that will help him
to create a positive
perspective
for himself and
for his environment.

62

In einem berühmten Buch heißt es:
„Der gute Weg ist schmal, steil und dornig".

Und für einen solchen disziplinierten arbeitsamen Weg brauchen die Menschen einen Leitfaden.

Den liefert unsere Kultur.
Beginnend von der Antike,
unser christliches Fundament,
Philosophie & Literatur,
Ethik & Humanismus,
Wissenschaft & Psychologie,
Humor, Kunst & Kulturleben
in einer freien Gesellschaft.

In a famous book we can read:
"The good path is steep, thorny, stony and narrow".

For such a strenuoes and disciplined way of life people need a guideline.

This is provided by our western culture:
Beginning with antiquity,
our christian foundation,
philosophy & literature,
ethics & humanism,
sciences & psychology,
humour, arts & cultural life
in a free society.

Nach über 50 Lj. mit vielen Aufgaben und Erfahrungen
habe ich dies zusammengestellt,
möglichst alltagstauglichen und verständlich.

Ursprünglich war es gedacht für meine beiden Kinder.
Sprache, Liebe, Ethik, Musik, Humor, Sicherheit,
das brauchen Kinder als Rüstzeug für ein starkes Leben.

Da sind sie, damals 9 u. 10 Jahre alt; heute erwachsen.

Beyound the 50th year of age with many tasks and experiences
I have gathered the ikey messages of our western culture in
an understandable way and praticale in ever day life.

Initially it was aimed for my children.
Language, love, ethics, music, humour, reliability,
children need all this as an equipment for a strong life.

Here they are, at that time 9 and 10 years of age, today they are adults.

Die letzten 10 Jahre waren die politischen und
gesellschaftlichen Entwicklungen so rasant,
dass ich diese Zusammenfassung, dieses Handwerkszeug
für ein starkes Leben nun im Internet zur Verfügung stelle,
mit freiem Zugang
zu den Volltexten
und mit
freien
PDF-Downloads.

The last 10 years
we experienced furious political and social developments.
So I am writing this summary, these tools for a strong life
now in the internet, made available for everybody
with free access
to the full text
and with
free
PDF-downloads.

Was macht nun stark, stabil
und führt zum Erfolg:
(wobei Erfolg keinesfalls nur wirtschaftlich ist):

→ Strukturierte Gedanken
→ geordnete Emotionen
→ ein Lebensplan, Ziele, eine Strategie.
→ sinnvolle Aufgaben & soziales Engagement
→ Offenheit, Kommunikation, Humor
→ Würde und Stolz durch gelebte Tugenden und hohe Ethik,
→ Tugenden wie Fleiß, Mitgefühl, Disziplin, Verzicht
→ Ideale, Werte
→ Verlässlichkeit, Verantwortung
→ Training, Muskulatur, TaiChi, Tanzen
→ Singen, Musizieren
→ Gedichte, Geschichten, Anekdoten

And now - how to build up strength
and a stable successful life:
(whereby success is not only meant economical):

→ well structured thoughts
→ controlled emotions
→ a plan o life, aims, a strategy
→ meaningful tasks & social engagement
→ open-mindedness, sense of humour
→ dignity and pride by virtues practiced in daily life
→ like hard work, empathy, discipline, abstention
→ like reliability, responsibility
→ ideals, strong ethics, values
→ trained strong muscles, TaiChi, dancing
→ singing, learning or playing a musical intrument
→ poems learned by heart, anecdotes

**Studien zeigen,
wer ist geistig und
körperlich gesund,
„glücklich" & erfolgreich:**

→ **Muskulatur**
(günstig vor allem TaiChi und Tanzen)

→ **Musizieren**
(am besten Klavier mit Singen)

→ **Liebe, Dank, Vergebung, Sinn**
(unsere christliche Kultur mit Sinn, Zielen u. Idealen)

→ **Freund sein für andere** (E. Fromm: „Haben oder Sein")

→ **Humorvolles Gespräch und Anekdoten, Gedichte**
(insbesondere spontan zu Unbekannten humorigen Kontakt aufnehmen)

**Recent studies show
who is healthy in body and mind,
who is „happy" and successful:**

→ **strong muscles**
(especially training with TaiChi and dancing)

→ **musical instruments**
(especially playing the piano with singing)

→ **love, gratitude, forgiveness**
(our christian culture with meaning, values, aims)

→ **being a friend for others**
(E. Fromm: "To have or to be".)

→ **humorous comunication** with anecdotes, singing, poems
(especially the spontaneous friendly contact even to unknown people)

Teil 2

Part 2

68

Zunehmend viele Menschen verlieren die Kontrolle über sich und ihr Leben.

Die Welt beneidet uns um unsere Hochkultur und um unseren Reichtum......

.......und verachtet uns, wie wir damit umgehen, und unsere zunehmende Schwäche.

Increasingly people lose control over themselves and their lives.

The world admires our Western culture, and feels contempt for a Western population

which doesn´t identify themself with their own highly valuable culture - and is getting weaker.

Die Säulen unserer Kultur und Gesellschaft

1. Griechische Philosophie
2. Christentum
3. Humanismus
4. Literatur & Psychologie
5. Soziales Leben
6. Wissenschaft & Technik
7. Humor

The pillars of our culture and society

1. Ancient Greek philosophy
2. Christianity
3. Humanism
4. Literature & psychology
5. Social life
6. Science & technique
7. Humour

SOKRATES
Erkenne dich selbst
Erkenne deine ethischen Pflichten (Gutes tun)
um dadurch im Leben, für sich selbst
und für sein Umfeld stark zu werden

PLATON
Höhlengleichnis
Menschen bleiben bequem in ihrer Höhle
Hier werden sie aber immer schwächer
Wenige gehen fleißig & diszipliniert heraus,
packen an und tun Gutes.

STOA und EPIKUREISMUS
Thema „glückendes Leben"
Man begann psychologisch zu denken.

ARISTOTELES
Der Realist - Biologie und Medizin, Technik, Politik, Rhetorik
Er begründete die Logik mit ihrer heute noch gültigen Gliederung.
Er legte die Fundamente
für ein humanistisch wissenschaftliches Menschenbild.

SOCRATES
Recognize yourself,
recognize your ethical duties.
This way achieve strength in your life
for yourself and for your partners.

PLATO
Allegory of the cave
Humans want to live comfortably in their caves.
But in their caves they get weaker and weaker.
Few, hard working, busy and disciplined,
will find their way out of this dark cave.
They´ll find the right way of living.

STOA und EPICUREISM
....deal with the so-called „happy life"
and start with a psychological way of thinking.

ARISTOTLE
The „realist" - biology & medicine, technique, politics, rhetorics.
He founded the art of logical thinking that is valid until today.
He founded our unique western scientific-humanistic conception
of man.

Das CHRISTENTUM
formte eine extrem
erfolgreiche Gesellschaft :

- Liebe, Dank, Vergebung
- Alle sind Glieder eines Körpers
- Jeder ist der Hüter seines Bruders
- Gemeinsame übergeordnete Ziele
- Gebet, Meditation, Besinnung
- Solidarität, Schutz
- Gerechtigkeit, Würde

CHRISTIANITY
formed an extremely
successful society:

- Brotherly love, gratitude, forgiveness
- We are one body with many members
- You are your brother´s keeper
- Common overarching aims
- Prayer, meditation, reflection
- Solidarity, social security
- Fairness, dignity

72

HUMANISMUS & CHRISTENTUM

Die Würde des Menschen ist unantastbar

Toleranz und Demokratie

Gleichberechtigung zwischen Mann und Frau

Gegen Dogmatismus und absolute Wahrheiten

Frieden & friedlicher Austausch von Ideen

Anerkennung der Begrenztheit unseres Wissens

Wissenschaft, Forschung und Entwicklung,

die an ethische Kriterien geknüpft ist.

Die Welt in ihrer Vielfältigkeit und Widersprüchlichkeit akzeptieren

Die Vielfalt als Bereicherung des Lebens und der Gesellschaft

Bewahrung der natürlichen Lebensgrundlagen

Freiheit zwischen den Lebensauffassungen wählen zu können

Ziel ist die Minimierung von Leid

und die Vermehrung von Glück u. Wohlstand

Freiheit der Kunst, der Rede und des Denkens

HUMANISM & CHRISTIANITY

The dignity of man is unimpeachable.

Tolerance and democracy

Equality of men and women

Against dogmatism and absolutism

Peace & peaceful exchange of ideas

Acceptance of our limited knowledge

Science, research and development

that is orientated towards ethical standards

Acceptance of the world´s variety & discrepancies

Diversity enriches our lives and communities.

Preservation of the ecologic basis of natural and human existence

Everybody is free to choose his kind of lifestyle and view of life

The aim is to minimize suffering

and achieve more happiness and prosperitiy

Freedom of art, speech and thought

SCHILLER

Er kämpfte ganz stark für die Freiheit und Würde des Menschen
gegen Willkür, Ausbeutung und Unterdrückung.
Unsere moderne Welt - er hat am Fundament mitgearbeitet.

GOETHE

analysierte
wie sich der Mensch entwickelt und lebt.
Sein Fazit war,
dass man ein starkes ICH entwickeln muss,
damit man in dieser Welt bestehen kann.
Das Werkzeug ist Bildung und Sprache.
Es bedarf eines sehr breiten Repertoires,
um auf die Vielfalt der Herausforderungen
reagieren zu können.

SCHILLER

He struggled hard for the freedom and the dignity of mankind.
He fought feudalistic arbitrariness, exploitation and suppression.
Our modern society - he crucially contributed to its foundations.

GOETHE

analysed life and development
of individual humans.
His bottom line was
that the individual person
has to elaborate a strong „self".
This is essential to cope with the tasks
and challenges of life.
The tools are education
and communication skills.
Man needs a very broadly based repertoire
for covering the variety of tasks and
challenges he is persistently confronted with.

74

Wissenschaftliche PSYCHOLOGIE

Der Mensch definiert sich selbst
über seine Gedanken und Emotionen.
Man spricht vom „menschlichen Geist".
Das Gehirn & seine Funktion sind störanfällig.

- Wie funktioniert unser Gehirn ?
- Bewusstsein und Unterbewusstsein ?
- Wie werten und beurteilen wir ?
- Wie entsteht geistiger Auf- bzw. Abbau ?

- Was sind Psychotherapien, wie
    - - Psychoanalyse,
    - - Verhaltenstherapie,
    - - Soziales Lernen,
    - - Kognitive Therapie,
    - - Humanistische Sinn-Therapie ?

Scientific PSYCHOLOGY

Human beings define themselves
by their emotions and their thoughts -
what we call the human mind or "spirit".
The human brain functions very well –
and is simultaneously highly vulnerable.

- How is our human brain working?
- Consciousness versus subconsciousness?
- How do we assess and evaluate ?
- How do mental buildup & breakdown occur ?

- What are psychotherapies, like
    - - psychoanalysis,
    - - behavioural terapy,
    - - social learning,
    - - kognitive therapy,
    - - humanistic therapy by sense & meaning ?

ZEN-Buddhismus, Psychologie & Christentum

ZEN beantwortet die Frage nach dem sog „ICH"
Gedanken, Körperempfindungen & Emotionen
steuern uns.

Dies nahezu immer unterbewusst & unkontrolliert.
Das schwächt uns und erzeugt fast stete Angst.

ZEN fordert

-- Betrachtung unserer Gedanken, Körperempfindungen & Emotionen
-- ein gutes und rechtschaffenes Leben.
-- Liebe und Mitgefühl - Disziplin und Fleiß.
-- Meditation, analog Gebet bzw. Besinnung.
-- Bildung und Humor (!)

Man strukturiert dadurch sein Leben und seinen „Geist",
erlangt zunehmend Kontrolle
und wird dadurch frei, gelassen und stark.

ZEN-Buddhism, psychology & Christianity

ZEN answers the question of the so-called „self"
Emotions, thoughts, body sensations steer us,
nearly always subconsciously and unconcontrolled.
This weakens us
and results in nearly constant fear.

ZEN claims for

-- a good and righteous life.
-- love & compassion - discipline & hard work.
-- meditation, analogous to prayer & reflection.
-- look at your thoughts, body sensations & emotions.
-- education & humour (!)

This way humans structuring their lives and their „spirit",
gain control over themselves and their lives
and are set free, stay relaxed and get strength.

Die 7 Säulen der R E S I L I E N Z

Optimismus: positive Ziele

Akzeptanz: Schwierigkeiten & Aufgaben erkennen und daran arbeiten

Orientierung auf eine Lösung: Lösungen & Ziele werden gesucht

Selbst gestalten: sich fordern, aktiv zum Besseren verändern.

Verbindliche Verantwortlichkeit: engagiert-diszipliniert annehmen

Netzwerke aufbauen: Indem man etwas mit und für andere tut!

Zukunft planen und gestalten: Planen & Gestaltung des Lebens mit altruistischen Zielen. Anmerkung: Sinntherapie nach Fabry und Frankl.

....................vielleicht so:

Das Leben ist wie das Meer.
Man kann sich treiben lassen
und wundert sich wo man hinkommt
und wogegen man gespült wird

Oder.....................

man wird aktiv und stark
........und steuert selbst

The 7 pillars of R E S I L I E N C E

Optimism: positive aims

Akceptance: Recognize difficulties & tasks and work on them.

Orientation towards a solution: Solutions and answers are wanted.

Actively self-organizing: one´s own responsibility, improve things active.

Reliable Responsibility: accepting taks, be engaged & disciplined

Networking: dedicating to other people, working for and with other people.

Planning and organising the future: Plannning and structuring of life - mainly with altruistic objectives. Note: meaningful logotherapy accordimg to Fabry and Frankl.

....................perhaps his way:

Life is like the ocean.
You can float along
wondering where you go
and whereagainst you are flushed

Or..

a human being decides to get active and strong
.....................und controls and steers himself.

Die Kindheit ist ganz wesentlich für die ENTWICKLUNG

- Sprache ist zentral,
- Gedichte, Anekdoten, Vorlesen, Geschichten.
- Selbst musizieren & Lieder singen.
- Liebe und Humor.

Unsere „ *E n t w i c k e l u n g* " findet über die gesamte Lebensspanne statt. Die Auseinandersetzung des Einzelnen mit sich und seinen Partnern. Gewünscht ist eine gute Entwicklung.

Nicht-Entwicklung wäre ein steter Abbau, zunehmend mit Versagen & Ängsten und einem frühen seelisch-geistigen Rückzug.

Childhood is essential for the human DEVELOPMENT

- Language capacity is crucial,
- Poems, anecdotes, reading out to kids, stories.
- Learning a musical instrument & singing songs.
- Love & humour.

Our „development process" holds up every day over all our life. The interactions of a human being With himself and his vis-a-vis.

A good development is indispensable. Withdrawal is a continuous breakdown with increasing failure & fear and with an early mental breakdown.

78

Interessant ist:

Kleinkinder haben ein geistiges Potential 5-fach eines Jugendlichen

→ Im statistischen Mittel Abbau auf nur noch 20%,

→ weil Anlagen nicht entwickelt werden

Ferien oder arbeitslos:

→ Nach 6 Wochen bereits Abbau

→ ZNS baut, ähnlich Muskulatur, gleich ab

→ Nach 1 Jahr wird die Gehirnfunktion von Unbeschäftigen so schwach

→ dass meist einfachste Berufsaufgaben nicht mehr handhabbar sind.

Rente, v.a. Frührente :

→ Oft nach 3 Jahren Demenz

→ meist bei „gestandenen" Männern

→ ohne externe Taktgeber kollabieren die inneren Strukturen

→ SA-GA: „Frührentenbegehren ist eine Krankheit, sobald erreicht, kommt rasch der geistige Abbau".

Very interesting:

Kids have the 5-fold mental capacity of young people

→ In the statistic average a decline to only 20%,

→ because existing predospisitions are not developed.

Holidays or unemployment:

→ After 6 weeks a measurable breakdown

→ the brainfunction degrades like untrained mucles

→ After 1 year the brain of unemployed people gets so unstructured

→ that they often cannot cope with simple job requirements.

Retirement, especially premature pension:

→ Often dementia after 3 years

→ mostly observed in so called " r e a l   m e n "

→ Without an external "impulse generator" they continuosly lose internal structuring

→ SA-GA: „The desire of premature pension is a disease; as soon as it is achieved
          the mental breakdwon follows rapidly".

Demenz ist meist vermeidbar :

nicht Rauchen, Salz-Fleisch-Fettes meiden,
Blutzucker beachten, niedriger Blutdruck
Gesunde Ernährung, guter Schlaf,
kein Alkohol, keine Schlaftabletten
Und eine starke trainierte Muskulatur !

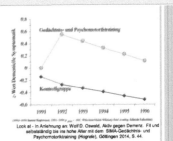

Look at - In Anlehnung an: Wolf D. Oswald, Aktiv gegen Demenz. Fit und selbständig bis ins hohe Alter mit dem SIMA-Gedächtnis- und Psychomotoriktraining (Hogrefe), Göttingen 2014, S. 44.

.... s o w i e :

Sprache, Lieder, Gedichte, Sketche, Anekdoten
Humorige freundliche Gespräche
Singen und musizieren (v.a. Klavierspielen)
Tanzen und TaiChi
Aktive Aufgaben in der Gesellschaft
Verbindlich Verantwortung übernehmen
Positives liebevolles Denken
Ein sinnvolles Leben, Engagement
Danken, Nächstenliebe und vergeben

Hermes reicht Nymphe den Trank ewiger Jugend

Most dementias are avoidable :

Never smoke, avoid salt-meat-fat,
Watch blood sugar & blood pressure
Healthy food, restful sleep,
No alcohol, no sleeping pills.
Strong and well trained muscles !

In Anlehnung an: Wolf D. Oswald, Aktiv gegen Demenz. Fit und selbständig bis ins hohe Alter mit dem SIMA-Gedächtnis- und Psychomotoriktraining (Hogrefe), Göttingen 2014, S. 44.

Hermes hands to Nymphe the drink of eternal youth

.... a s   w e l l   a s :

Speech, songs, poems, scetches, anecdotes
Friendly humorous conversational skills
Singing & playing an instrument (esp. the piano)
Dancing and TaiChi
Active tasks in society
Reliable takeover of responsibility
Positive loving way of thinking
A meaningful life with high commitment
Thankfulness, brotherly loving and forgiving

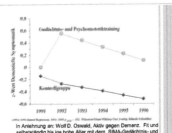

80

Soziales Leben & Beziehungen

Gesprächsführung - Humor
Sozial-Betriebspsychologie
Prosoziales Verhalten – Altruismus
Gruppenzugehörigkeit – Teilhabe

Ein Lebensgebäude
an dem man ständig arbeitet

Social life & relationsships

Conversational skills & humour
Social psychology & industrial psychology
Prosocial behaviour & altruism
Group membership & participation

The building of a life
we work on steadily.

HUMOR

Das Leben, Themen und Konflikte
von einer höheren Warte betrachten
Ein Perspektivwechsel

Gewitztes Denken
Das muss man aber üben
Ständiges Training
Techniken & Repertoire nötig, analog dem Musizieren
Es ist eine Kunst, die Fleiß erfordert.
wie das Lernen einer Sprache oder eines Instrumentes

Man erlernt freier zu denken
und Spannungen aufzulösen
Es ist für sich selbst
und andere eine Befreiung,
es macht Freude

HUMOUR

See life from a free, untroubled and
higher point of view.
A change of perspective.

A clever way of thinking
that must be learned
and steadily trained.
It needs technique & repertoire.
It is an art that demands hard work
like learning a foreign language
or an instrument.

This way people learn free thinking
and how to dissolve strains.
For the human being himself
and for his partners it is a release
and it is gratifying for them.

IDEALE
DER WESTLICHEN
WELT

IDEALS
OF THE WESTERN
WORLD

84

85

VORWORT

Die westliche Welt – Europa, Australien und Nordamerika – hat durch die Antike, Christentum, Humanismus und die Aufklärung eine Hochkultur geschaffen mit einem Wohlstand, die in der Geschichte der Menschheit einzigartig ist. Nur auf dem Boden von Freiheit, Gerechtigkeit und Gleichheit können die notwendigen Höchstleistungen erbracht werden.

In dieser sehr offenen und vielfältigen Gesellschaft erkennen die meisten die Fundamente, Werte und Ideale nicht mehr, auf denen dieser sagenhafte Erfolg beruht. Der Einzelne tut sich schwer seinen sinnhaften Platz in dieser komplexen westlichen Gesellschaft zu definieren. Die „Ideale der westlichen Welt", die unschätzbaren hohen Werte, die diese Gesellschaft ausmachen, sollen nun in diesem Buch zusammen gefasst werden.

Die Grundlagen unserer westlichen Kultur und Gesellschaft wurden in Griechenland etwa ab 500 v. C. gelegt. Sokrates, Platon und zuvorderst Aristoteles haben die zentralen Themen des Menschseins auf der Welt und in der Gemeinschaft gelegt. Die römische Elite war sich sehr wohl bewusst, dass der Erfolg des römischen Imperiums in erster Linie auf diesen gesellschaftlichen Errungenschaften der griechischen Gelehrten beruhte. Cicero hat dies erkannt, so formuliert und fortgesetzt.

Das Neue Testament, die Gleichnisse und die Lehre Jesu haben dann eine solidarische Wertegesellschaft geformt, die sich in Europa gegen alle anderen Ausrichtungen durchsetzte. Solidarität in der Gruppe, das Prinzip Liebe und konsentierte hohe Ideale und Werte erwiesen sich gegenüber allen Verfolgungen, Repressalien, Waffen und Armeen als überlegen.

Und dann wurde „das Licht ausgeknipst". Das dunkle Mittelalter hatte für die Mehrzahl der Menschen ein repressives System entwickelt. Eine unvorstellbare Unterdrückung von Freiheit und Denken für die Völker kulminierte zuletzt in der Inquisition und Hexenverbrennung (Anmerkung: wobei die Kirche dies zuerst verhindern wollte, das waren alte archaisch-germanisch-heidnische Urängste, die sich ein irrationales aggressives rauschartiges Ventil in der existentiellen Krise der frühen Neuzeit suchten).

Mit Mystik, Scholastik, Ausbeutung, Zwang und Unterdrückung führten die Fürsten, der Klerus und der Vatikan Europa in eine gesellschaftliche Sackgasse. Natürlich gab es auch viele sehr gute und wichtige Gedanken und Entwicklungen; für die Masse der Bevölkerung kam dies aber nicht

PREFACE

The Western world – Europe, Australia and North America – has achieved a high level of culture created by the ancient world, Christianity, humanism and the Enlightenment with a prosperity that is unique in human history. Only on the basis of freedom, justice and equality the necessary high performance can be provided.

In this very open and diverse society most humans no longer recognize the foundations, values and ideals which underpin this incredible success. The individual is struggling to define its meaningful place in this complex Western society. The "ideals of the Western world", the invaluable high values that make up this society, are to be summarized in this book.

The foundations of our Western culture and society were laid in Greece from about 500 BC. Socrates, Plato and Aristotle placed first and foremost the central themes of human existence in the world and in the Community. The Roman elite was well aware that the success of the Roman Empire was based primarily on these social achievements of Greek scholars. Cicero has realized this and continued the Greek tradition.

The New Testament, the parables and teaching of Jesus then formed a solidary society with values that prevailed in Europe against all other orientations. Solidarity in the group, the principle of love and consented high ideals and values proved to be superior to all persecutions, reprisals, weapons and armies.

Then "the light was switched" off. The Dark Ages had developed a repressive system for the majority of people. An unimaginable oppression of freedom and thought for the peoples culminated in the Inquisition and witch burning (Note: the church wanted to prevent this at first, these were old archaic Germanic pagan primal fears, the irrational aggression in the existential crisis of the early modern period).

With mysticism, scholasticism, exploitation, coercion and oppression the sovereigns, the clergy and the Vatican led Europe into a social impasse. Of course there were lots of very good and important ideas and developments; but for the majority of the population this was meaningless. The solidarity of Christian values society just barely kept against epidemics, famine, poverty, misery, wars and the threat of takeover by the Mongols

zum Tragen. Die Solidarität der christlichen Wertegesellschaft hat sich gerade noch mit Mühe gehalten gegen Seuchen, Hungersnöte, Armut, Verelendung, Kriege und drohende Übernahme durch die Mongolen oder Osmanen; es war, aus europäischer Sicht, ein unsägliches Glück, dass deren Kulturen an den Höhepunkten der Auseinandersetzungen sich jeweils selbst schwächten.

Ab 1350 n. C. flammten im leichtlebigen offenen Norditalien die Renaissance, Aufklärung und Humanismus auf. Die teutonische Rigidität sperrte sich dagegen noch 150 Jahre. Die deutschen Humanisten und Klassiker haben dann jedoch übernommen, und wie Titanen Unbeschreibliches für die Welt geleistet. Auf der Basis der Antike haben Menschen wie Erasmus von Rotterdam, Luther, Melanchthon, Goethe und Schiller und, allen voran, Immanuel Kant eine neue Welt erschaffen.

Die Menschen in Europa und Nordamerika nehmen das heute als selbstverständlich. Das ist es aber nicht. Sehr leicht erkennbar, wenn man das Mittelalter und in der Neuzeit andere Kontinente und Kulturkreise betrachtet; andernorts muss sich der Mensch in übergeordneten Strukturen einfügen. In der westlichen Welt steht der Mensch im Mittelpunkt. Das hat natürlich viele Schwächen und Schwierigkeiten; andererseits erlaubt es aber auch dieses unendliche wertvolle Potential für den Einzelnen und für die Gesellschaft auszuschöpfen.

Die Psychologie ist eine wissenschaftliche Beschreibung des Menschen und hilft ihn möglichst gut und stark zu entwickeln. Der Einstieg ist die klinische Psychologie; sie unterscheidet sich von der unübersehbaren Masse an psychologisches Einzelwerken. Klinische Psychologie fasst zusammen, was klinisch und wissenschaftlich an gesicherter Erkenntnis vorliegt. Es kann nicht ganz falsch sein, dies als Einstieg zu wählen als Fundament für die nachfolgenden Themen.

Entwicklungspsychologie beschreibt, wie sich der kleine Mensch zum großen Menschen entwickelt. Sie beschreibt vor allem, was für eine möglichst gute Entwicklung richtig ist.

Die moderne Psychologie ist die Betriebspsychologie, untergliedert in die Arbeits- und Organisationspsychologie. Das Zusammenleben und Zusammenarbeiten in der modernen Produktionsgesellschaft ist die zentrale Frage unserer Gesellschaft.

or Turks; it was, from a European perspective, unspeakably lucky that these hostile cultures weakened themselves at the highlights of each conflict itself.

Since 1350 A.D. the Renaissance, Enlightenment and humanism flared up in the easygoing open northern Italy. The Teutonic rigidity locked itself against freedom for another 150 years. The German humanists and classics took over, however, and created a heritage for the world beyond description. On the basis of antiquity men like Erasmus, Luther, Melanchthon, Goethe and Schiller, and, above all, Immanuel Kant created a new world.

People in Europe and North America today unfortunately take this achievements for granted. That is not granted. Very easy to recognize when you look at the Dark Ages and in modern times of other continents and cultures; elsewhere people must subordinate under higher-level structures. In the western world the focus is on humans. This attitude has many weaknesses and difficulties; but on the other hand it also allows to emerge this infinite valuable human potential for the individual and for society.

Psychology is a scientific description of man and helps him as much as possible and to develop his strength. We start with clinical psychology; it differs from the vast mass of psychological individual works. Clinical Psychology summarizes what is present scientifically proven knowledge. It may not be entirely wrong to choose this as an entry as a foundation for the following topics.

Developmental Psychology describes how a child becomes a grown-up person. It describes in particular what is the best possible development.

Modern psychology is the science of human engineering, subdivided in industrial and organizational psychology. The living and working together in the modern production company is the central question of our highly developed society.

Kommunikation, also die Gesprächsführung, ist im Bereich Betriebspsychologie und in unserem Leben zentral. Alles, was wir tun, ist Kommunikation, alles, worauf funktionierende Betriebe und funktionierendes Zusammenarbeiten und Zusammenleben beruhen, ist Kommunikation.

Der ZEN-Buddhismus ist genau genommen auch „Psychologie". Einerseits eine nahezu 100%-ige Überlappung mit moderner Psychologie, dem Humanismus und dem Christentum, nur eine ganz andere Sichtweise und ganz anders formuliert. Durch diese Verfremdung wird die Bedeutung erst so richtig bewusst. Buddha sah sich selbst auch nie als Religionsgründer, aus heutiger Sicht eher Psychoanalytiker oder Berater in grundsätzlichen und schwierigen Lebens- und Organisationsfragen („Coach"); bereits zu Lebzeiten wurde er viel gefragt und von führenden Persönlichkeiten mit der Bitte um Rat eingeladen. Aus den übersetzten Urschriften (K. E. Neumann) wissen wir, dass Religion, Gott und Wiedergeburt für ihn gar keine Themen waren. Sein Hauptthema war das sog. „ICH". Und das macht den ZEN-Buddhismus so wertvoll neben Christentum und Humanismus. Das Christentum fordert vom Einzelnen die Einhaltung hoher Werte und Tugenden und der Humanismus postuliert dazu das freie Ich. Nur – was ist dieses ICH eigentlich? Und hier ergänzt und stärkt Buddha das Christentum und den Humanismus ganz großartig.

Die Themen Antike, Psychologie, Werte, Ideale, Christentum, Humanismus, Tugenden, Philosophie usw. können beschwerlich werden; die Dosis macht das Gift. Humor und Witz erlauben es Spannungen und Konflikte aus einer anderen oder übergeordneten Perspektive aufzulösen. Zudem hat unser Goethe schon früh erkannt, dass es die eine allgemeingültige Antwort sowieso nicht gibt. Karl Valentin meinte: „Nur g´scheid ist auch blöd".

Communication skills are centrally located in the area of industrial psychology and in our lives. Everything we do is communication, collaborations and co-existence is based on communication.

Zen Buddhism is strictly speaking "psychology". An almost 100% overlap with modern psychology, humanism and Christianity, only a totally different perspective and professed quite differently. Through this alienation we get aware of the importance. Buddha never saw himself as a founder of religion, from today's perspective he was in basic a psychoanalyst or counselor for difficult life and organizational issues ("coach"); in his lifetime he was much in demand and invited by leaders with a request for advice. From the translated copies (KE Neumann) we know that religion, God and rebirth were no issues for him. Its main theme was the so-called "ego". And that makes Zen Buddhism so valuable in addition to Christianity and humanism. Christianity demands from individual compliance with high values and virtues; humanism postulates the free human being. But – what is this ego of the human being really? And this way Buddha supplements and strengthens Christianity and humanism quite magnificently.

The topics antiquity, psychology, values, ideals, Christianity, humanism, virtues, philosophy, etc. can be arduous; the dose makes up the poison. Humor and wit allow tensions and conflicts to dissolve from a different or higher-level perspective. "Our" Goethe recognized that there is not a universal answer anyway. Karl Valentin said: "Being only clever is stupid"

1. GRIECHISCHE PHILOSOPHIE

Die Epoche der Philosophie der Antike dauerte etwa 1000 Jahre, von etwa 500 v. Chr. bis ins Jahr 500 n. Chr. Die griechische Philosophie von 500 v. Ch. bis Christi Geburt.

Vorsokratiker (etwa 600 bis 400 v. Chr.) haben das Weltbild aus Mythen und Göttern durch ansatzweise philosophische und naturwissenschaftliche Erklärungsversuche ersetzt. Mit Sokrates beginnt die Griechische Philosophie (etwa 500 v. Chr.). Sokrates' Schüler Platon und dessen Schüler Aristoteles wurden zu den wichtigsten Philosophen.

Pythagoras gründete im 6. Jahrhundert v. Chr. eine philosophische Gemeinschaft, von der Mathematik geprägt. So sahen sie in der Mathematik den Weg zu einer Weltbeschreibung und -erklärung. Dies u.a. in den Bereichen Geometrie, Musiktheorie, Kalenderrechnung und Astronomie.

Von Heraklit kommt die Aussage, dass alles in einem ständigen, fließenden Prozess des Werdens und Vergehens ist. Aus dieser Auffassung entstand die Formulierung „Alles fließt" (*pánta rheî*).

Demokrit ahnte schon sehr richtig, dass die gesamte Natur aus kleinsten, unteilbaren Einheiten, aus Atomen (*atomoi*) zusammengesetzt sein müsse.

Die Sophisten:

Ab 450 v. Chr. richteten die Sophisten ihre Überlegungen weg von der Natur auf den Menschen und suchten nach Methoden, das Individuum geistig und körperlich zu stärken. So brachten sie den Jugendlichen Rhetorik und Kampfkünste bei. Von den Sophisten stammt der berühmte Satz: *"Der Mensch ist das Maß aller Dinge."*

„sophia" = Weisheit. Sophisten sind damit v. a. Rhetoriklehrer. Diese Fertigkeit wurde in demokratischen Städten wie Athen besonders geschätzt. Es geht darum, wie der Menschen selbst und in der Gesellschaft lebt. Die praktisch denkenden Sophisten sagten: „Es gibt keine göttliche Schöpferkraft, alles lässt sich rational erklären."

Das Denken in Argumenten und Reden und der Austausch darüber wurden auf dem Marktplatz gelebt. Der friedliche Austausch der Ansichten und Argumente war damals einzigartig.

1. GREEK PHILOSOPHY

The era of ancient philosophy took about 1000 years, from about 500 BC to the year 500 AD. The Greek philosophy of 500 BC to the birth of Christ.

Presocratics (about 600 to 400 BC) replaced the worldview of myths and gods by exploratory philosophical and scientific explanations. With Socrates, Greek philosophy (about 500 BC) starts. Socrates' pupil Plato and his student Aristotle were the most important philosophers. In the 6th century BC Pythagoras founded a philosophical community, dominated by mathematics. So they saw in mathematics the way to a world description and declaration. This mainly in the fields of geometry, music theory, calendar calculations and astronomy.

From Heraclitus comes the statement that everything is in a constant, flowing process of growth and decay. From this view, the phrase "everything flows" (Panta Rhei) emerged.

Democritus realized that all nature must be composed of the smallest indivisible units of atoms (atomoi).

The Sophists:

From 450 v. Chr. the Sophists directed their thoughts away from nature to humans and to look for ways to strengthen the individual mentally and physically. So they tought the younger generation rhetoric and martial arts. From the The Sophists expressed the famous sentence: "Man is the measure of all things."

"Sophia" = wisdom – sophists are rhetoric teachers. This skill was particularly appreciated in democratic cities such as Athens, it's about how the people live in society. The practical-minded sophist said "there is no divine power of creation, everything can be explained rationally." Thinking in terms of arguments and speech there was the exchange about living on the marketplace. The peaceful exchange of views and arguments at that time was unique.

Sokrates:

Sokrates erschütterte seine Gesprächspartner, indem er durch bohrendes Nachfragen logische Lücken freilegte und dann gemeinsam im Dialog neue Gedanken entwickelte. Er fragte wohl jeden, der vorbeikam, nach dem Sinn seines Lebens. Sokrates versuchte durch Fragen und rhetorische Logik den Einzelnen zum richtigen Leben zu bringen.

Sokrates lebte nach dem Orakel von Delphi: Erkenne dich selbst. Er sprach vom Menschen und seinen ethischen Pflichten (Gutes zu tun). Diese freiheitliche und auf das Individuum zentrierte Philosophie wurde als Verführung der Jugend interpretiert. Athen war durch den verlorenen peloponnesischen Krieg als sehr schwach entlarvt, brauchte neue starke Strukturen und musste wieder militärischer und hierarchischer werden. Alle, die dem entgegen standen, wurden verurteilt.

Platon:

Platon und Aristoteles lehnten die Demokratie ab. Der Grund für ihre Ablehnung lag in der Niederlage Athens (einer „dekadenten" Demokratie) im peloponnesischen Krieg. Dies sei der Beweis der Untauglichkeit des Systems gewesen. Die Natur des Menschen ist, dass es keine Gleichen geben könne: damit kann es auch keine Demokratie geben, sie handelt gegen die Naturgesetze. Beide Philosophen betonen den starken Staat und dass der Mensch sich einfügen müsse. Beide kämpfen für starke Strukturen und hohe sittliche Werte.

Berühmt ist Platons Höhlengleichnis: Wir sind wie Menschen, die in einer Höhle sitzen, nie die Sonne gesehen haben und unsere Schatten für das wahre Leben halten. Dabei nahm Platon an, dass die Ideen zu allem Existierenden als stets abrufbare Erneuerung in einer höheren Welt sozusagen als „Blaupause" existierten.

Mit seiner Ideenlehre gelang es Platon ein Gedankengebäude zu erschaffen, das wie kein anderes die abendländische Geistesgeschichte prägte. Es gebe ein Reich ewiger und unverwandelbarer Wesenheiten, die er Ideen nannte. Die sichtbare Welt ist nach diesen Ideen bzw. Vorgaben geformt. Diese Bündelung der Ideen sei schon lange da (der eine Gott), ohne dass wir sie erkennen können.

Socrates:

Socrates provoked his interlocutors by uncovered logical gaps; this way he developed a dialog and new thoughts. He asked everyone who passed by about the meaning of his life. Socrates tried by questions and rhetorical logic to induce individuals to real life.

Socrates lived according to the Oracle of Delphi – "recognize (understand) thyself". He spoke of man and his ethical obligations to do good. This liberal philosophy centered on the individual; but it was interpreted as a seduction of the younger generation. Athens was debunked by the lost Peloponnesian War as very weak: it needed new strong structures especially military and hierarchical. Everybody who opposed this urgent needs was prosecuted.

Plato:

Plato and Aristotle rejected democracy. The reason for their refusal was the defeat of Athens (a "decadent" democracy) in the Peloponnesian War. This was the evidence of the unsuitability of the system. The nature of man is, that there can be no equality: so there can be no democracy, it is against the laws of nature. Both philosophers emphasize the strong state and that the man must be inserted. Both fight for strong structures and high moral values. A famous principle is Plato's Allegory of the Cave: We are like people who sit in a cave, have never seen the sun and keep our shadows for real life. Here Plato assumed that the ideas for everything that exists, so to speak, existed as "blueprints", as always retrievable renewals in a higher world.

With his theory of ideas Plato succeeded to create an edifice that shaped the Western intellectual history. There is an eternal kingdom of highly developed entities which he called ideas. The visible world is shaped by these ideas and specifications. This pooling of ideas exists forever (the one God) even if we cannot recognize them.

Es gibt also zwei Welten: eine Bündelung der Ideen in einem Jenseits und unsere Welt. Materie und Körper werden gesteuert vom Geist. Zentraler Punkt der platonischen Philosophie ist die Idee des Guten, Ziel und Ursprung alles Seins, es ist die Idee aller Ideen. Die materielle Welt wird durch einen einzigen allmächtigen Gott planvoll angelegt.

Er sagt: Menschen gleichen in Höhlen geketteten Wesen, die die Wirklichkeit nicht sehen können. In der Höhle gibt es eine Lichtquelle und sie halten die Schatten von Gegenständen für die Wirklichkeit. Manche Menschen begeben sich mühevoll aus der Höhle. Hier finden sie die „richtige" Welt. Zuerst sind diese Menschen geblendet, sie ahnen die Zusammenhänge. Sie haben die Aufgabe die anderen ans Licht zu führen.

Platon formuliert das Konzept einer unsterblichen Seele, analog einer Idee, die unvergänglich ist. Sie existierte vor der Geburt des Menschen und auch nach seinem Tod. Die Seele stammt aus der Sphäre des Göttlichen, Vernünftigen. Ziel des irdischen Lebens ist die Rückkehr der Seele in ihren Urzustand. Die Seele teilt sich in Göttliches (Vernunft und Weisheit) und Weltliches (Mut, Tapferkeit). Gerechtigkeit ist Mäßigung, man ordnet sich der Vernunft unter (also Begierde vermeiden).

Und nun hat Platon auch noch die Basis für das Christentum gelegt: Die Seele des Vernünftigen geht in das Reich der Ideen ein, die des Unvernünftigen muss hingegen Buße tun. Deshalb muss das Leben tugendhaft sein. Und der Lohn ist das Leben nach dem Tod.

Nur die Weisen können Sorge um die richtige Lebensweise der Bürger tragen. Deshalb müssen Philosophen an der Spitze des Staates stehen. Für Platon gibt es keinen grundsätzlichen Unterschied zwischen dem Individuum und der Gesellschaft. Die Analyse des Einzelnen gilt auch für den Staat. Daneben gibt es das Militär, Mut und Tapferkeit der Wächter. Handwerker, Kaufleute, Bauern hätten sich demnach zu mäßigen und die Gemeinschaft zu versorgen.

Platon revidiert aber dieses Konstrukt und formt den modernen Staat, nachdem sein Versuch in Sizilien scheiterte. In seinem Alterswerk „Gesetze" rückt Platon von der Idee des idealen Herrschers und seinen „kommunistischen Idealvorstellungen" ab und hält es für besser den Staat durch Gesetze zu regeln, wobei wesentlich ist, dass die Gesetze so verständlich geschrieben sind, dass jeder Bürger sie verstehen und damit auch tragen kann.

So there are two worlds: a pooling of ideas in an afterlife and our world. Matter and body are controlled by the Spirit. The central point of the Platonic philosophy is the idea of good, objective and origin of all being, it is the idea of all ideas. The material world is created in a planned manner by a single omnipotent God.

He says people chained in a cave cannot see reality. In the cave there is a light source and the shadows of objects seem to be reality. Some people struggle to get out of the cave. Here you will find the "right" world. First, these people are blinded, they only guess the relationships. Finally they have the task to lead the others to light.

Plato formulated the concept of an immortal soul, analogous to an idea that is imperishable. It existed before the birth of man and even after his death. The soul comes from the sphere of the divine, the rational. The aim of this life is the return of the soul to their original condition. The soul is divided into the Divine (reason and wisdom) and the Secular (courage, bravery). Justice is moderation; it is necessary to subordinate to reason (i.e. to avoid greed).

This way Plato placed the basis for Christianity: The soul of rational humans enters into the realm of ideas; the soul of the unreasonable man must repent. Therefore life must be virtuous. And the reward is life after death.

Only the wise can ensure the right way of life of the citizens. Therefore, philosophers must be at the top of the state. For Plato, there is no fundamental difference between the individual and society. The analysis of the individual is also true for the state. He stressed the importance of the military, courage and bravery of the guards. Artisans, merchants, farmers would have to moderate and work to provide the community.

But Plato revised this construct and formed the idea of the modern state, after his effort in Sicily failed. In his late work "laws" Plato distances himself from the idea of the ideal ruler and his "communist ideals" and claims to control the state by law, saying that it is essential that the laws are written so comprehensible that every citizen can understand them and thus support (accept) them.

Aristoteles:

Während Platons Philosophie auf einen „verträumten" Idealstaat und eine jenseitige Ideenlehre zielte, war Aristoteles der Realist. Die erfahrbare Wirklichkeit von Natur und menschlicher Gesellschaft sollte erfasst und wissenschaftlich geordnet werden. Biologie und Medizin, Politik, Rhetorik wurden mit einem enzyklopädischen Wissensdrang erfasst. Er begründete die Logik mit ihrer Wissenschaftssystematik. Die Autorität, die Aristoteles als Forscher und Denker noch im europäischen Mittelalter besaß, war so groß, dass sein Name für den Begriff des Philosophen schlechthin stand.

Aristoteles schrieb über 200 Bücher, von denen keines erhalten ist. Erhalten sind nur einige Vorlesungsskripten, die für seine Schule bestimmt waren. Kern sind die Erscheinungen der Natur und die Existenz des Menschen. Eines der bedeutendsten Beiträge zur abendländischen Geistesgeschichte ist seine Logik. Mit Humanismus-Renaissance-Aufklärung profitierte die westliche Welt bis heute von seiner Leistung.

Ethik des Aristoteles:
- Jeder Mensch strebe nach Vollendung.
- In der Vernunft findet der Mensch Glückseligkeit.
- Vernunft wird entwickelt durch Fleiß und Bildung
- Soziale Einbindung durch Beachtung der Normen und Gesetze
- Der freie Willen reicht nicht, man muss das Gute auch trainieren.
- Ethischen Tugenden in der Mitte zwischen Extremen:
- Tapferkeit als Mitte zwischen Feigheit und Tollkühnheit,
- Mäßigung als Mitte zwischen Wollust und Stumpfheit,
- Großzügigkeit als Mitte zwischen Geiz und Verschwendung.

Aristoteles missbilligte die Ideenlehre des Platon:
- „Die Ideen helfen nichts, weder zur Erkenntnis der anderen Dinge noch zum Sein des Menschen, da sie ja nicht in den an ihnen teilhabenden Dingen sind."
- Er „erfand" die Naturwissenschaft: Das Wesen der Dinge liegt in ihnen selbst. Deshalb müsse man die Dinge untersuchen, um zu ihrem innersten Wesen vorzudringen.
- Gott hat zwar die Welt erschaffen und in Schwung gebracht, greift aber nicht mehr in sie ein, ist also durch die Welt auch nicht zu beeinflussen.

Aristotle:

While Plato's philosophy aimed at a transcendent ideal state and doctrine of ideas, Aristotle was a realist. The reality of nature and human society should be sorted scientifically. Biology and medicine, politics and rhetoric were recognized with an encyclopedic knowledge. He founded the logic of science. The authority as a researcher and thinker Aristotle was incomparable; in medieval Europe his name was associated with right thinking par excellence.

Aristotle wrote more than 200 books, none of which has been preserved. We have only some lecture notes, which were intended for his school. They decribe the phenomena of nature and the existence of man. One of the most important contributions to Western history is his logic. With Humanism-Renaissance-Enlightenment Western world has benefited until today from his performance.

Ethics of Aristotle:
- Every human being strives for perfection.
- In the rational man finds happiness.
- Reason is developed through hard work and education.
- Social inclusion through compliance with the standards and laws.
- Free will for good is not enough, you have to train the good as well.
- Ethical virtues in the middle between two extremes:
  - valor → halfway between cowardice and foolhardiness,
  - moderation → halfway between pleasure and dullness,
  - generosity → as a concept between stinginess and extravagance.

Aristotle disapproved Plato's theory of ideas:
- "The ideas are not helpful, neither to the knowledge of other things nor the being of man. They are not part of them. There are no implications."
- He "invented" science: The nature of things is in themselves. Man investigates things in order to penetrate to their very essence.
- God indeed created the world and set it in motion, but no longer engages in it, so he is not affecting the world furthermore.

Aristoteles – Logik – Wissenschaft:

- Er führte fassbare Begrifflichkeiten ein, wie Person, Zustände, Substanzen, Quantität, Qualität, Verhältnis, Wo, Wann, Lage, Haben, Tätigkeit, etc.
- Er war der erste, der die Logik betrachtete und beschrieb. Er teilte seine Lehrinhalte in Kategorien ein, die das Erfassen, Lehren, Nachdenken und Vergleichen erst ermöglichten.
- Sinnvolle Worte, semantisch logische Sätze und Verknüpfungen wurden zu sinnvollen nachvollziehbaren Aussagen.
- Aus Aussagen wurden Sätze, Urteile und daraus rationale Schlüsse.
- Eine Kette von Schlüssen ist dann ein Beweis.

Staatslehre des Aristoteles:

- Empirie = nur die Erfassung der Wirklichkeit zählte, nicht die Theorie.
- Aristoteles wollte den best-möglichen Staat.
- Er untersuchte und beschrieb sehr viele Staatsformen.
- Der Mensch ist ein staatsbildendes Wesen, er strebt nach politischer Gemeinschaft.
- Das Prinzip, das einen Staat formt, ist seine Verfassung.
- Aristoteles beschreibt drei mögliche Verfassungen:
  1. Königtum und als deren Entartung die Tyrannis
  2. Aristokratie („Herrschaft der Besten"). Die kann in Oligarchie, in die Herrschaft weniger, nicht unbedingt der Besten ausarten.
  3. Volksherrschaft, deren Abart die Demokratie (= Tyrannis des Volkes) darstellt. Abwertend aber auch die Begriffe Ochlokratie und Laokratie, wenn der „Pöbel" (die „Straße") die Geschicke steuert.
- Aristoteles hält eine gemäßigte Volksherrschaft für die günstigste Variante. „Die staatliche Gemeinschaft ist die Beste, die auf Grund des Mittelstandes besteht", denn damit werden Extreme vermieden.
- Privateigentum bleibt privat, aber gemeinsame Nutzungen.
- Sklaverei und Ungleichheit (zwischen Mann und Frau) gehören zur natürlichen Ordnung, ebenso wie Gleichheit unter freien Männern

Ideals of the Western world

Aristotle – Logic – Science:

- He introduced comprehensible terms as person, states, substances, quantity, quality, relation, where, when, property, activity, etc.
- He was the first who saw logic and described it. He divided his teaching into categories that allowed collection, teaching, thinking and comparing.
- Meaningful words and semantically logical sentences are linked to comprehensible statements.
- Statements form sentences, judgements and rational conclusions.
- A chain of conclusions leads to proof.

State doctrine of Aristotle:

- empiricism = only the comprehension of reality counts, not the theory.
- Aristotle wanted the best possible state.
- He investigated and described many forms of government.
- The human being is a state-forming nature, he strives for a political community.
- The principle which forms a state is its constitution.
- Aristotle describes three possible constitutions:

  1. Kingship, its degeneration is tyranny.

  2. Aristocracy ("rule of the best"). But it can turn to oligarchy, the rule of the few, which not necessarily generates the best.

  3. Popular government, whose variety represents democracy (= tyranny of the people). Pejorative when the "mob" (the "street") controls the destinies (ochlocracy and laokratie).

- Aristotle maintains a moderate government by the people to be the best option. "The political community is the best that exists on the basis of the middle class", because thus extremes are avoided.
- private property remains private but the community should have a benefit.
- Slavery and inequality (between men and women) are part of the natural order, as well as equality among free men.

Stoa, Epikureismus, Christentum:

Stoa und Epikureismus befassten sich mit dem Thema „glückendes Leben" im weitesten Sinne und begannen psychologisch zu denken. Der Epikureismus suchte das individuelle Glück durch optimal dosierte Genüsse im Privaten mit Zurückhaltung in öffentlichen Angelegenheiten. Die Stoa fürchtet eine Versklavung der Seele in der Sucht nach Bedürfnisbefriedigung, favorisiert deshalb die Vernunftkontrolle; das Individuum ist Teil einer menschlichen Gemeinschaft und hat vor allem Pflichten. Stoische Leitlinien fanden Eingang in das Denken des republikanischen Rom.

Diskussion und Pluralismus hat der christliche Monotheismus nicht mehr zugelassen. Er hat aber viele Elemente antiker Philosophie integriert. Die internen dogmatischen Diskussionen und Streitigkeiten, die dem Christentum ihre heutige Form gaben, beruhen auf der griechischen Philosophie.

Stoicism, Epicureanism, Christianity:

Stoicism and Epicureanism dealt with the theme "happiness and life" in the broadest sense and began to think psychologically. Epicureanism sought individual happiness. Private pleasures should be optimally dosed with restraints in public affairs.

The Stoa fears an enslavement of the soul in addiction of gratification. Therefore favors rational control. The individual is part of a human community and mainly has obligations. Stoic guidelines found their way into the thinking of the Roman Republic.

Christian monotheism no longer permitted discussion and pluralism. But Christianity incorporated many elements of ancient philosophy. The internal dogmatic discussions and disputes, which gave Christianity its present form, is based on Greek philosophy.

2. CHRISTENTUM

Christliche Werte gelten als grundlegend für unsere westliche Gesellschaft und für den Bestand unserer Nationen. Dies kann man in den Programmen der großen Parteien der westlichen Welt in Europa und Nordamerika auch unschwer so nachlesen:

- Solidarität, Nächstenliebe, soziale Sicherung
- Gerechtigkeit, Schutz vor Willkür und Missbrauch
- Würde und Freiheit aller Menschen
- Freiheitliche Demokratie
- Freiheit des anderen begrenzt die eigene Freiheit
- Menschen für das freie Gemeinwesen in die Pflicht zu nehmen
- Chancengleichheit, aber nicht Ergebnisgleichheit
- Freie Entfaltung selbstbewusster Persönlichkeiten nach christlichem Verständnis
- Gleichberechtigung Mann und Frau
- Leistungs- und Verantwortungsbereitschaft
- Respekt, kein Neid
- Vergebung
- Starke Familien
- Bildung und Kultur
- Forschung und Entwicklung und damit Wohlstand
- Ökologie – Schutz der natürlichen Lebensgrundlagen
- Sicherheit in einem starken Staat
- Wohlstand für alle
- Rücksicht, Pünktlichkeit, Fleiß, Anstand, Manieren

Diese Prinzipien haben die christliche Kultur innerhalb von 2000 Jahren einzigartig erfolgreich gemacht. Und weil dies bereits in den kleinen christlichen Gruppen so war, hat sich diese christliche Wertegesellschaft gegen übermächtige Anfeindungen und Verfolgungen durchgesetzt – kurzfristig, mittelfristig und langfristig. In einem römischen Reich mit kriegerisch-heidnischen Stämmen und auch heute in einer sehr materialistischen Welt – die Gruppierung, die christliche Werte lebt, die erweist sich rasch als die Überlegene.

All dies sieht der einzelne vernünftige Mensch natürlich ein. Letztlich folgt er und die Gesellschaft dem am Ende aber nur unter Druck oder wenn sich

2. CHRISTIANITY

Christian values are considered fundamental to our Western society and for the survival of our nations. This can also be easily read in the programs of the major political parties in the western world in Europe and North America:

- Solidarity, charity, social security
- Justice, protection against arbitrariness and abuse
- Dignity and freedom of all people
- Liberal democracy
- Freedom of others puts limits to individual (personal) freedom
- People's duties for the benefit of the free community
- Equal opportunities, but not uniformity (identity) of results
- Free development of confident personalities
- Equality for all men and women
- Performance and responsibility
- Respect, no envy
- Forgiveness
- Strong Families
- Education and Culture
- Research and development and thus prosperity
- Ecology – protection of natural resources
- Security in a strong state
- Prosperity for All
- Consideration, punctuality, diligence, propriety, manners

Within 2000 years these principles have made the Christian culture uniquely successful. This was already true in the early Christian groups. Though these Christian values have prevailed against overwhelming hostility and persecution – in short term, medium term and long term. That was right in the Roman Empire with warlike pagan tribes and even today in a very materialistic world. The group that performs Christian values turns out superior.

A reasonable person accepts all this of course. Unfortunetely, he follows only if he sees clear personal advantages that arise. Immediate benefits

daraus ganz eindeutige Vorteile ergeben. Sofortige Vorteile im Moment (z. B. man fühlt sich damit gut und man kann auf dieser Basis wahrscheinlich am besten zusammen leben), mittelfristige Vorteile (z. B. man erreicht seine gesteckten Ziele) und langfristige Vorteile (z. B. Familie, Kinder, Ökologie, funktionierender Staat, Frieden); ganz langfristig für die, die auf ein „Leben im Himmel" spekulieren.

Im Alten Testament die Vertreibung aus dem Paradies:

- Der Mensch ist für die Freiheit nicht geschaffen
- Die Regeln freien Zusammenlebens hält er nicht ein.
- Der Mensch kann mit einem Wohlleben nicht umgehen.
- Das alte Testament beschreibt, dass für den Menschen wohl ein Leben mit Entbehrung, Anfechtungen, Leid und schwerer Arbeit das beste sei.
- Das Alte Testament ist archaisch kämpferisch, Auge-um-Auge und Zahn-um-Zahn.

Christliche Werte und Ethik beziehen sich auf das Neue Testament:

- Das Neue Testament
- Die Bergpredigt
- die alttestamentlichen 10 Gebote

und ganz zentral:

- die Nächstenliebe,
- die Liebe zu Gott
- und das Prinzip der Vergebung.

Die zehn Gebote:

1. Ich bin der Herr, dein Gott. Du sollst keine anderen Götter haben neben mir.
2. Du sollst den Namen des Herrn, deines Gottes, nicht missbrauchen.
3. Du sollst den Feiertag heiligen.
4. Du sollst deinen Vater und deine Mutter ehren.
5. Du sollst nicht töten.
6. Du sollst nicht ehebrechen.
7. Du sollst nicht stehlen.
8. Du sollst nicht falsch Zeugnis reden wider deinen Nächsten.
9. Du sollst nicht begehren deines Nächsten Haus.
10. Du sollst nicht begehren deines Nächsten Weib, Knecht, Magd, Vieh noch alles, was dein Nächster hat.

at the moment (eg, you feel good and a good basis for living together), medium-term benefits (for example, to reach one´s goals) and long-term benefits (eg family, children, ecology, a functioning state, peace) ; very long for those who speculate on an "eternal life in heaven."

In the Old Testament, the expulsion from paradise:

- Man is not made for freedom
- He does not deem to the rules of free cohabitation.
- Man cannot deal with a good and free living.
- The Old Testament describes that a life with hardship, trials, suffering and hard work is probably the best for the people.
- The Old Testament is archaically aggressive, eye-to-eye and tooth-for-tooth.

Christian values and ethics relate to the New Testament:

- The New Testament
- The Sermon on the Mount
- The 10 Commandments in the Old Testament
- And quite central:
- Charity,
- The love of God
- And the principle of forgiveness.

The Ten Commandments:

1. I am the Lord thy God. Thou shalt have no other gods before me.
2. You shall not take the name of the Lord thy God in vain.
3. Thou shalt sanctify the holiday.
4. Thou shalt honor thy father and thy mother.
5. Thou shalt not kill.
6. Thou shalt not commit adultery.
7. Thou shalt not steal.
8. Thou shalt not bear false witness against thy neighbor.
9. Thou shalt not covet thy neighbor's house.
10. Thou shalt not covet thy neighbor's wife, or his manservant or maidservant, his cattle nor anything that is thy neighbor's

Die Bergpredigt:

Als Jesus die vielen Menschen sah, stieg er auf einen Berg. Er setzte sich, und seine Jünger traten zu ihm. Dann begann er zu reden und lehrte sie. Er sagte:

Seligpreisungen:

Selig, die arm sind vor Gott; denn ihnen gehört das Himmelreich.

Selig die Trauernden; denn sie werden getröstet werden.

Selig, die keine Gewalt anwenden; denn sie werden das Land erben.

Selig, die hungern und dürsten nach der Gerechtigkeit;
sie werden satt werden.

Selig die Barmherzigen; denn sie werden Erbarmen finden.

Selig, die ein reines Herz haben; denn sie werden Gott schauen.

Selig, die Frieden stiften; denn sie werden Söhne Gottes genannt werden.

Selig, die um der Gerechtigkeit willen verfolgt werden; denn ihnen gehört das Himmelreich.

Selig seid ihr, wenn ihr um meinetwillen beschimpft und verfolgt und auf alle mögliche Weise verleumdet werdet.

Freut euch und jubelt: Euer Lohn im Himmel wird groß sein. Denn so wurden schon vor euch die Propheten verfolgt.

Vom Salz der Erde und vom Licht der Welt:

Ihr seid das Salz der Erde. Wenn das Salz seinen Geschmack verliert, womit kann man es wieder salzig machen? Es taugt zu nichts mehr; es wird weggeworfen und von den Leuten zertreten.

Ihr seid das Licht der Welt. Eine Stadt, die auf einem Berg liegt, kann nicht verborgen bleiben.

Man zündet auch nicht ein Licht an und stülpt ein Gefäß darüber, sondern man stellt es auf den Leuchter; dann leuchtet es allen im Haus.

So soll euer Licht vor den Menschen leuchten, damit sie eure guten Werke sehen und euren Vater im Himmel preisen.

The Sermon on the Mount:

When Jesus saw the crowds, he went up the mountain. He sat down, his disciples came to him. Then he began to teach them.
He said:

Beatitudes:

Blessed are the poor in spirit; for theirs is the kingdom of heaven.

Blessed are those who mourn; for they shall be comforted.

Blessed are the meek; for they shall inherit the earth.

Blessed are those who hunger and thirst for righteousness; they shall be satisfied.

Blessed are the merciful; for they shall obtain mercy.

Blessed are the pure in heart; for they shall see God.

Blessed are the peacemakers; for they shall be called sons of God.

Blessed are they which are persecuted for righteousness' sake; for theirs is the kingdom of heaven.

Blessed are you when they insult you for my sake and persecute and slander you therefore in all possible ways.

Rejoice and be glad, for your reward in heaven will be great. For the prophets were persecuted before you.

The salt of the earth and the light of the world:

You are the salt of the earth. If the salt loses its savor, wherewith shall it be salted again? It is good for nothing; it is thrown out and trampled underfoot by men.

You are the light of the world. A city that is set on a hill cannot be hid. Neither do people light a lamp and put it under a bushel, but put it on a candlestick; then it gives light to all in the house.

So shall your light shine before men, that they may see your good works and glorify your Father in heaven.

Vom Gesetz und von den Propheten:

Denkt nicht, ich sei gekommen, um das Gesetz und die Propheten aufzuheben. Ich bin nicht gekommen, um aufzuheben, sondern um zu erfüllen.

Amen, das sage ich euch: Bis Himmel und Erde vergehen, wird auch nicht der kleinste Buchstabe des Gesetzes vergehen, bevor nicht alles geschehen ist.

Wer auch nur eines von den kleinsten Geboten aufhebt und die Menschen entsprechend lehrt, der wird im Himmelreich der Kleinste sein. Wer sie aber hält und halten lehrt, der wird groß sein im Himmelreich.

Darum sage ich euch: Wenn eure Gerechtigkeit nicht weit größer ist als die der Schriftgelehrten und der Pharisäer, werdet ihr nicht in das Himmelreich kommen.

Vom Töten und von der Versöhnung

Ihr habt gehört, dass zu den Alten gesagt worden ist: Du sollst nicht töten; wer aber jemand tötet, soll dem Gericht verfallen sein.

Ich aber sage euch: Jeder, der seinem Bruder auch nur zürnt, soll dem Gericht verfallen sein; und wer zu seinem Bruder sagt: Du Dummkopf!, soll dem Spruch des Hohen Rates verfallen sein; wer aber zu ihm sagt: Du (gottloser) Narr!, soll dem Feuer der Hölle verfallen sein.

Wenn du deine Opfergabe zum Altar bringst und dir dabei einfällt, dass dein Bruder etwas gegen dich hat, so lass deine Gabe dort vor dem Altar liegen; geh und versöhne dich zuerst mit deinem Bruder, dann komm und opfere deine Gabe.

Schließ ohne Zögern Frieden mit deinem Gegner, solange du mit ihm noch auf dem Weg zum Gericht bist. Sonst wird dich dein Gegner vor den Richter bringen und der Richter wird dich dem Gerichtsdiener übergeben und du wirst ins Gefängnis geworfen.

Amen, das sage ich dir: Du kommst von dort nicht heraus, bis du den letzten Pfennig bezahlt hast.

Vom Ehebruch

Ihr habt gehört, dass gesagt worden ist: Du sollst nicht die Ehe brechen.

Ich aber sage euch: Wer eine Frau auch nur lüstern ansieht, hat in seinem Herzen schon Ehebruch mit ihr begangen.

The law and the prophets:

Do not think that I have come to abolish the Law and the Prophets. I did not come to abolish them.

Amen, I say to you, till heaven and earth pass away, not the smallest letter of the law will pass away until everything has happened.

Whoever breaks one of the least of these commandments and teaches others will be inferior in the kingdom of heaven. But whoever does them and teaches them will be called great in the kingdom of heaven.

Therefore I tell you, unless your righteousness is not far greater than that of the scribes and Pharisees, ye shall not enter into the kingdom of heaven.

Killing and reconciliation:

Ye have heard that it was said of the old: Thou shalt not kill; and whoever kills shall be liable to judgment.

But I say to you that everyone who is angry with his brother shall be liable to judgement; and whoever says to his brother, Thou fool!, will be liable to the sentence of the Sanhedrin; But who says to him: Thou (godless) fool!, will be liable to the fire of hell.

If you are offering your gift at the altar and there remember that your brother has something against you, leave your gift there before the altar; and go first to be reconciled to thy brother, and then come and offer your gift.

Closing without hesitation peace with your enemies, while you're still on the way to court with him. Otherwise you will bring your opponent to the judge and the judge will hand you over to the officer, and thou be cast into prison.

Amen, I say to you: You come from there not out until you have paid the last penny.

About Adultery:

Ye have heard that it hath been said, thou shalt not commit adultery.

But I tell you, everyone who looks at a woman lustfully has already committed adultery in his heart.

Wenn dich dein rechtes Auge zum Bösen verführt, dann reiß es aus und wirf es weg! Denn es ist besser für dich, dass eines deiner Glieder verloren geht, als dass dein ganzer Leib in die Hölle geworfen wird.

Und wenn dich deine rechte Hand zum Bösen verführt, dann hau sie ab und wirf sie weg! Denn es ist besser für dich, dass eines deiner Glieder verloren geht, als dass dein ganzer Leib in die Hölle kommt.

Von der Ehescheidung

Ferner ist gesagt worden: Wer seine Frau aus der Ehe entlässt, muss ihr eine Scheidungsurkunde geben.

Ich aber sage euch: Wer seine Frau entlässt, obwohl kein Fall von Unzucht vorliegt, liefert sie dem Ehebruch aus; und wer eine Frau heiratet, die aus der Ehe entlassen worden ist, begeht Ehebruch.

Vom Schwören

Ihr habt gehört, dass zu den Alten gesagt worden ist: Du sollst keinen Meineid schwören, und: Du sollst halten, was du dem Herrn geschworen hast.

Ich aber sage euch: Schwört überhaupt nicht, weder beim Himmel, denn er ist Gottes Thron, noch bei der Erde, denn sie ist der Schemel für seine Füße, noch bei Jerusalem, denn es ist die Stadt des großen Königs.

Auch bei deinem Haupt sollst du nicht schwören; denn du kannst kein einziges Haar weiß oder schwarz machen.

Euer Ja sei ein Ja, euer Nein ein Nein; alles andere stammt vom Bösen.

Von der Vergeltung

Ihr habt gehört, dass gesagt worden ist: Auge für Auge und Zahn für Zahn.

Ich aber sage euch: Leistet dem, der euch etwas Böses antut, keinen Widerstand, sondern wenn dich einer auf die rechte Wange schlägt, dann halt ihm auch die andere hin.

Und wenn dich einer vor Gericht bringen will, um dir das Hemd wegzunehmen, dann lass ihm auch den Mantel.

Und wenn dich einer zwingen will, eine Meile mit ihm zu gehen, dann geh zwei mit ihm.

Wer dich bittet, dem gib, und wer von dir borgen will, den weise nicht ab.

If your right eye causes you to sin, pluck it out and throw it away! For it is profitable for thee that one of thy members should perish, than for your whole body to be thrown into hell.

And if your right hand causes you to sin, cut it off and throw it away! For it is profitable for thee that one of thy members should perish, than for your whole body go into hell.

About Divorce

Furthermore, it was said, whoever divorces his wife from marriage, must give her a certificate of divorce.

But I say to you, whoever divorces his wife, except it be for fornication, supply her to the sin of adultery. And whoever marries a woman who has been released from the marriage, committing adultery.

Swearing:

Ye have heard that it was said to them: Thou shalt not swear falsely, and thou shalt keep what you have sworn to the Lord.

Do not swear, neither by heaven, for it is God's throne. Nor by the earth, for it is his footstool. Nor by Jerusalem, for it is the city of the great King.

Even do not swear; for thou canst not make one hair white or black.

Let what you say be ‚Yes,‘ No ‚; everything else comes from evil.

Vengeance:

Ye have heard that it was said: Eye for eye and tooth for tooth.

But I tell you: If one is doing you any harm do not counteract aggressively. If any one strikes you on the right cheek, turn to him the other also.

And if anyone brings you to justice to you to take away the shirt, then let him have your cloak also.

And if anyone forces you to go one mile with him, go with him two miles.

Who is asking you – give him. Who wants to borrow from you, refuse.

Von der Liebe zu den Feinden

Ihr habt gehört, dass gesagt worden ist: Du sollst deinen Nächsten lieben und deinen Feind hassen.

Ich aber sage euch: Liebt eure Feinde und betet für die, die euch verfolgen,

damit ihr Söhne eures Vaters im Himmel werdet; denn er lässt seine Sonne aufgehen über Bösen und Guten, und er lässt regnen über Gerechte und Ungerechte.

Wenn ihr nämlich nur die liebt, die euch lieben, welchen Lohn könnt ihr dafür erwarten? Tun das nicht auch die Zöllner?

Und wenn ihr nur eure Brüder grüßt, was tut ihr damit Besonderes? Tun das nicht auch die Heiden?

Ihr sollt also vollkommen sein, wie es auch euer himmlischer Vater ist.

About the love of enemies:

Ye have heard that it hath been said, thou shalt love thy neighbor and hate thine enemy.

But I tell you: Love your enemies and pray for those who persecute you, so that you become sons of your Father in heaven. For he makes his sun rise on the evil and the good, and sends rain on the righteous and the unrighteous.

If you namely only loving those who love you, what reward have ye? Do not even the publicans do the same?

And if you greet only your brothers, what more are you doing? Do not even the tollkeepers do so?

Be ye therefore perfect, as your heavenly Father.

Einige Gleichnisse:

Das Gleichnis vom Weinberg

Das Reich Gottes wird mit einem Weinberg verglichen. Der Weinbergbesitzer vereinbart mit ihnen einen Tagelohn von einem Silberstück. Er
geht weitere vier Mal, um Arbeiter einzustellen. Alle erhalten denselben
Lohn. Die Arbeiter, die den ganzen Tag gearbeitet haben, beschweren
sich darüber. Der Hausherr weist die Kritik aber zurück, indem er daran
erinnert, dass sie mit ihm über die Bezahlung eines Silberstücks überein-
gekommen waren.

Deutung des Gleichnisses:

Der Weinbergbesitzer gibt *allen* Arbeitern genau den Lohn, der in
damaliger Zeit notwendig war, um eine Familie einen Tag lang ernähren
zu können.

Die Kirche umfasst alle, die am gemeinsamen Ergebnis mitarbeiten,
egal, wann sie damit anfangen. Gott zahlt keinen Stundenlohn, ihm liege
an den freien Entfaltungsmöglichkeiten aller Menschen.

Meines Erachtens aber auch folgendes:

Der Orient war und ist bis heute geprägt von einer „Neidgesellschaft".
Das Bakschischsystem besagt, dass man die Errungenschaften eines
Erfolgreichen zunichte machen kann, wenn er nichts abgibt. Wenn ein
Mensch Erfolg hat, klagt das Umfeld und die Großfamilie ein, dass er
etwas abgeben muss. Derart kann Erfolg nur mit Gewalt verteidigt werden. Diese neidorientierte Ordnungsstruktur lähmt eine Gesellschaft; wer
arbeitet und etwas leistet, bekommt es sowieso wieder abgenommen.

Man soll nicht neidisch und missgünstig auf den Erfolg anderer
schauen. Dieses Gleichnis nimmt unser modernes Wirtschaftssystem vor-
weg. Einerseits gleiche Chancen für alle, aber eine klare Absage Jesu an
die orientalische Neid- und Bakschischgesellschaft.

Some parables:

The parable of the vineyard

The kingdom of God is compared to a vineyard. The vineyard owner agrees
on a daily wage of one silver coin. In the middle of the day he hires further
(more) workers. All receive the same wage. The workers who have been
working since the morning complain. The host refuses the criticism and
reminds them that they agreed with him on the payment of a silver piece.

Interpretation of the parable:

The vineyard owners pays all workers exactly the reward which was
necessary in those days, in order to feed a family for a day.

The church includes all those who work on the same result, regardless
of when they begin. God doesn't pay hourly wage, it counteracts to the free
development of all human possibilities.

In my view also the following:

The Orient was and is still marked by a "society of envy". The so-called
"*Bakschischsystem*" states that you can destroy the achievements of a successful person when he refuses to pay you money. The environment and
the extended family extort money from a busy and successful person. This
way success can only be defended by force. This envy-oriented structure
cripples a society; who works and does something, it gets removed again
anyway.

One should not be jealous and envious, don´t look at the success of
others. This parable anticipates our modern economic system. On the one
hand the equal opportunities for all. On the other hand the clear rejection
of Jesus to envy and destroying of success.

Gleichnis vom barmherzigen Samariter

Ein Pharisäer stellt die Frage, was zum Erwerb des ewigen Lebens als wichtigstes zu tun sei. Da erklärt ihm Jesus:

Ein Mann auf dem Weg von Jerusalem nach Jericho wurde ausplündertet und verletzt. Ein Priester sah ihn und ging weiter, ebenso ein Levit. Schließlich versorgte ihn ein Samariter und transportierte ihn zur Herberge.

Deutung des Gleichnisses:

Der Priester und der Levit sind sog. „Gerechte"; beide hätten sich gefährdet und verunreinigt gefühlt, wenn sie den Verletzten oder gar Sterbenden berührt hätten. Samariter waren eine verachtete Untergruppe der Juden. Wir wissen auch nicht, wer der Verletzte war – war es vielleicht ein Außenstehender (Feind, Römer, Jude, Räuber; Aussätziger)? Es geht also nicht um Gruppenzugehörigkeit oder Stand; der Nächste ist jeder, kann auch ein Feind sein. Jesus weitet den Begriff des „Nächsten" auf alle Menschen aus – revolutionär!

Gleichnis vom bittenden Freund

Jesus sagt, man solle sich vorstellen, man bräuchte ausgerechnet um Mitternacht dringend drei Brote. Eine sehr lästige Bitte, die einem selbst Leid tut, man hätte überraschend Gäste.

Deutung:

„Bittet, dann wird euch gegeben", stellt die Quintessenz des Gleichnisses dar. Das Bitten um die drei Brote ist demnach gleichzustellen mit dem Gebet an Gott.

Man darf Freunde (und Gott) bitten, man muss sich dafür nicht schämen. Kein falsches Ehrgefühl, wenn es dringende Notwendigkeiten gibt.

Gleichnis von den Ehrenplätzen bei einer Hochzeit

Als Gast solle man sich nicht auf die obersten Plätze setzen. Denn komme dann ein Vornehmerer, müsse man weichen. Sitzt man dagegen unten, so wird man vielleicht erhöht: „Denn wer sich selbst erhöht, der soll erniedrigt werden; und wer sich selbst erniedrigt, der soll erhöht werden."

Zudem solle man nicht seine Freunde oder reichen Nachbarn zu einem Mahl einladen, weil diese sich ebenso revanchieren würden, sondern die

Parable of the Good Samaritan

A Pharisee asks the question what should be done to acquire eternal life. As Jesus explains to him:

A man on his way from Jerusalem to Jericho was robbed and injured. A priest saw him and went on, so did a Levite. Finally, help was supplied by a Samaritan, who transported him to the hostel.

Interpretation of the parable:

The priest and the Levite are so-called "righteous" persons. Both would have been at risk and contaminated if they had touched the injured or even dying. Samaritans were despised as a subgroup of Jews. We don't know who was the injured person – it was perhaps an outsider, an enemy, a Roman, a Jew, robbers, a leper? So charity is not about group membership or status The so called "next" is anyone, it can be even an enemy. Jesus expands the concept of love-mercy-charity to all people – what revolutionary idea! – without any preselection!

Parable of the pleading friend

Jesus says: imagine you would need urgently three loaves of bread in the middle of the night. A very annoying request, you feel self-sorry. But – surprisingly guests arrived.

Interpretation:

"Ask, and it shall be given to you", represents the quintessence of the parable. Asking for the three loaves is therefore equated with the prayer to God.

One must ask friends (and God) without being ashamed. No false sense of honor, if there are urgent needs. God gives you, friends have to give you. And you yourself should recognize that friends and God can all the time ask you for bread, help or donations. This is a matter of course in the Christian community.

Parable of the seats of honor at a wedding

A guest should not rely on the top seats. Because if suddenly a more important person turns up, one must give the top place way and you will be ashamed. "For whoever exalts himself shall be abased; and he that shall humble himself, shall be exalted."

Armen. Denn Letztere könnten sich nicht mit einer Gegeneinladung erkenntlich zeigen. Seine gute Tat werde ihm aber bei der Auferstehung der Gerechten vergolten werden.

Deutung:

Zentrales Thema ist die Erniedrigung derjenigen, die sich selbst erhöhen, und Erhöhung der Erniedrigten. Ebenso ist die Einladung Hochrangiger nur berechnend und selbstsüchtig, weil man sich davon Vorteile erhofft.

Ideal ist das selbstlose Geben, sich darüber freuen, ohne Hintergedanken. Das bestätigen auch moderne psychologische Studien, wer mit Freude und ohne Hintergedanken abgibt, tut sich damit selbst auch was Gutes.

Gleichnis vom Herrn und Knecht

„Wenn einer von euch einen Sklaven hat, der pflügt oder das Vieh hütet, wird er etwa zu ihm, wenn er vom Feld kommt, sagen: Nimm gleich Platz zum Essen? Wird er nicht vielmehr zu ihm sagen: Mach mir etwas zu essen, gürte dich und bediene mich; wenn ich gegessen und getrunken habe, kannst auch du essen und trinken. Bedankt er sich etwa bei dem Sklaven, weil er getan hat, was ihm befohlen wurde? So soll es auch bei euch sein: Wenn ihr alles getan habt, was euch befohlen wurde, sollt ihr sagen: Wir sind unnütze Sklaven; wir haben nur unsere Schuldigkeit getan."

Deutung:

Theologisch Bezug auf Gott, egal wieviel und was wir tun, wir werden immer nachrangig sein.

Die moderne Interpretation besagt: Du kannst tun, was Du willst, es gibt keinen Stillstand, auf dem man sich ausruhen kann. Wir sind ständig gefordert weiter aktiv und tätig zu bleiben. Und das ist etwas Gutes! Stillstand bedeutet für jeden Menschen Rückschritt, auch seelisch bzw. psychisch.

Also eine sehr moderne Art den Menschen in seinem Aufgabenfeld zu sehen. Auch Buddha fordert den Menschen zur steten Arbeit, Bildung und Weiterentwicklung auf.

In addition, one should not invite his friends or rich neighbors to a feast, because of the necessity to return the favor as well. Invite the poor instead. Because the latter could not show his gratitude with a return invitation. Only this way you are acting really in the sense of Christianity.

Interpretation:

The central theme is the humiliation of those who exalt themselves, and the increasing of the humiliated. Likewise, the invitation of rich friends is only calculating and selfish, because it hopes for benefits.

Selfless giving, rejoice, without ulterior motives are ideal. This is confirmed by modern psychological studies, who gives with joy and without ulterior motives, thus doing something good to your own self.

Parable of the Lord and the servant

"If any of you has a slave plowing or guarding the cattles, and the slave comes from the field, would you ask him immediately to take place and eat? Will he not rather say to him: Make me something to eat, you gird and avail myself; if I have eaten and drunk, you can also eat and drink. Would he thank the slave because he did what was commanded?

So it should be with you, unless you have done everything that was commanded you, you shall say, we are unprofitable servants; we have only done our duty. "

Theological interpretation:

In reference to God, no matter how much and what we do, we will always be secondary.

The modern interpretation says: You can do what you want, there is no standstill, where you can rest. We are constantly challenged to remain active and engaged. And that's a good thing! To stand still is for every human retrogression, mentally or psychologically.

So a very modern way the people can be seen in its field of activity. Even Buddha calls the people to the constant work, education and development.

Gleichnis vom großen Abendmahl

Ein König schickt seinen Knecht, um Gäste zu einem Abendmahl einzuladen. Jeder der Gäste hat jedoch „Wichtigeres" zu tun und sie sagen ab. Als der König dies hört, wird er zornig und lädt alle Armen ein.

Deutung:

Menschen, die für sich selbst alles haben und selbstgefällig werden, dabei ihre Verpflichtungen und das Umfeld nicht mehr wahrnehmen, die beschädigen sich selbst. Theologisch nehmen sie die göttliche Einladung nicht wahr.

Nichttheologisch sind sie befangen in ihrem Wohlstand und Wohlleben; dadurch nehmen sie sehr viele sehr wichtige Dinge im Leben nicht wahr. Im modernen Sinne kann man sagen, dass Herausforderungen, schwierige Aufgaben und verbindliche Verantwortlichkeiten vor dieser Ignoranz und Rückentwicklung schützen.

Gleichnis von den törichten Jungfrauen

„Dann wird es mit dem Himmelreich sein wie mit zehn Jungfrauen, die ihre Lampen nahmen und dem Bräutigam entgegengingen. Fünf von ihnen waren töricht und fünf waren klug. Die törichten nahmen ihre Lampen mit, aber kein Öl, die klugen aber nahmen außer den Lampen noch Öl in Krügen mit. Als nun der Bräutigam lange nicht kam, wurden sie alle müde und schliefen ein. Mitten in der Nacht aber hörte man plötzlich laute Rufe: Der Bräutigam kommt! Geht ihm entgegen! Da standen die Jungfrauen alle auf und machten ihre Lampen zurecht. Die törichten aber sagten zu den klugen: Gebt uns von eurem Öl, sonst gehen unsere Lampen aus. Die klugen erwiderten ihnen: Dann reicht es weder für uns noch für euch; geht doch zu den Händlern und kauft, was ihr braucht. Während sie noch unterwegs waren, um das Öl zu kaufen, kam der Bräutigam; die Jungfrauen, die bereit waren, gingen mit ihm in den Hochzeitssaal und die Tür wurde zugeschlossen. Später kamen auch die anderen Jungfrauen und riefen: Herr, Herr, mach uns auf! Er aber antwortete ihnen: Amen, ich sage euch: Ich kenne euch nicht. Seid also wachsam! Denn ihr wisst weder den Tag noch die Stunde."

Deutung:

Jungfrauen etwa um das 12 Lj. erwarten den Bräutigam; einerseits nicht klar, wann er kommt, andererseits muss man vorbereitet sein.

Auch hier wieder ein sehr moderner Jesus, eigentlich schon ein Coach, ein Managementberater. Früh alle Risiken und Chancen erfassen und bedenken, alle Voraussetzungen entwickeln, um dann, wenn es darauf ankommt und soweit ist, auch bereit zu sein.

Parable of the Great Supper

A king sends his servant to invite guests to an evening meal. Each of the guests, however, has "more important things" to do; and they stay away. When the king heard this, he becomes angry and invites all the poor.

Interpretation:

People who have everything for themselves and become complacent, they no longer perform their obligations and damage this way themselves. Theologically they do not accept the divine invitation.

Psychologically they are caught up in their prosperity. They disregard a lot of very important things in life. In the modern sense, one can say that challenges, difficult tasks and responsibilities encourage a person; snugness and lethargy effectuate ignorance and regression.

Parable of the foolish virgins

"The kingdom of heaven will be like ten virgins who took their lamps and went to meet the bridegroom. Five of them were foolish and five were wise. The foolish took their lamps with to less oil; the wise took oil in their lamps and oil jugs. While the bridegroom came not long, they all slumbered and slept. Middle of the night was a cry: the bridegroom! Come out to meet him! Then all those virgins got up and trimmed their lamps all. And the foolish said to the wise: "give us of your oil, for our lamps are going out". The wise answered them, that it is not enough either for us or for you: "go to the dealers and buy what you need". While they were still on the way to buy the oil, the bridegroom came. The wise virgins who were ready went with him to the wedding hall and the door was shut. Later the other virgins came, shouting, 'Lord, Lord, open to us! But he answered them: "Verily I say unto you, I know you not". Watch therefore, for you know neither the day nor the hour the Lord will arrive. "

Interpretation:

Young women at about 12 years of age expect the bridegroom; on the one hand it is not clear when he comes, on the other hand, they have to be prepared. But preparing takes time, effort and is costly.

Again, a very modern Jesus, a coach, a management consultant. Be early prepared and reflect foresightfully about the risks and opportunities. Take concerns to develop all the prerequisites to be ready when it comes down to it – this is modern risk management.

Gleichnis vom Nadelöhr

„Wie schwer ist es für Menschen, die viel besitzen, in das Reich Gottes zu kommen! Die Jünger waren über seine Worte bestürzt. Jesus aber sagte noch einmal zu ihnen: Meine Kinder, wie schwer ist es, in das Reich Gottes zu kommen! Eher geht ein Kamel durch ein Nadelöhr, als dass ein Reicher in das Reich Gottes gelangt."

Deutung:

Eine sehr enge Gasse hatte am Ende ein niedriges Tor, genannt das sog. Nadelöhr – und da kamen bepackte Kamele nicht durch.

Auch hier wieder der sehr moderne Jesus. Ballast abwerfen, frei bleiben, Unnötiges weglassen, beweglich und flexibel bleiben, auch mal ganz bewusst etwas bleiben lassen. Sich selbst dabei so kontinuierlich entwickeln, dass man auch auf sich gestellt gut zurecht kommt.

Gleichnis vom fruchtbaren Acker

„Hört! Siehe, der Sämann ging hinaus, um zu säen. Und es geschah, indem er säte, fiel das eine an den Weg, und die Vögel kamen und fraßen es auf. Und anderes fiel auf das Steinige, wo es nicht viel Erde hatte; und es ging sogleich auf, weil es nicht tiefe Erde hatte. Und als die Sonne aufging, wurde es verbrannt, und weil es keine Wurzel hatte, verdorrte es. Und anderes fiel unter die Dornen; und die Dornen sprossten auf und erstickten es, und es gab keine Frucht. Und anderes fiel in die gute Erde und gab Frucht, indem es aussprosste und wuchs; und es trug eines dreißig-, eines sechzig- und eines hundertfach. Und er sprach: Wer Ohren hat zu hören, der höre!"

Deutung:

Weisheit und „Wort Gottes" müssen wachsen. Der Boden dafür muss fruchtbar sein. Das geht nicht schlagartig. Hier muss vieles zusammenwirken und es gibt vieles, das dies verhindern kann.

Auch hier wieder der moderne Jesus, der kontinuierliche, fleißige Entwicklung fordert.

Eye of the needle

"It is hard for rich people to enter the kingdom of God! The disciples were amazed at his words. But Jesus said again unto them: "My children, how hard is it to get into the kingdom of God! Rather a camel to go through a needle's eye than for a rich man to enter the kingdom of God."

Interpretation:

In Jerusalem a very narrow alley had at the end a low gate, the so called "bottleneck". And then packed camels did not get through.

Again, the very modern Jesus. Ballast hampers you. Remain free. Remove all unnecessary things (stuff) to remain mobile and adaptable to new situations. Sometimes deliberately omit somewhat. Make sure that you are not disabled by the unneeded. Save your strength and time to have enough energy to develop your person, soul and intelligence to become even stronger in this world.

Parable of fertile arable

"Listen! Behold, a sower went out to sow. It happened, as he sowed, one fell by the way side, and the birds came and ate it up. And some fell on stony ground, where it had not much earth; and it went on at once, because it had no depth of earth. And when the sun rose, it was scorched, and because they had no root, it withered away. And some fell among thorns; and the thorns sprung up and choked it, and it yielded no fruit. And some fell into good soil and brought forth fruit, germs and grew; and the harvest was thirty, sixty and hundredfold".

Interpretation:

Wisdom and the "Word of God" must grow. For this purpose the soil must be fertile. And then germing and growing takes time. Good development will not be abrupt. Therefore a lot of positive preconditions must be established.

Again, the modern Jesus, he explains the need of continuous and diligent development of demands.

Gleichnis von den anvertrauten Talenten

Ein Herr geht auf Reisen und stattet seine Knechte mit finanziellen Mitteln aus. Zwei Knechte erwirtschaften Gewinn und wurden sehr belohnt. Der Dritte hatte Angst und vergrub das anvertraute Geld. Der Herr nimmt ihm auch das weg und spricht es nach dem Grundsatz *„Wer hat, dem wird gegeben werden; wer nicht hat, dem wird genommen werden."* dem Erfolgreichsten zu.

Deutung:

Da hatte einer Angst etwas zu tun, und hat nichts riskiert. Diese Angst war ja nicht unberechtigt. Man hätte mit Investitionen und Unternehmungen ja auch alles verlieren können.

Und da ist wieder der neuzeitliche Jesus: Man verliert am Ende noch mehr, wenn man nichts tut. Man verliert nicht nur das Geld bzw. Güter, sondern auch Zugehörigkeit und Freunde.

Da bekamen die Knechte die Chance zur Freiheit und Selbstbestimmung. Die muss man auch wahrnehmen. Wer das nicht tut, verliert am Ende alles, und wenn es „nur" aus psychologisch-menschlicher Sicht ist.

Die Talente und Chancen, die man bekommt, die muss man auch nutzen. Zum Einen für sich selbst, zum Anderen aber auch für die Familie, die Angehörigen und die Gesellschaft, um diese gemeinsam zu befördern.

Gleichnis vom Unkraut und Weizen

„Und Jesus erzählte ihnen noch ein anderes Gleichnis: Mit dem Himmelreich ist es wie mit einem Mann, der guten Samen auf seinen Acker säte. Während nun die Leute schliefen, kam sein Feind, säte Unkraut unter den Weizen und ging wieder weg. Als die Saat aufging und sich die Ähren bildeten, kam auch das Unkraut zum Vorschein. Da gingen die Knechte zu dem Gutsherrn und sagten: Herr, hast du nicht guten Samen auf deinen Acker gesät? Woher kommt dann das Unkraut? Er antwortete: Das hat ein Feind von mir getan. Da sagten die Knechte zu ihm: Sollen wir gehen und es ausreißen? Er entgegnete: Nein, sonst reißt ihr zusammen mit dem Unkraut auch den Weizen aus. Lasst beides wachsen bis zur Ernte. Wenn dann die Zeit der Ernte da ist, werde ich den Arbeitern sagen: Sammelt zuerst das Unkraut und bindet es in Bündel, um es zu verbrennen; den Weizen aber bringt in meine Scheune."

Parable of the Talents

A man goes on a journey and equips his servants with financial resources. Two servants produce a profit and were very rewarding. The third was afraid and buried his money. The Lord takes him this money away. Saying that it is according to the principle *"Whoever has, to him shall be given; Who has not, to him shall be taken.*

Interpretation:

This fear was not unjustified. One could lose everything with investments and ventures. But this cannot be an excuse for being lazy, lethargic and inactive. You have to be busy and work hard to make sure that you develop a good result.

And here is again – the modern Jesus: You lose even more in the end if nothing is done. Doing nothing means regresssion. You lose not only the money or goods, but also belongings and friends.

So the servants were given the chance of freedom and self-determination. They must perceive even when it is "only" from a psychological and human point of view.

You have to use the talents and opportunities that you get. On the one hand for yourself, for others but also for the family, the relatives and society in order to promote them.

Parable of the tares and wheat

"And Jesus told them another parable: The kingdom of heaven is like to a man sowed good seed in his field. But while men slept, his enemy came and sowed tares among the wheat, and went away again. As the seeds came up and formed the ears, the weeds also appeared. So the servants went to the landowner, saying, 'Master, did you not sow good seed in thy field? Whence then comes the weeds? He replied, 'An enemy has done by me. The servants said unto him, Shall we go and pluck it? He replied: No, otherwise you tear along with the weeds and the wheat. Let both grow together until the harvest. Then, when the time of harvest has come, I will say to the workers: Gather ye together first the tares, and bind them in bundles to burn it; but the wheat bring into my barn. "

Deutung:

Das Gottesreich ist aus theologischer Sicht so stark, dass es nicht aufzuhalten sein wird. Man muss sich nicht vorbeugend mit der Bekämpfung aufhalten.

Eine moderne Sichtweise sieht das ähnlich. Wenn man Widersprüchliches oder vermeintlich Schädliches attackiert, verliert man dadurch sehr viel Energie und schadet dem übergeordneten Ganzen. Zudem ist man auch gar nicht in der Lage Gutes und Schlechtes so sicher zu trennen. Erfolgreiches Prozessmanagement fokussiert sich auf das Voranbringen wichtiger Inhalte.

Werdet wie die Kinder

Wahrlich, ich sage euch, es sei denn, daß ihr euch umkehret und werdet wie die Kinder, sonst werdet ihr nicht ins Himmelreich kommen.

Deutung:

Kinder sind schwach und auf Hilfe angewiesen; sie haben bedingungsloses Vertrauen. Sie sind sorglos, fröhlich, ohne Hintergedanken, lachen sehr viel, singen, lieben, freuen sich.

Das kindliche Prinzip ist die Basis unseres Lebens, der Ursinn. Kinder sind Lebensfreude und beflügeln die „Erwachsischen", Kinder sind existentiell wichtig.

Schimpansenhorden lösen sich auf, wenn der Nachwuchs weg ist (Leoparden u.a.). Wolfsrudel werden apathisch und jagen nicht mehr, wenn die Jungen geschlagen wurden (v.a. Puma).

Eric Berne beschreibt, dass der Mensch sich mit seinen Kindern selbst nochmal rekapituliert. Enkel geben dem alten Menschen Sinn, so dass er stolz sterben kann. Kinder sind Lebensfreude, aber sie fordern auch unentwegt heraus, körperlich, mental und emotional, sie stellen die Erwachsenen auf den Prüfstand, ob ihr Denken und Tun richtig ist.

Das Rudel (Großfamilie, Stamm, Clan, Dorf, Kirchengememinde) hat vormals diese Aufgabe charmant gelöst. Die Kleinfamilie oder gar Alleinerziehende tun sich da schwer. Die meisten fliehen deshalb mittlerweile ins Singletum (Smart-Phone, Internet, Urlaub, „Job", Chillen, usw.).

Manche Eltern reglementieren die Kinder starr und willkürlich, um die Kontrolle zu behalten; gerade wenn unkontrolliert dominante Mütter (oft aus Dummheit und Unsicherheit) das tun, dann mündet dies im sog. ADHS, das es vor 50 Jahren noch nicht gab.

Interpretation:

The kingdom of God is theologically so strong that it will be unstoppable. You do not have preventive fighting against oppenents.

A modern interpretation takes a similar view. When attacking something contradictory or supposedly harmful, you lose a lot of energy and harm the greater whole. In addition, you are also not so sure to separate the good from the bad. Successful process management focuses on advancing important content.

129

Become as little children

Verily I say unto you, unless ye be converted, that and become as little children, otherwise you will never enter the kingdom of heaven.

Interpretation:

Children depend on aid and are weak; they show unconditional trust. They are carefree, cheerful, without ulterior motives, laugh a lot, sing, love, rejoice. The child's principle is the basis of our life, the original meaning. Children are joy and inspire the "adult-humans".

Childrens' psychological input are existentially important to a society. Chimpanzee hordes dissolve when the youngs are gone (leopards, etc.). Wolf packs become apathetic and do not hunt furthermore when the kids were beaten (i.e. by a Puma).

Eric Berne describes that man recapitulates himself again by upraising his children. Grandchildren give the elderly sense of life, so that he can die proudly. Children are not only joy; they also demanding, physically, mentally and emotionally, they test their adults whether their thinking and doing is correct.

The pack (extended family, tribe, clan, village, congregation) previously solved this task in a charming way. The nuclear family, or even single parents have trouble. Therefore most people aren't able to bear the challenge of children – they are unable to stand the task. And they flee into childlessness and stay unmated and single (parties, sports, Smart Phone, Internet, vacation, "Job", chill, etc.).

Some parents regulate the children rigidly and arbitrarily to retain control; especially dominant mothers (because of stupidity and insecurity) do so. Very often in combination with a weak father the sons become unduly overregulated by alienated mothers (hidden behind a putative assertiveness). This is very bad for these boys. It often results in ADHD which did not exist 50 years ago.

Nicht wenige ordnen sich hingegen den Kindern unter, Kinder und Hunde übernehmen dann die Kontrolle über den Lebensplan.

Kinder stellen uns die entscheidenden Fragen, sie fragen uns nach den richtigen Wegen, suchen das, was das Leben ausmacht, wollen mit uns ihr Lebenskonzept entwickeln.

Wenn man sich mit Kindern auseinandersetzt, kommt man selbst auf den Prüfstand; diese Herausforderung muss man annehmen können. Dazu braucht man Ideale, Werte, Visionen, Ziele, Kraft, Stärke, Disziplin, Verantwortungsbewusstsein, Verbindlichkeit und Humor.

Der verlorene Sohn

Der jüngere Sohn geht in die Fremde, verlangt von seinem reichen Vater sein Erbteil – und verprasst es. Zum Bettler herabgesunken kehrt er reumütig zum Vater zurück, um als Knecht zu arbeiten. Der Vater ist glücklich und kleidet ihn ein für ein großes Fest. Als sich der ältere Sohn über das Verhalten des Vaters beklagt, entgegnet dieser:

„Mein Kind, du bist immer bei mir, und alles, was mein ist, ist auch dein. Aber jetzt müssen wir uns doch freuen und ein Fest feiern; denn dein Bruder war tot und lebt wieder; er war verloren und ist wiedergefunden worden."

Deutung:

Theologisch geht es um die unermessliche Güte und Gnade Gottes.

Andererseits finden wir genau dieses Thema in vielen Anekdoten, Geschichten und Märchen immer wieder. Der Sohn, der weg geht und viele Niederlagen und Anfechtungen erlebt, der ist am Ende derjenige, der im Kreise der Familie sehr hoch angesehen ist oder gar den Familienbesitz übernimmt.

Dieser Themenkomplex beschreibt die Entwicklung des reifen Menschen, der sich durch viele Aufgaben und Anfechtungen entwickelt hat. Analogie ist das Märchen vom Eisenhans (dazu das Buch „Die Vaterlose Gesellschaft"); sehr gut beschrieben in Analogie zu Freud, wie sich aus dem sog. „ES" durch Reifung und Formung (ÜBER-ICH) ein verbindliches und verantwortungsbewusstes „ICH" entwickelt.

Quite a few subordinate their lives to the children. We see in the meanwhile that children take control of life plans (even worse – dogs can do this either with very stupid and weak persons).

Children pose the crucial questions, ask us for the right ways to find, what constitutes life and want to develop with us their life concepts.

If one is dealing with children you must be prepared to accept the challenge. For this you need ideals, values, visions, goals, power, strength, discipline, sense of responsibility, commitment and humor.

The Prodigal Son

The younger son goes abroad, demanded from his wealthy father his inheritance – and squandered it. As a sunk beggar he returns in repentance to the Father, to work as a servant. The father is happy and dressed him for a big party. When the older son complained about the father's behavior, the latter replies:

"My child, you are always with me, and all that is mine is yours. But now we have to look forward and celebrate a festival; because your brother was dead and is alive again; he was lost and is found. '"

Interpretation:

Theologically it is about the immeasurable goodness and grace of God.

On the other hand, we find this very topic in many anecdotes, stories and fairy tales again. The son, who goes away experienced many defeats and challenges. This topic describes the development of the mature human being who has evolved through many tasks and challenges. That forms and educates him so he is considered very high within the family or even takes over the family estate. An analogy is the tale of Iron John (see the book "The Fatherless Society"); very well described by analogy with Freud, as evidenced by the so-called. "ES" by maturing and shaping (superego) a binding and responsible "ego" developed.

3. SINNSPRÜCHE, VOLKSWEISHEITEN

Alte Volksweisheiten bzw. Sinnsprüche sind gewachsen und gehaltvoll. Sie sind recht einfach und bodenständig formuliert. Diese Sinnsprüche sind seit Jahrhunderten bekannt. Und – komplexe Sachverhalte werden recht griffig und auch mal etwas humorig beschrieben. Das sind bewährte Lebensregeln, die kommuniziert und beachtet wurden. Sie wurden oft gelesen und oft zitiert; derart waren sie sehr bekannt. Kluge alte Menschen haben sie den Jungen weiter gegeben. Man tut auch heute gut daran die Weisheiten immer wieder zu lesen. Man staunt, wie sie dann zunehmend an Bedeutung erlangen und zum Rüstzeug werden.

Besser ohne Abendessen ins Bett gehen, als mit Schulden aufstehen.

Freundlich abgeschlagen ist besser als mit Unwillen gegeben.

Kurz abgeschlagen ist Freundschaft.

Die Mönche verneigen sich nicht vor dem Abt, sondern vor dessen Schüsseln.

Der Abwesende muss Haare lassen.

Wer akzeptiert, muss bezahlen.

Achtest du mein, so acht ich dein.

Wer den Acker pflegt, den pflegt der Acker.

Wer den Acker nicht baut, dem wächst Unkraut.

Adel sitzt im Gemüte, nicht im Geblüte.

Der Adler fängt keine Fliegen.

Kühe und Schafe gehen miteinander, aber der Adler steigt allein.

Je höher der Affe steigt, je mehr er den Hintern zeigt.

Wer allen dienen will, kommt immer am schlimmsten weg.

Wer alles will, bekommt nichts.

Allzu klug ist dumm.

Bei den Alten wird man gut gehalten.

Amt ohne Sold macht Diebe.

Frage nicht, was andre machen, achte auf deine eigenen Sachen.

3. SAYINGS, FOLKS WISDOM

Old folk wisdom or sayings have grown over ages and are profound (substantial). They are formulated quite simple and down to earth. These maxims have been known for centuries. And – complex issues are described quite basically and sometimes somewhat humorous. These are tried and tested rules of life that have been communicated and respected. They were often read and often quoted; so they were very well known. Wise old people told it to the young. Even today it is profitable to read these wisdoms again and again. Then it's amazing how they increasingly gaining in importance and become an essential equipment.

Two wrongs don't make a right.

Better go without dinner to bed – as getting up with debt.

The pen is mightier than the sword.

Friendly knocked off is better than given grudgingly.

Short cut off is friendship.

The monks did not bow to the abbot, but before his bowls.

When in Rome, do as the Romans.

The absentees must let hair.

Whoever accepts have to pay.

Do you respect mine, so I respect yours.

The squeaky wheel gets the grease.

When the going gets tough, the tough get going.

No man is an island.

Fortune favors the bold.

Nobless sits in the mind, not in the blood.

The eagle does not catch flies.

Cows and sheep go together, but the eagle soars alone.

People who live in glass houses should not throw stones.

Hope for the best, but prepare for the worst.

Better late than never.

Was man nicht kann ändern, das muss man lassen schlendern.

Wer viel anfängt, endet wenig.

Wer nichts an der Angel hat, der fängt nichts.

Ein fauler Apfel steckt hundert an.

Wer Arbeit liebt und sparsam zehrt, der sich in aller Welt ernährt.

Arbeit ohne Vorteil wird sauer.

Argwohn ißt mit dem Teufel aus einer Schüssel.

Bekommt der Arme ein Stück Brot, reißt es ihm der Hund aus der Hand.

Wenn die Armut zur Türe eingeht, fliegt die Liebe zum Haus hinaus.

An der Armut will jeder den Schuh wischen.

Armut hat Städte gebaut.

Auf einen knorrigen Ast gehört ein derber Keil.

Draußen hat man tausend Augen, zuhause kaum eins.

Böse Augen sehen nie nichts Gutes.

Aushorcher und Angeber sind des Teufels Netzeweber.

Wer nicht auszieht, kommt nicht heim.

Wer viel ins Bad geht, wird viel gewaschen.

Man sollte das Kind nicht mit dem Bade ausschütten.

Man sieht den Splitter im fremden Auge, im eigenen den Balken nicht.

Bär und Büffel können keinen Fuchs fangen.

Barmherzigkeit macht viele Freunde.

Mit vollem Bauch ist gut Fastenpredigt halten.

Hoher Baum fängt viel Wind.

Beharrlichkeit trägt den Sieg davon.

Bekennen bricht den Hals.

Neue Besen kehren gut, aber die alten fegen die Hütte rein.

Wenn der Besen verbraucht ist, sieht man erst, wozu er gedient hat.

Aus fremden Beuteln ist gut blechen.

Wer zuviel beweist, beweist nichts.

Im Munde Bibel, im Herzen übel.

Die Bitte ist immer heiß, der Dank ist kalt.

Großer Herren Bitten ist befehlen.

If a beggar gets a piece of bread, a dog snatches it out of his hand.

When poverty comes in the door, love flies out of the house.

On poverty everyone wants to wipe the shoe.

Poverty has built cities.

Birds of a feather flock together.

Keep your friends close and your enemies closer.

A picture is worth a thousand words.

There's no such thing as a free lunch.

There's no place like home.

Discretion is the greater part of valor.

The early bird catches the worm.

Who cares for the field, which maintains the field.

Who does not build the field, the weed will grow.

The higher the monkey climbs, the more he shows the butt.

Who wants to serve everyone always comes away the worst.

Who wants everything, gets nothing.

Too wise is stupid.

Never look a gift horse in the mouth.

You can't make an omelet without breaking a few eggs.

God helps those who help themselves.

You can't always get what you want.

Cleanliness is next to godliness.

A watched pot never boils.

Beggars can't be choosers.

Actions speak louder than words.

If it ain't broke, don't fix it.

Practice makes perfect.

Easy come, easy go.

Don't bite the hand that feeds you.

All good things must come to an end.

If you can't beat 'em, join 'em.

One man's trash is another man's treasure.

There's no time like the present.

Beauty is in the eye of the beholder.

Necessity is the mother of invention.

Wer verzagt ist im Bitten, macht den anderen beherzt im Abschlagen.

Wenn der Blinde den Lahmen trägt, kommen sie beide fort.

Ist kein Block im Wege, fällt man über einen Span.

Wenn der Boden zu fett ist, erstickt die Frucht.

Wer borgt ohne Bürgen und Pfand, dem sitzt ein Wurm im Verstand.

Das Böse schreibt man im Stein, das Gute im Staub.

Bosheit tut sich selbst den größten Schaden.

Die Bratwurst sucht man nicht im Hundestall.

Man geht so lange um den Brei, bis er kalt ist.

Was dich nicht brennt, blase nicht.

Wer ein Schreiner werden will, muss auch harte Bretter bohren lernen.

Der Teufel scheißt immer auf den größten Haufen.

Wer sein Brot allein isst, muss auch sein Pferd alleine satteln.

Wessen Brot ich esse, dessen Lied ich singe.

Je mehr der Brunnen gebraucht wird, je mehr gibt er Wasser.

An kleinen Brunnen löscht man auch den Durst.

Ein schlechter Hund, den man auf die Jagd tragen muss.

Wenn das Kind ertrunken ist, deckt man den Brunnen zu.

Hält der Buchstabe dich gefangen, kannst du nicht zum Geiste gelangen.

Bücken muss man sich, wenn man durch die Welt will.

Bücke dich eher dreimal zuviel als einmal zu wenig.

Bündnis macht die Schwachen stark.

Dankbarkeit gefällt. Undank hasst die ganze Welt.

Was du mit Geld nicht bezahlen kannst, bezahle wenigstens mit Dank.

Später Dank – schlechter Dank.

Es ist viel an einem guten Deuter gelegen.

Leichter ein Dorf vertan als ein Haus erworben.

Unter Dornen wachsen Rosen.

Fürchte nicht der Dornen Stechen, willst du schöne Rosen brechen.

Was ein Dorn werden will, spitzt sich früh.

Je mehr man den Dreck rührt, je mehr stinkt er.

A penny saved is a penny earned.

Familiarity breeds contempt.

You can't judge a book by its cover.

Good things come to those who wait.

Tweet This! Be patient. Eventually something good will happen to you.

Don't put all your eggs in one basket.

Two heads are better than one.

The grass is always greener on the other side of the hill.

Do unto others as you would have them do unto you.

A chain is only as strong as its weakest link.

Honesty is the best policy.

Among the ancients the kid maintained well.

Charge without pay makes thieves.

Ask not what others do, watch your own stuff.

What you cannot change, you have to be strolling.

Absence makes the heart grow fonder.

You can lead a horse to water, but you can't make it drink.

Don't count your chickens before they hatch.

If you want something done right, you have to do it yourself.

Whoever begins much, will end little.

Who has nothing on the hook, will catch nothing.

A rotten apple plugged into a hundred.

Who loves working and consumes thrifty that feeds all over the world.

Labor without benefit becomes acidic.

Suspicion eats with the devil out of a bowl.

At a gnarled tree branch has a rough wedge.

Outside the house we have thousand eyes, barely one home.

Evil eyes never see anything good.

Pretender and schemer are the devil's net weaver.

Whosoever comes not forth, does not come home.

Who goes to the bathroom a lot, is much washed.

The infant should not be spilled out with the bathwater.

You see the small splitter in the foreign eye, but not the bar in your own.

Bear and buffalo cannot catch a fox.

Compassion makes a lot of friends.

138

Mancher droht – und zittert vor Furcht.

Wer droht, macht dich nicht tot.

Dulden, Schweigen, Lachen – hilft bei vielen Sachen.

Ein Edelstein gilt so viel, wie ein Reicher Narr dafür zahlen will.

Der Egel lässt nicht ab, er sei denn Blutes voll.

Haben Eheleut einen Sinn, so ist das Unglück selbst Gewinn.

In der Ehe mag kein Frieden sein, regiert darin das mein und dein.

Aus dem Ehebett soll man nicht schwatzen.

Verlorene Ehr kehrt nimmermehr.

Ehre folgt dem, der sie flieht – und flieht den, der sie jagt.

Ehrliche Leute, aber schlechte Musikanten.

Wer sich ehrlich will ernähren, muss viel flicken und wenig zehren.

Der Mann ist ehrenwert, der alle Dinge zum Besten kehrt.

Ein faules Ei verdirbt den ganzen Brei.

Kümmere dich nicht um ungelegte Eier.

Es fällt keine Eiche vom ersten Streiche.

Besser ein Übel als zwei.

Einbildung vor der Zeit hindert Geschicklichkeit.

Durch Geschwätz verrät die Elster ihr Nest.

Nachlässige Eltern ziehen keine guten Kinder.

Schneller Entschluss bringt Verdruss.

Ein Erfahrener ist besser als zehn Gelehrte.

Ernst mit Scherz trifft das Herz.

Erziehst du einen Raben, wird er dir zum Dank die Augen ausgraben.

Wo man den Esel krönt, da ist Stadt und Land gehöhnt.

Wer sich zum Esel macht, dem will jeder seine Säcke auflegen.

Besser Esel treiben als die Säcke selber tragen.

Wenn dem Esel zu wohl ist, geht er aufs Eis.

Wir fehlen alle, sprach die Äbtissin, als ihr der Bauch schwoll.

Dem Feigen weist das Glück den Rücken.

Erschrockener Feind ist auch erschlagen.

With a full belly it is a good time for a Lenten sermon.

Tall trees catch much wind.

Perseverance wins the day.

To confess breaks the neck.

New broom sweeps clean, but the old sweep cleans the hut.

If the broom is used up, you can see what it has served.

With others' purses it is easy to pay.

Who proves too much, proves nothing.

Bible in the mouth, evil in the heart.

The request is always hot, the thanks often very cold.

Important men request – is command.

Who is despondent in requests, makes the other bold in knocking.

If the blind man carries the lame, they both come forth.

If no block is in the way, you fall through a chip.

If the soil is too rich, it is choking the fruit.

Who borrows without guarantors and mortgage – has a worm in mind.

Evil is written in stone, the good in dust.

Malice does itself the greatest harm.

You will not find the sausage at the kennel.

One goes so long to the broth until it is cold.

What does not burn you, do not blow.

Who wants to be a carpenter, has to learn to drill also hard boards.

The devil always shits on the biggest dung pile.

Who eats his bread alone, also must saddle his horse alone.

Whose bread I eat, his song I sing.

The more the well is used, the better it gives water.

The thirst is also quenched at small fountains.

A bad dog, which must be beared for hunting.

When the child has drowned, one covers the fountain.

If you stay captively to the letter, you cannot reach the spirit.

You have to bend if you will go succesfully through the world.

Bow down three times too much rather than once too few.

Alliance makes the weak strong.

The world likes gratitude. Ingratitude hates the whole world.

What you cannot pay with money, pay at least with thanks.

Ein geschlagener Feind ist noch nicht überwunden.

Den Feind schlägt man eher mit Rat als mit Tat.

Dem fliehenden Feind baue goldene Brücken.

Versöhnter Feindschaft und geflickter Freundschaft ist wenig zu trauen.

Ein Feind ist zuviel, hundert Freunde sind zuwenig.

Der Feinde Fehler soll man kennen, aber nicht nennen.

Gib nie das Fell, wo du mit Wolle bezahlen kannst.

Wenn die Sau satt ist, wirft es den Trog um.

Wenn der Trog umgefallen ist, dreh ihn nicht wieder um.

Das Feuer, das mich nicht brennt, das lösch ich nicht.

Wer andrer Feuer schürt, dem erlöscht das eigene.

Feuer im Herzen gibt Rauch im Kopf.

Wenn der Fleischer füttert, will er mästen.

Sehr fröhlich – gefährlich. Sehr traurig – beschwerlich.

Wer sich stößt an einem Stroh, der wird seines Lebens nicht mehr froh.

Früh auf und spät nieder bringt verlorenes Gut wieder.

Wenn der Gast am liebsten ist, soll er wandern.

Der Geduldige treibt den Ungeduldigen aus dem Land.

Wer befehlen will, muss gehorchen lernen.

Der Geiz hat keinen Boden.

Die Gelehrtesten sind nicht immer die Klügsten.

Je gelehrter, je verkehrter.

Manches wird besser gepfiffen als gesagt.

Geradezu ist der nächste Weg.

Man schimpft den Gerber nicht, wenn man ihn einen schäbigen Kerl nennt.

Der Gerechte muss viel leiden.

Was man gerne tut, ist keine Arbeit.

Geschenke halten die Freundschaft warm.

Niemands Geselle komme nicht über meine Schwelle.

Wem das Glück zu wohl ist, den macht's zum Narren.

Wer sich über des anderen Glück freut, dem wird bald sein eigenes blühen.

Late thanks – bad thanks.

A good interpreter is very important.

It is easier to squander a village rather than purchase a hut.

Among thorns grow roses.

Do not fear the thorns pricking, if you want to break beautiful roses.

What will be a spike should sharp itself early.

The more you stir the dirt, the more it stinks.

Many threatened – and tremble with fear.

Who threatens does not make you dead.

Acquiescence, silence, laughter – help many things.

A gemstone is considered as much as the rich fool will pay for it.

The leech does not turn away, unless it is full with blood.

If spouses have a common sense, even a disaster can be a profit.

In a marriage is no place for mine and yours.

Don't talk from the marriage bed.

Lost reputation returns nevermore.

Honor follows the one who flees – and flees who is chasing them.

Honest people, but bad musicians.

Who wants to feed honestly must mend a lot and consume only a little.

The man is honorable, who returns all things to the best.

A rotten egg spoils the whole porridge.

Do not worry about unplaced eggs.

You cannot fell an oak with the first strike.

Better one evil than two.

Early overestimation hampers education and skills.

Through the chatter the Elster tells her nest.

Negligent parents cannot draw any good children.

Fast decision brings frustration.

An experienced man is better than ten scholars.

If you educate a raven, it will thank you with digging your eyes.

Where the donkey is crowned – town and country is mocked.

Who makes himself a donkey, will get the bags hanged up.

Better to propel the donkey than carry the bags yourself.

If the donkey feels too well, it will go on the ice.

We all are missing, said the abbess, as her belly swelled.

142

Grobe Säcke muss man nicht mit Seide zunähen.

Wie du grüßt, so dankt man dir.

Wer klug ist, der legt nicht die Hand zwischen Hammer und Amboss.

Mögen sie mich hassen, wenn sie mich nur fürchten.

Die nicht helfen wollen, die hindern gern.

Herren wollen Vorteil haben.

Heuchelmann ist am besten dran.

Wer zum Himmel ist gebor´n, den sticht alle Tag ein Dorn.

Höflichkeit ziert den Mann.

Wer mit den Hunden zu Bett geht, der steht mit den Flöhen wieder auf.

Hüte dich vor denen, die niemand leiden kann.

Was dich nicht juckt, das kratze nicht.

Junges Blut – spar dein Gut.

Wer nicht nähren will die Katzen, der ernährt die Mäus' und Ratzen.

Wer kegeln will, muss aussetzen.

Wer die Kinder verzärtelt, der setzt sie auf ein leichtes Schiff.

Achte dich klein – mit niemanden gemein – so wirst du wohl gelitten sein.

Der ist ein kluger Mann, der sich in Menschen schicken kann.

Sacht in die Kohlen geblasen, sonst fährt dir die Asche in die Nasen.

Was hilft's, dass die Kuh viel Milch gibt, wenn sie den Kübel umstößt.

Die Kühe, die am meisten brüllen, die geben am wenigsten Milch.

Wo der Kummer kommt ins Haus, die Liebe fliegt zum Fenster raus.

Kumpanei ist Lumparei.

Wer die Kunst nicht übt, der verliert sie bald.

Kinder haben Weinen und Lachen in einem Sack.

Die Lacher hat Gott lieb.

Wer sich zum Lamm macht, den fressen die Wölfe.

Wer eine Lampe braucht, der darf das Öl nicht sparen.

Wer läuft, eh man ihn jagt, der ist allzu verzagt.

Niemand lebt nur sich selbst.

Leb, als wolltest du täglich sterben – arbeite, als wolltest du ewig leben.

Die allzeit lehren, sich nimmer bekehren.

The faintheart – happiness shows its back.

Scared enemy is slained.

A batted enemy is not yet overwhelmed.

You hit the enemy more with advices than with deeds.

The fleeing enemy – build him golden bridges.

Reconciled enmity and repaired friendship – better you don't trust.

One enemy is too much, a hundred friends are not enough.

The enemies faults should be known, but not mentioned.

Never give the skin where you can pay with wool.

If the sow is saturated – it knocks over the feeder trough.

If the trough is knocked over by the sow, do not turn around again.

The fire that does not burn me, I will not extinguish.

Who stirs up the fire of others – will extinguish one's own fire.

Fire in the heart – smoke in the head.

If the butcher is feeding, he wants to fatten.

Very happy – dangerous. Very sad – arduous.

Early up and late down – brings back lost property (saves one day a week).

If the guest is most beloved – he should wander.

The patient chases the impatient out of the country.

Who will command, must learn to obey.

Avarice has no bottom.

The one who has the most learned – is not always the brightest.

The more academic, the higher the risk to be wrong.

Some things are better whistled than said.

Straightforward is the next (shortest) way.

You do not insult the tanner when you call him a shabby guy.

The righteous must suffer much.

What you like to do – this is not hard working for you.

Gifts maintain good friendships.

Nobody's companion pass over your doorsill.

Too much luck makes you foolish.

Who supports the luck of others will find his own joy.

Don't sew rough with fine silk.

Your kind of greeting – the kind they return your thanks.

Be wise – don't put your hand between the hammer and the anvil.

Besser wenig mit Liebe als viel mit Fäusten.

Wo Liebe fehlt, erblickt man alle Fehler.

Alte Liebe rostet nicht.

Wer Liebe erzwingt, wo keine ist, der bleibt ein Narr, solang er ist.

Wer ein Dingt zuviel lobt, dem traue nicht.

Das Werk lobt den Meister.

Was der Löwe nicht kann, das kann der Fuchs.

Auf Erden lebt kein Menschenkind, an dem man keinen Mangel find't.

Man muss nicht nach jeder Mücke schlagen.

Es gibt keinen Vorteil ohne Mühe.

Ohne Mühe bringt man es in keiner Sache weit.

Verschlossener Mund und offene Augen haben noch niemand geschadet.

Liebe deinen Nachbarn, aber reiß den Zaun nicht ein.

Der eine schlägt den Nagel ein, der andere hängt den Hut dran.

Ein guter Name ist besser als bares Geld.

Solange ein Narr schweigt, hält man ihn für klug.

Im Spiel gilt der Narr am meisten.

Mit albernen Narren soll man nicht streiten.

Der Neid hat noch keinen reich gemacht.

In Nöten sieht man den Mann.

Man kauft den Ochsen nicht teurer, weil er bunt ist.

Wer Pech angreift, der besudelt sich.

Wasch mir den Pelz, aber mach mich nicht nass.

Ein ersparter Pfennig ist so gut wie ein erworbener.

Ein gutes Pferd ist sein Futter wert.

Ein williges Pferd soll man nicht sporen.

Wer weiter will als sein Pferd, der steige ab und gehe zu Fuß.

Man muss mit den Pferden pflügen, die man hat.

Dem Pöbel muss man weichen, will man ihm nicht gleichen.

Wer zu viel predigt, der verjagt die Zuhörer.

Rache bleibt nicht ungerochen.

Auf Rach kommt ach.

Let them hate me – if they only fear me.

There are people that want to help – sadly – often they interfere and impede.

Men want to have an advantage.

The moaner comes off the best (but damages himself).

Who for the sky is born – all day he is lanced by a thorn.

Courtesy adorns the man.

Who goes to bed with the dogs – will stand up with their fleas.

Beware of those who no one wants to suffer.

What does not itch you – that does not scratch.

Young people – save your goods.

Who doesn't feed the cats – will feed mice and rats.

Who wants to play Bowling with others – must be patient.

Who coddles his kids – puts them for life on a lightweight boat.

Behave yourself small – in common with anyone – so you'll be well respected.

He is a wise man who can appreciate other people.

Don't blow blazing coal – otherwise you will get hot ash in the nose.

Bad cow – that gives plenty of milk – and knock over the bucket.

The cows, roaring the most, give the least milk.

Where trouble comes into the house, love flies out the window.

Cronyism is fraud.

Whoever does not practice his art – will lose it soon.

Children crying and laughing in one moment.

God loves the friendly laughing man.

Who makes himself a lamb – is captured by the wolf.

Who needs a lamp – also needs oil.

Who runs before he is chased – is all too despondent.

No one lives only by himself.

Every days hard working – as you want to live forever;

Live daily – as if every day could be the last one.

Who always teaches very much and everywhere – convertes oneself never.

Better little with love – as much with fists.

Where you don't love – you'll see only errors and mistakes.

Old love does not rust.

Verzeihen ist die beste Rache.

Tue Recht und scheue niemand.

Wer Recht hat, der hat niemanden zu fürchten.

Dem Recht muss man manchmal nachhelfen.

Rede wenig und höre viel.

Wie einer redet, so ist er.

Strenges Regiment nimmt bald ein End.

Reicher Leute Kinder geraten selten wohl.

Allgemeiner Ruf ist selten grundlos.

Was sich viel rührt, das wächst nicht an.

Sage niemand, wer er ist, dann sagt dir niemand, wer du bist.

Man verklagt keine Sau, die einen besudelt.

Hast du den Sautrog umgestoßen, richte ihn nicht wieder auf.

Es muss ein guter Freund sein, der einen vor Schaden warnt.

Wer sich zum Schaf macht, den fressen die Wölfe.

Wer den Schalk verbergen kann, ist bei Hof ein weiser Mann.

Wer sich der Schande rühmt, ist nicht der Ehre wert.

Wo keine Scham ist, da ist auch keine Tugend.

Die ärgsten Schiffe müssen fahren, die besten will man im Hafen bewahren.

Hüte dich vor dem Schleicher, der Rauscher tut dir nichts.

Schmeichler tun dem Fürsten mehr Schaden als der Feind im Feld.

Schmeichlerisches Kalb saugt zwei Kühe leer.

Ein schlechter Schmied, der den Rauch nicht vertragen kann.

Gutes Aussehen ist ein guter Empfehlungsbrief.

Den Schuldigen schreckt eine Maus.

Schwarz auf weiß behält den Preis.

Mit Schweigen verrät sich niemand.

Die besten Schwimmer ertrinken, die besten Kletterer brechen sich den Hals.

Wer sich selbst kitzelt, der lacht, wann er will.

Selten ist angenehm.

Who enforces love where there is none, remains a fool as long as he lives.

Who praises too much – do not trust.

The work praises the master.

What cannot do the lion – that can do the fox.

On earth lives no man, where you cannot find a fault.

Do not bash to any mosquito.

There is no advantage without effort.

Without effort – you won't succeed.

Secretly shut mouth open and eyes – have no one harmed.

Love thy neighbor, but do not tear down the fence.

One proposes a nail, the other hangs his hat on it.

A good reputation has more worthiness than money.

As long as a fool is silent, he is considered wise.

In the game, the fool is considered the most.

Don't argue with silly fools.

Envy makes no one rich.

In the challenge we see the man.

You buy the ox not expensive because it is colorful.

Wash my fur, but do not make me wet.

One saved penny is virtually as good as an acquired.

A good horse is worth its food.

Don't spore a willing horse.

If you will go further than your horse, get down from the crate and go on foot.

You have to plow with horses that you have.

The mob you have to give way – do not render equal with him.

Who is too much preaching – is driving out the audience.

Revenge does not remain unavenged.

Revenge induces hurting vengeance.

Stay away from the sow that will befoul (smudge) you.

Forgiveness is the best revenge.

Do right and fear no one.

Who is right should not be afraid of anyone (but stay modest and careful).

The law (justice) sometimes needs a little support.

Speek little and listen a lot.

148

Ist der Kranke genesen, zahlt er ungern die Spesen.

Wer einmal stiehlt, der bleibt immer ein Dieb.

Selber schuldig ist der Tat, der nicht straft die Missetat.

Sie streiten um ein Ei – und lassen die Henne fliegen.

Man streitet um eine Ziege und verliert eine Kuh.

Es ist keine Suppe so teuer wie die, die man umsonst isst.

Wer sich selbst nicht taugt, der taugt auch keinem anderen.

Anderer Torheit sei deine Weisheit.

Treue ist ein seltener Gast, halte ihn fest, wenn du ihn hast.

Guter Umgang verbessert schlechte Sitten.

Umgekehrt wird ein Schuh draus.

Denk nicht mehr daran, wer Unrecht dir getan.

Vergnügt sein geht über reich sein.

Vergleichen und vertragen ist besser als Zanken und Klagen.

Wer dem Verleumder nicht in die Rede fällt, der bestellt ihn.

Verzagtes Herz freit nie ein schönes Weib.

Klopf auf den Busch, dann fliegen die Vögel heraus.

Wasch du mich, und ich wasche dich, und wir werden beide hübsch.

Auf dem Weg, den viele gehen, da wächst kein Gras.

Wer meint, dass er weise sei, dem wohnt ein Esel bei.

Können zwei sich vertragen, so hat der Dritte nichts zu sagen.

Ein weiser Mann hat lange Ohren und eine kurze Zunge.

Wenig und oft macht zuletzt viel.

Wer Wind sät, der wird Sturm ernten.

Durch zweier Zeugen Mund wird allerwärts die Wahrheit kund.

Es ist kein Mann so klug, der nichts von einem Gecken hat, jedoch ist der ein kluger Mann, der seinen Schalck verbergen kann.

Geld verloren – nichts verloren.
Mut verloren – viel verloren.
Ehre verloren – alles verloren.

As he talks – so is his character.

Strict (tight) government soon takes an end.

Rich people's children rarely get well.

General reputation is rarely without reason.

What is stired up a lot – that does not grow.

Let no one ever know who he is, then no one tells you who you are.

There must be a good friend who warns you from harm.

Who makes himself a sheep, shall be eaten by the wolves.

Who can hide the wicked – is regarded a wise man at court.

Who boasts of shame, is not worth the honor.

Where is no prudency, there is no honor.

The worst must fly, the best one wants to preserve the harbor.

Beware the lickspittle, the blowhard does not mind.

Flatterers do more harm than the enemy in the field.

Flattering calf sucks two cows empty.

It is a poor blacksmith who cannot tolerate the smoke.

Looking good is a good recommendation letter.

The culprit is discouraged by a mouse.

Arguing black and white – keeps the price.

With silence, no one reveals himself.

The best swimmers drown, the best climbers break their necks.

Who tickles himself laughs whenever he wants.

Rarely is pleasant.

Is the patient recovered, he pays the fees reluctantly.

Who steals is always a thief.

You are guilty – if you do not react to the wrongdoing.

They argue for an egg – and let the hen fly.

There are court cases to a goat – that costs a cow.

It is not as expensive as the soup – that you eat for free.

Who itself is no good – is no good for others neither.

The other folly – should teach you wisdom.

Loyalty is a rare visitor, hold on him, if you have it.

Good company improves bad manners.

Do not think too much and too long – who did wrong to you.

Being pleased and content in life – this goes over being rich.

Die besten Fechter werden erschlagen, die besten Schwimmer kriegt´s Wasser beim Kragen.

Alte Freunde soll man nicht verkaufen, denn man weiß nicht, wie die neuen geraten.

Wer andern seinen guten Namen raubt, macht ihn arm und bereichert sich nicht.

Ein Narr frägt in einer Stunde mehr, als 10 Gescheite in einem Jahr beantworten können.

Mach es gut, so hast du Neider – mach es noch besser und du wirst sie beschämen.

Wer dir von anderen schlecht spricht, der spricht auch anderen schlecht von dir.

Der Verleumder schadet dem Beleidigten, schadet sich selbst und dem, der zuhört.

Die Zunge wird oft von den Zähnen gebissen, und doch bleiben sie gute Nachbarn.

Wer regieren will, der muss hören und nicht hören, muss sehen und nicht sehen.

Man kann es den Leuten nicht recht machen – und wenn man sich die Nasenspitze ab beißt.

Compared and tolerated – better than bickering and lawsuits.

Who does not fall in the slanderer's speech – appointed him.

A fainthearted man never marries a beautiful woman.

Knock on the bush, then the birds will fly out.

Wash thou me, and I wash you, and we are both pretty.

On the way where many go – no grass grows.

Anyone who thinks that he is wise – lives with a donkey.

Where two get along – the third party has nothing to say.

A wise man has long ears and a short tongue.

Little and often makes a lot in the end.

Who sows the wind will reap storm.

By two witnesses – the truth is everywhere known.

The best fencers are stabbed, the best swimmers drown.

Don't sell old friend, because you do not know how the new friends will be.

Who robs others their good name, makes them poor – but do not enrich oneself.

Do it well, so you have grudgers – make it even better and you're going to embarrass them.

Who speaks badly of others – will speak also badly of you.

The detractors harms the offended party, harms himself – and who listens.

The tongue is often bitten by the teeth, and yet they remain good neighbors.

There is no man so wise that has nothing of a dandy, and this a wise man who can conceal this.

Lost money – no business.
Lost courage – lost a lot.
Lost honor – lost everything.

4.DIE MÄRCHEN

Die deutschen Märchen werden wahrscheinlich in ihrer Bedeutung über-
schätzt. Interpretationen sind widersprüchlich und je nach Berufsgruppe
gefärbt. Inhalte und vermeintlicher Sinn ergeben nahezu regelhaft kein
kongruentes Bild.

Beispielsweise wird das Märchen vom Froschkönig so interpretiert:

- Der Brunnen ist Vagina und Gebärmutter der Mutter,
- der glitschig-feuchte Frosch steht für die Säfte aktiver Sexualität,
- der Sohn (Frosch) kann sich dem Einfluss der mächtigen Mutter
  nicht entziehen.
- Die Prinzessin ist überbehütet und partnerschaftsunfähig.
- Im Zorn kommt es zur befreienden Eruption
- und erst jetzt sind eine Partnerschaft und Sexualität möglich.
- Ob man das so glauben muss? Ob sich das vormals irgendjemand
  wirklich so gedacht hat? Und wer soll das gewesen sein?

Am ehesten sind diese Texte einer alten archaisch-mystischen Denkart
zuzuordnen. Der Jung'sche Archetypus, der sich in allen Kulturen ähnlich
darstellt, geprägt von einem harten Überlebenskampf, vor allem auf dem
Land, wo es für freiheitliche oder kulturelle Entwicklungen keinen Raum
und keine Kapazitäten gab.

Agile sehr alte Menschen sagen, dass es bis zum Beginn der Bundesrepu-
blik „keine Liebe gab". Kinder wurden verkauft, als „Bankert" sklavisch
und bösartig in jeder Hinsicht missbraucht. Frauen außerhalb sicherer
familiärer Strukturen waren ausgeliefert. Die Menschen konnten Willkür,
Hass, Hunger und Krankheiten nicht entkommen. Christentum gaukelte
ein besseres Leben im Jenseits vor, war aber nur ständiger Druck und die
Ermahnung vor Sünde mit Verweis auf Hölle und Fegefeuer.

Im Sommer arbeiteten die Menschen bis zur Erschöpfung, junge Männer
fielen mit 30 Lj. tot um, weil sie einfach ausgelaugt und erschöpft waren.
Im Winter war es damals eiskalt und tief verschneit, ganz wenig bis nichts
zu essen, sehr viele starben im Winter. Ein Raum war geheizt, aber oft
nicht gelüftet (Holz war sehr wertvoll, Oberbayern war fast abgeholzt),
Alte hatten Rheumaschübe und chronisch septische Infektionen.

4. THE FAIRYTALES

Fairy tales are probably overestimated in its explanatory power (value, validitiy). Interpretations are contradictory, speculative and colored by perception (view of life and occupation). Content and supposed sense do not show any congruent picture.

For example, one possible perception of the Frog King as:
- The fountain is the vagina and womb of the mother,
- The slippery-wet frog represents the juices of sexual achtivity,
- The son (frog) cannot escape the influence of the powerful mother.
- The Princess is overprotected and incapable of a partnership.
- In anger (desperation) it comes to a liberating rage attack.
- And only now a partnership with sexuality is possible.
- You have to believe it that way? Formerly anyone really thought so? And who should have been it?

Most likely, these texts are to be assigned as an old archaic-mystical way of thinking. Close to dreams and irrational attitude to daily life. The Jungian archetype that represents itself similar in all cultures, marked by a fight for survival. Especially true in the countryside, where there was no chance and no capacity for liberal or cultural developments.

Agile very old people remember that there was "no love" up to the beginning of the Federal Republic. Children were sold, as a "bastard"; they were abused slavishly and viciously in every respect. Women outside safe family structures were unprotected. The people could not escape arbitrariness, hatred, hunger and disease. Christianity fluttered a better life in the hereafter: it settled oppression and the admonition of sin with reference to hell and purgatory.

In summer, people worked to exhaustion, at 30 years of age young men fell dead to exhaustion, because they were simply worn out. In winter time it was extremely cold with deep snow, nearly nothing to eat, very many of them died during the winter. One room was heated but often not aired (wood was very valuable, Upper Bavaria was almost cleared of forests), Rheumatism of the old relapsed and chronic septic infections evolved.

Im besten Falle saß man zusammen und hat Lieder gesungen und Musik gemacht, daraus leitete sich dann der sog. Hoagarten" und später die Musikantenstadel ab. Das war die feine Art, aber sehr rar.

Und die Kinder wurden restriktiv erzogen. Das Prinzip war Einschüchterung, Unterdrückung, "Angst einjagen". Kinderarbeit und Misshandlung, Prügelstrafe, seelische und körperliche Vergewaltigung waren normal.

Und in diesen bedrückenden Runden wurden Geschichten erzählt. Diese Geschichten sollten vorrangig gruselig, schaurig, Angst-einflößend, erschreckend sein. Die Geschichten waren allen bereits bekannt und kursierten weit. Vor allem im Böhmischen und Niederbayrischen waren diese Grauengeschichten sehr verbreitet. Beteiligte sagen ganz eindeutig, dass es auch darum ging die Kinder einzuschüchtern. Jedes Gefühl von Freiheit oder Selbstständigkeit sollte verhindert werden. Und jeder versuchte sie noch schauriger zu erzählen als bisher. Allerdings waren diese Geschichten nicht nur oder primär für Kinder gedacht, das Geschichtenerzählen hatte eine soziale Funktion (Kontakt, Unterhaltung).

Bis zum Ende des 2. Weltkrieges war die deutsche Gesellschaft nicht frei. Die Errungenschaften von Freiheit und Humanismus haben allenfalls sehr Wohlhabende im urbanen Bereich ahnen können. Freiheit, Humanismus und Liebe, das gab es für die Menschen in Deutschland erst nach dem 2. Weltkrieg.

Man kann sagen, das haben die Siegermächte, vor allem die US-Amerikaner nach Deutschland gebracht.

Vielleicht sind einige Kurzformeln möglich:

> **Hans im Glück**: Ein Mensch kann sich von Dingen lösen, die ihn hemmen.
> **Eisenhans:** In einem Königshaus bleibt ein Kind infantil; der Eisenhans formt einen verantwortungsbewussten Menschen.
> **Der Wolf und die sieben Geißlein**: Die Geißlein waren geschützt – solange sie dem Wolf nicht verrieten, wie sie vorgingen.
> **Hase und Igel**: Tunlichst zu vermeiden, dass man sich nicht zum Hasen machen lässt.
> **Hänsel und Gretel**: Kinder wurden weg gegeben, überleben war vielerorts nicht möglich.

At best, rural poor sat together and told stories, recited verses, sang songs and made music. In Bavaria the so-called *"Hoagarten"* and later the modern development of the so-called *"Musikantenstadel"*. That was the fine art, but very rare.

And the children were educated restrictively. The principle was intimidation, suppression, "scare". Child labor and abuse, corporal punishment, mental and physical rape were normal.

And in these oppressive rounds in the evening stories were told. These stories were meant to be creepy, scary, fear-inspiring, terrifying. The stories were all already known and circulated widely. Especially in the Bohemian and Lower Bavarian areas these horror stories were common. Participants say quite clearly that it was also important to intimidate the children. Every feeling of freedom or independence was to be prevented. And everyone tried to tell them creepier than the antecessor. However, these stories were intended not only or primarily for children, storytelling had a social function (contact, entertainment).

By the end of the 2nd World War German society was not free. The achievements of freedom and humanism were only known by the very wealthy in urban areas. Freedom, humanism and love came for the people of Germany after the 2nd World War. It was brought by the victors, especially the US-Americans.

For interpretation – maybe some short formulas are possible:

> **Hans im Glück** A man can get away from things that hinder him.
> **Eisenhans:** In a royal family, a child remains infantile; Iron John formed a responsible human being.
> **The Wolf and the Seven Little Goats:** The little goats were protected – as long as they did not reveal their strategy to the wolf.
> **Rabbit and Hedgehog:** to avoid as far as possible, that you do not make not yourself hounded and agitated by others.
> **Haensel and Gretl:** Children were given away, survival was not possible in many places.

Aschenputtel: Disziplin und Fleiß haben ihren Lohn, auch in der Armut. Die infantilen Schwestern scheitern.

Frau Holle: idem

Dornröschen: eine junge passive Frau schließt sich ein und „muss" von einem aktiven Menschen befreit werden.

Die Geschichten sind sehr bilderreich und lebhaft. Bei aller Härte und Grausamkeit siegt das Gute. Treue, Fleiß und Ehrlichkeit werden belohnt. Wer auszieht und Erfahrungen sammelt, wird zuletzt Erfolg haben.

Im ungebildeten ländlichen Bereich war Geisterglaube und eine Neigung zu extrem verwobenen irrationalen Geschichten sehr ausgeprägt. Es gab keine Bildung. Geschichten von möglichen Hexen und magischen Vorgängen sowie völlig verworrenen irrationalen Begebenheiten erfreuten sich großer Beliebtheit. Eine vage Ahnung von Druden, Hexen und Geisterwelten wurde bis in die 60er Jahre kommuniziert. Jedem, der eine Geschichte erzählte, wurde gerne zugehört. Wenn Reisende ins Dorf kamen, lauschte man andächtig deren Worten. Viele Geschichten waren schon bekannt, wurden immer wieder variiert, es kam vor allem darauf an, wie man diese Geschichten erzählte; da gab es dann einige, die dies besonders gut konnten. Es gab keine logisch vernünftige Kontrollinstanz. Anerkennung bekam, wer Derartiges noch extremer darstellen konnte, sprachlich und im Erzählen auch schauspielerisch, der Wahrheitsgehalt wurde regelrecht beschworen; der besondere Erfolg, wenn am Ende große Betroffenheit und Verunsicherung war. Beispielsweise wurde im Werdenfelser Land noch bis in die 2. Hälfte des vorigen Jahrhunderts das Konzept des Fegefeuers gepredigt und geglaubt; die Existenz von Berggeistern, da war man sich nicht mehr so ganz sicher, man erzählte das aber den Kindern, als ob dies unzweifelhaft so wäre.

Im Böhmischen, Bayrischen Wald, Pfalz und im Niederbayrischen waren die Geschichten sehr beängstigend und einschüchternd; die armen kleinen Menschen mussten bedingungslos „funktionieren" in einem feudalen System der Ausbeutung, das schon der Versklavung gleich kam. Einer erbte, der Großbauer, alle anderen und deren Kinder mussten sich völligst gnadenlos einfügen; ähnlich in den meisten Regionen.

Es gab aber auch mancherorts Raum für Schönes. Dieses Erzählen hatte eine ganz wichtige soziale Funktion, wie das Lieder Singen, Musizieren oder Verse und Gedichte Rezitieren. Im Alpenländischen gab es dazu noch die feine Kunst des Neckens, Aufschneidens und Hereinlegens und Spaß, wenn man jemanden erfolgreich „hinters Licht geführt" hat.

Cinderella: discipline and diligence have their reward, even in poverty. The infantile sisters fail.

Frau Holle: idem

Sleeping Beauty: A young woman locks herself in and stays passive. She must be exempted from lethargy by an active man.

The stories are very rich in images and lively. Despite the harshness and cruelty the good will finally always prevail. Loyalty, diligence and honesty will be rewarded. Who sets out into the world and collects experiences is finally successful.

In the uneducated rural area belief in spirits and a tendency to extremely irrational interwoven stories was very pronounced. There was no education. Stories of witches, magic and completely confused irrational events enjoyed great popularity. A vague idea of druids, witches and ghost worlds was communicated even to the 60s of the last century. Anyone who told a fascinating story was welcome for listening very carefully. When travelers came to the village, people listened reverently to their words. Many stories were already known, were repeatedly varied, some did this very well. There was no logical rational Supervisory Body. Recognition was given to those who could make the story more extreme, as well as linguistically as in telling and acting. The truth was strongly invoked; the particular success if at the end was great consternation and uncertainty. For example, the concept of purgatory was preached in the Werdenfelser Land up until the 2nd half of the last century – and it was believed; the existence of mountain ghosts was told to children, as if this was undoubtedly the truth.

In the rural regions the stories were very scary and intimidating; the poor ordinary people had to submit unconditionally to a feudal system of exploitation, which was close to enslavement. The rich peasant inherited to the firstborn son; all others and their children had to insert mercilessly.

But there was also some chance for the nice. The narratives had a very important social function, such as singing songs, making music or verses and recite poems. In the Alps there existed the fine art of telling, singing, teasing, slicing and conning and there was fun when you successfully "duped" someone.

Note: in the Alps (Alpine area) of upper bavaria children were loved; the farms were divided, which led ultimately to the small cottagers and poverty. Forests were cut down, children with hunger edema, poaching to survive, the men sat in the pub and could not afford a beer. The housebottoms

Anmerkung: Im Alpenländischen wurden die Kinder geliebt; die Höfe wurden aufgeteilt, was letztlich zu den Kleinhäuslern und zu Armut führte (Wälder und Berge abgeholzt, Kinder mit Hungerödemen, Wilderei, um nicht zu verhungern, die Männer saßen im Wirtshaus und konnten sich kein Bier leisten, gestampfte Lehmböden, vereiste Wände im Winter, uvm.). Andererseits induzierte dies kulturelle Errungenschaften, wie Volksbühnen, Komödien, Wandergesellen, Schnitzkunst, Musiker, Sänger, Gitarren- und Geigenbau. Auch interessant, dass es in den bayr. Alpen nahezu keine Hexenverbrennungen gab. Das Erzählen grausamer Geschichten gab es in Oberbayern nicht. Das lag sicher auch an den Handelswegen und der Nähe zum leichtlebigen Norditalien.

Die Grausamkeiten in den Märchen sind oft sehr schlimm, derartige Greuel waren aber damals nicht unüblich, Konfrontation wurde als „notwendige Abhärtung" erachtet. Beispielsweise wurden ja Rechtsbrüche im Mittelalter grausamst geahndet. In der britischen Besatzungszone wurden Grimms Märchen verboten, weil man einen Zusammenhang mit dem Terror in den KZs sah.

Bruno Bettelheim meinte, dass Kinder sehr gut zwischen Märchen und Realität unterscheiden könnten und im Rahmen dieser Geschichten eigene Konflikte aufarbeiten könnten. Bruno Bettelheim habe wohl den „Spitznamen Bruno Brutalheim" gehabt, weil er wohl sehr spontan gegenüber kleinen Kindern sehr aggressiv geworden sei; ob dies stimmt oder nicht, er war auch nur ein Kind seiner Zeit – und wahrscheinlich war er besser als viele andere.

In den Märchen werden Kinder misshandelt und unterdrückt, die Inhalte sind weltfremd, für niemanden, auch nicht für ein Kind übertragbar; der Liebe und Brave, Angepasste und Gehorsame wird am Ende belohnt. Andererseits müssen Kinder sehr schlau und aktiv werden, um Probleme zu lösen. Dazu müssen auch Gebote übertreten werden. Intakte Familien findet man nicht.

Märchen hatten eine große Bedeutung, als es sonst nichts gab. Die Geschichten sind sehr bilderreich und lebhaft mit sehr vielen Facetten. Sie sind gewachsen und wurden bereichert und ausgeschmückt. Diese Geschichten waren alternativlos, sonst war da nichts. Das Kind profitierte von der Zuwendung und der Sprachbildung beim Vorlesen. Heute sind moderne kluge Bildbände und Geschichten bei weitem vorzuziehen und werden von den heutigen Kindern auch gewünscht und favorisiert.

with mashed clay soils, icy walls in winter and much more. On the other hand this induced cultural achievements, such as people's theaters, comedies, journeymen, carving, musicians, singers, making guitars and violins. It is also interesting that in the Bavarian Alps there were almost no witch burnings. Cruel ferocious stories did not exist in Upper Bavaria. This was certainly due to the trade routes and close to the rich, easygoing and frivolous northern Italy.

The atrocities in fairy tales are often very bad, but such atrocities were an usual confrontation with reality, it was deemed to induce the "necessary resilience". For example, breaches of the law in the Middle Ages were cruelly punished. In the British zone of occupation Grimm's fairy tales were banned, because they saw a connection with the terror in the concentration camps.

Bruno Bettelheim said that children could very well distinguish between fairy tale and reality and could work up their own conflicts in the context of these stories. Bruno Bettelheim have probably had the nickname "Bruno Brutal", because he became sometimes very aggressive to young children; if this is true or not, he was just a child of his own time – and probably he was better than many others. Being very strict with children was common to make them resilient for the daily brutal challenges in these extremely bitter times.

In the fairy tales children are abused and suppressed, the contents are unrealistic; but – love and bravery, adaptation and obedience, cleverness and diligence will be rewarded at the end. On the other hand, children need to be very smart and active to solve their daily problems to survive. Bids must be transgressed, intact happy families were not found in fairy tales.

Fairytales had a great importance, as there was nothing else. The stories are very rich in images and lively with many facets. They have grown and have been enriched and embellished. These stories were without alternative, otherwise there was nothing. The child benefited from the attention and linguistic education. Today modern smart picture books and stories are by far preferable, and are also favoured by today's children.

On the other hand, we tend to trivialize the hard daily challenges for our kids; we take the risk that our kids will be unable to recognize and handle the life in the unkind irrational world around us. We are not allowed to be naïve and flee from our responsibilities. Educating and strengthening our children for the future world are two of our main duties.

5. HUMANISMUS – AUFKLÄRUNG

Aktuell bedeutet Humanismus das Streben nach Humanität, also Menschlichkeit, nach Freiheit, Toleranz, Respekt vor anderen. Es geht um Menschenwürde und freie Persönlichkeitsentfaltung. Der Begriff Philanthropie beschreibt menschenfreundliches Denken.

Historisch gesehen ist der Humanismus eine geistige Bewegung, die sich ab dem 14. Jahrhundert von Italien langsam in Europa ausbreitete. Die Humanisten begannen die im Mittelalter verschollene (und verbotene) Literatur der Antike zu sammeln und zu erschließen. Diese Bücher waren verboten! Diese engagierten Menschen wurden verfolgt. Trotzdem wurden diese antiken philosophischen Systeme wieder belebt.

Grundwerte des Humanismus:

- Die Würde des Menschen ist unantastbar.
- Toleranz. (Grenze, wo man Rechte anderer verletzen würde)
- Demokratie
- Frieden
- Gleichberechtigung der Geschlechter
- Recht und Pflicht des Menschen
- Gegen Dogmatismus und absolute Wahrheiten.
  Friedlicher Austausch von Ideen
  Anerkennung der Begrenztheit unseres Wissens.
- Bejahung der Wissenschaft, die an ethische Kriterien geknüpft werden muss.
- Die Welt in ihrer Vielfältigkeit und Widersprüchlichkeit erleben.
  Die Vielfalt als Bereicherung des Lebens ansehen.
- Bewahrung der natürlichen Lebensgrundlagen.
- Die Freiheit zwischen den Lebensauffassungen wählen zu können.
- Leid wird nicht als sinnstiftend angesehen.
  Ziel ist die Minimierung von Leid und die Vermehrung von Glück.
  Freiheit der Kunst.

5. HUMANISM – ENLIGHTENMENT

Currently humanism means the pursuit of humanity, freedom, tolerance, respect for others. It's about human dignity and free development of personality. The term describes philanthropic thinking.

Historically Humanism is an intellectual movement that, in the 14th century, slowly spread from Italy. The humanists began to collect the forbidden literature of the ancient world in the Middle Ages. These books were banned! These dedicated people were persecuted. Nevertheless, these ancient philosophical systems were revived.

Fundamental values of humanism:

- The dignity of man is inviolable.
- Tolerance (limited where you would violate the rights of others)
- Democracy
- Peace
- Gender equality
- The right and duty of the people
- Against dogmatism and absolute truths
- Peaceful exchange of ideas.
- Recognizing the limitations of our knowledge.
- Affirmation of science, which must be subject to ethical criteria.
- Experience the world in all its diversity and contradictions.
- See diversity as an enrichment of life.
- Preservation of the natural foundations of life.
- Freedom to differentiate between different conceptions of life.
- Suffering is not considered meaningful. The aim is to minimize the suffering and the proliferation of luck.
- Freedom of the art.

RENAISSANCE

Aufklärung ab 1400 n. Chr.:

Der Humanismus blieb dem Christentum verpflichtet. Die Humanisten waren zum Teil in der Kirche und bei den Päpsten hochangesehene Leute. Der Humanismus und die Reformation fanden parallel statt, gingen allerdings ganz andere Wege.

Während der Humanismus eine Sache der Gelehrten blieb, griff die aus ihm hervorgehende Renaissance auf alle Lebensbereiche über. Wissenschaft, Medizin, Technik, Recht, Kaufmannswesen, Architektur, Bildhauerei und Malerei.

Erasmus von Rotterdam (1466 - 1536). Einer der bedeutendsten Humanisten . Er setzte sich für einen christlichen Humanismus ein. Erasmus lehnte aber Luthers antihumanistisches Bestreiten der menschlichen Willensfreiheit ab und dessen grausame Stellungnahme zum Bauernkrieg. Luther wiederum bezeichnete Erasmus als einen schöngeistigen Skeptiker und verwöhnten Genussmenschen.

Luther sah den einzelnen Menschen und einen übergeordneten Sinn. Sein Ansinnen zielte auf ein richtiges und gottgefälliges Leben, so dass der Einzelne Gnade vor Gott finde. In seinen Schriften und Reden spannte er einen weiten Bogen; er kritisierte viele Institutionen und Zustände aus der Sicht der Heiligen Schrift. Diese übersetzte er ja genau deshalb, damit diese Aussagen Allgemeingut werden konnten. Eine unglaubliche und einzigartige Leistung, mit der er die aussagekräftigste und logischste Sprache der Welt schuf und die Basis für die deutsche Nation legte.

Sein Protest und seine Reformation richteten sich in erster Linie gegen die katholische Kirche, die sich von den christlichen Idealen und Werten abgewandt hatte. Von 500 bis 1500 nach Christus wurden die Menschen ausgebeutet und immer unfreier. Der Terror ging bis in die Gedanken, ein perfides Unterdrückungssystem. Vermeintliche Gedanken, vermeintliche Unkeuschheiten, vermeintliche Sünden reichten zur Verdammnis. (Anmerkung: Bestrafung im Jenseits und das Fegefeuer wurden noch bis in die 60er Jahre des letzten Jahrhunderts gepredigt.) Hexenverbrennung und Inquisition waren nur die sichtbare Spitze dieses Eisberges. Und bei all dem war der Klerus nur selbstsüchtig.

RENAISSANCE

Enlightenment – 1400 AD:

Humanism remained committed to Christianity. The humanists were in part highly respected people by the Church and the Popes. Humanism and the Reformation took place in parallel, but went different ways.

Humanism remained a matter of scholars. Later it attacked all areas of life, science, medicine, engineering, law, merchant services, architecture, sculpture and painting.

Erasmus of Rotterdam (1466-1536). He was oe of the greatest humanists. He campaigned for a Christian humanism. But Erasmus declined Luther´s denial of human free will and its cruel comments on the Peasants' War. Luther again denoted Erasmus as a beautiful spiritual skeptic and spoiled hedonist.

Luther saw the individual human being and a higher meaning. His suggestion was aimed at a true and godly life, so that individuals find grace before God. In his writings and speeches he spanned a wide arc; he criticized many institutions and states from the perspective of the bible. Exactly for this purpose he translated the fragmented Latin bible into a modern German language (note: he created the new common German language out of a vast bunch of local dialects and notations). These contents and statements should be available to all Germans. An incredible and unique performance. He created the most informative and most logical language in the world and laid the basis for the German nation.

His protest and his Reformation were directed primarily against the Catholic Church and the Pope, which had turned away from the Christian ideals and values. From 500 to 1500 AD, the people were exploited and unfree. The terror went up into the thoughts, a perfidious suppression system. Supposed thoughts supposed unchastity, alleged sins ranged condemnation. (Note: punishment in the hereafter and purgatory were preached until the 60s of the last century.) Burning witches and the Inquisition were only the visible tip of this iceberg. And with all that the clergy was just selfish.

Die unterjochte und ausgelaugte Bevölkerung orientierte sich aber nicht ungern an der Kirche (*„unterm Krummstab ist gut leben"*), weil die verbrecherische Feudalherrschaft des Adels noch übler war.

Sehr viel Leid und Unterdrückung, so dass die Bevölkerung Europas in dieser Zeit immer gleich blieb mit sehr hoher Sterblichkeit. Interessanterweise war dies aber ein Fundament für Renaissance-Aufklärung-Humanismus, weil die

Menschen sich danach sehnten. (Anmerkung: Europäische Menschen hatten durch diesen 1000jährigen extremen Druck und Selektion eine hohe Resilienz, sowohl psychisch, als auch bzgl. körperlicher Belastung und Erkrankungen (sehr gute Immunabwehr), entwickelt.

Luther sah, dass dieses katholische System des Vatikans keinesfalls so weiter gehen könne; aber nicht aus humanistischen Gründen, sondern weil nach seiner Vorstellung die Menschen derart irregeleitet vor Gott keine Gnade finden würden. Luther nahm dafür auch die Abkehr von den Bauern, das Bündnis mit den Fürsten und den (von Melanchthon voraus geahnten) 30-jährigen Krieg in Kauf.

Ausgangspunkt der humanistischen Bewegung war Italien, wo Francesco Petrarca mit seinem Canzoniere (1470) das innerweltliche Schönheitsideal seiner Geliebten Laura pries und Giovanni Boccaccio in Il Decamerone (1353) die Sinnenfreude feierte. Zum führenden Kopf des Humanismus wurde Erasmus von Rotterdam, dessen anti-klerikale Satire „Das Lob der Torheit (1509)" zur europaweiten Verbreitung humanistischen Denkens beitrug.

Als Humanisten galten zunächst die Männer, die sich wissenschaftlich mit der Kultur und vor allem den Sprachen der Antike (zunächst dem Lateinischen, später auch dem Griechischen) beschäftigten. Eine verstärkte Hinwendung zur Naturwissenschaft und die (häufig satirische) Kritik an kirchlichen Dogmen charakterisieren die Schriften vieler Humanisten.

Als Humanismus wird eine Geisteshaltung bezeichnet, die zwischen dem 14. und 16. Jahrhundert die historische und kulturelle Epoche der Renaissance kennzeichnete. In Anlehnung an die Antike zielte sie auf ein Idealbild des Menschen, der seine Persönlichkeit auf der Grundlage allseitiger theoretischer und moralischer Bildung frei entfalten kann.

But the subjugated and leached population was not reluctant to the Church ("under the crook – life is good"), because the criminal feudal nobility was even worse.

Very much suffering and oppression, so that the population of Europe at that time was always the same with a very high mortality rate. Interestingly exactly this was the foundation for Renaissance-Enlightenment-humanism, because the people longed for it. (Note: European people have a very good immune system developed by this 2000 years of misery, diseases and epidemics. They developed an incredible high resilience to physical stress and mentally.)

Luther saw that this Catholic system of the Vatican could not proceed – not primarily for humanistic reasons, but because by people were misled and cannot find the grace of God. The grace of God was his first subject. Luther didn't accept the peasants uprising because he knew that there was no chance to built up a new world with irrational disorganized enthusiastic farmers. He preferred a sustainable alliance with the princes and rulers. Luther knew that there was no chance to make concessions in this cruel world. And he needed to be consequent. He knew (by Melanchthon anticipated) that there was the risk of an incredible devastating war. Later the result was the 30-Year-War.

The starting point of the humanist movement was Italy, where Francesco Petrarca (Canzoniere 1470) praised the ideal of beauty of his beloved Laura.

Giovanni Boccaccio (Decameron 1353) celebrated sensuality. The leading head of humanism was Erasmus of Rotterdam, whose anti-clerical satire "The Praise of Folly (1509)" Europe-wide contributed humanistic thoughts.

Humanists initially were the men who studied the culture and the languages of the ancient world (initially the Latin and later Greek one). Often with satirical criticism of church dogma characterize the writings of many humanists. Finally there was an increased emphasis on natural science.

Humanism marked the historical and cultural epoch of Renaissance between the 14th and 16th centuries. Based on the ancient times it was aimed at an ideal image of man who can develop his personality; this should be based on an free allround theoretical and moral education.

Albert Einstein: „Eine Verbesserung der Bedingungen auf der Welt ist im Wesentlichen nicht von wissenschaftlicher Kenntnis, sondern vielmehr von der Erfüllung humaner Traditionen und Ideale abhängig."

Mahatma Gandhi: „You must not lose faith in humanity. Humanity is an ocean; if a few drops of the ocean are dirty, the ocean does not become dirty."

Richard von Weizsäcker: „Europa muss, seinem Erbe getreu, einen neuen Humanismus verkörpern, als Hort der Menschenwürde und der sozialen Gerechtigkeit."

Der Begriff Humanismus wird nun von vielen beansprucht:

- der idealistische Humanismus, zielend auf die „harmonische Idealität der Menschen"
- der liberaldemokratische Humanismus pragmatischer Färbung, der den gebildeten, aufgeklärten und beruflich erfolgreichen Bürger in der modernen Welt im Visier hat;
- der marxistische Humanismus, der auf Überwindung der Selbstentfremdung des Menschen durch kapitalistische Arbeitsverhältnisse und Ausbeutung zielt;
- der integrale Humanismus, der in seinem Menschenbild die Tradition des Katholizismus mit den neuen Aufgaben in einer säkularisierten Gesellschaft zusammenführt;
- der biblizistische Humanismus protestantischer Herkunft, dessen Menschenbild ausschließlich auf die Bibel zurückgreift;
- der existenzialistische Humanismus, der für die freie Entwicklung der individuellen Existenz ist.

Albert Einstein: "An improvement in the conditions in the world is essentially not dependent on scientific knowledge, but rather the fulfilment of human traditions and ideals".

Mahatma Gandhi: "You must not lose faith in humanity. Humanity is an ocean; if a few drops of the ocean are dirty, the ocean does not become dirty".

Richard von Weizsäcker: "Europe, true to its heritage needs to embody a new humanism, as a haven of human dignity and social justice."

The term humanism is now claimed by many:

- Idealistic humanism, aiming at the "harmonious idealism of the people".
- Liberal democratic humanism with pragmatic coloring which has the educated, enlightened and professionally successful citizen in the modern world in its sights;
- Marxist humanism which aims to overcome the self-alienation of man by capitalist employment and exploitation;
- Integral humanism, which brings together the tradition of Catholicism to the new challenges in a secularized society (especially in its image of man);
- Biblicist humanism of Protestant origin, whose human image relies exclusively on the Bible;
- Existentialist humanism which is for the free development of individual existence.

MARCUS TULLIUS CICERO:

Den Ausgangspunkt für die Verbreitung des Gedankenguts, das später „humanistisch" genannt wurde, bildet der antike römische Begriff humanitas – Humanität, Menschlichkeit, Mitgefühl.

Cicero wurde der wichtigste Impulsgeber für Renaissance und Humanismus. Er war vom Philanthropie-Ideal, der Menschenliebe, beeindruckt. Nach seinem Verständnis gehörte zum Menschentum nicht nur eine wohlwollende „Humanität", sondern in erster Linie Bildung, Disziplin und Fleiß.

Am Anfang war das Wort – die Sprachgewandtheit auf hohem Niveau, die ein erstrangiges Bildungsziel war. Sie zeigte sich im beruflichen und im alltäglichen privaten Umgang als Höflichkeit, Witz, Anmut und Leichtigkeit in der Ausdrucksweise, worin sich eine gelassene Haltung spiegelte. Tugenden, Milde, Gerechtigkeit und Würde waren Hauptelemente des Strebens Ciceros; auch Freigebigkeit gehörte dazu.

WILHELM VON HUMBOLDT:

Die Entwicklung einer humanistischen Bildung wie auch deren Verankerung in staatlichen Institutionen war das Werk Wilhelm von Humboldts. Er propagierte die Persönlichkeitsbildung in intellektueller, ethischer und ästhetischer Hinsicht: „Wir haben in den Griechen eine Nation vor uns, unter deren glücklichen Händen alles, was unserm innigsten Gefühl nach das höchste und reichste Menschendasein bewahrt, schon zu letzter Vollendung gereift war; wir sehen auf sie wie auf einen aus edlerem und reinerem Stoff geformten Menschenstamm, auf die Jahrhunderte ihrer Blüte wie auf eine Zeit zurück, in welcher die noch frischer aus der Werkstatt der Schöpfungskräfte hervorgegangene Natur die Verwandtschaft mit ihnen noch unvermischter erhalten hatte".

Humboldt war als Leiter der Sektion des Kultus und des öffentlichen Unterrichts mit der Neuordnung des staatlichen Bildungswesens beauftragt. Viele zeitgenössische Geistesgrößen waren davon beeinflusst und

MARCUS TULLIUS CICERO:

The ancient Roman concept of humanitas was the starting point for the dissemination of ideas; which was later called "humanism", humanity, compassion.

Cicero was the most important inspiration for Renaissance and humanism. He was impressed by the Philanthropy ideal of human kindness. According to his understanding of humanity he formulated not only "humanity", but primarily education, discipline and diligence.

In the beginning was the word – rhetoric fluency at a high level, which was a prime educational objective. This showed up at work or home in every-day life as courtesy, wit, grace and ease in the language, which reflected calm attitude. Gentleness, justice, virtues and dignity were the main elements of the pursuit of Cicero; also generosity was one of them.

WILHELM VON HUMBOLDT:

The development of a humanistic education as well as its roots in state institutions was the work of Wilhelm von Humboldt. He propagated the personal development in an intellectual, ethical and aesthetic point of view: "We had, in the ancient Greeks, a nation before us, under whose happy hands everything preserves our intimate feeling to the highest and most human existence, had matured already to last completion. We look back on it as a very noble and fine human community. Over the centuries its heyday stays an ideal for us."

Humboldt was appointed as head of the section of Public Instruction with the reorganization of the state educational system. Many contemporary thinkers were influenced by him and campaigned for him, such as Hegel

170

warben dafür, so zum Beispiel auch Hegel im Jahre 1809: „Lassen wir es gelten, dass überhaupt vom Vortrefflichen auszugehen ist, so hat für das höhere Studium die Literatur der Griechen vornehmlich und dann die der Römer die Grundlage zu sein und zu bleiben. Die Vollendung und Herrlichkeit dieser Meisterwerke muss das geistige Bad, die profane Taufe sein, welche der Seele den ersten und unverlierbaren Ton und Tinktur für Geschmack und Wissenschaft gebe."

Bis gegen Ende des 19. Jahrhunderts spielte Humboldts humanistische Ausrichtung an Gymnasien wie im Hochschulwesen eine wichtige Rolle. Seit der Jahrhundertmitte wurde die zeitlose Gültigkeit des idealisierten Griechenlandbildes allerdings zunehmend in Zweifel gezogen und durch den Wandel zur Industriegesellschaft mit verändertem Qualifikationsbedarf herausgefordert. Allerdings ist es weiterhin so, dass Gymnasiasten mit humanistischer Bildung höchste berufliche Erfolge erzielen; diese humanistische Bildung formt einen Menschen sehr positiv. Dieses Auswendig-Lernen, altes Latein, die Rhetorik, Denken, Ratio, Erlernen mit Fleiß und Disziplin, und die damit verbundene profunde Menschenbildung prädestiniert diese Menschen für höchste Ämter und Aufgaben.

Im Kern bedeutet dies für den einfachen berufstätigen Menschen heute: Heute ist es selbstverständlich in Europa und Nordamerika diese Erkenntnisse und Errungenschaften zur Verfügung zu haben, freien Zugang zu diesen Werken und einer Umsetzung im alltäglichen Leben. All dies ist uns so selbstverständlich geworden, dass wir es gar nicht mehr wahrnehmen. Dieser sehr hohe Wert wird nicht mehr wahrgenommen, weil selbstverständlich. Diese hohen Ideale und Werte sind mehr wert als alles andere, über das die westliche Welt verfügt. Freiheit, Menschlichkeit und Bildung sind unser Fundament, auf denen dieser sagenhafte und einzigartige Erfolg nachhaltig beruht. Möglicherweise wird es sich als Fehler erweisen, dass wir die humanistische Bildung so leichtfertig aufgegeben haben. Natürlich kann man dies auch durch andere Inhalte kompensieren, das tut aber derzeit niemand.

in 1809: "Let it be that at all to start from the Admirable, so for the higher studies, the literature of the Greeks first, and then the Romans, remain the basis. The perfection and glory of these masterpieces has the intellectual bath, be the profane baptism, which should give the first and captive tone and tincture of taste and science of the soul. "

Until the late 19th century secondary schools and higher education was based on Humboldt's humanistic orientation. The timeless validity of the idealized image of Greece standard became unpopular since the middle of the last century; it was challenged by the transition to an industrial society with needs of technical skills.

However, it is still a fact that high school students with humanistic education achieve the highest professional success: Humanist education forms positive individuals. Learning by heart, old Latin, rhetoric, logical thinking, learning with diligence and discipline, and the profound human education predestines these people for high responsibilities.

In essence this means for the simple working people today: Today, it is common sense that these achievements are available. We have free access to all these works of literature. The positive results are implemented in everyday life in Europe and North America. This is so self-evident that it is no longer perceived. This high value is no longer much valued as a matter of course. These high ideals and values are worth more than anything else. Freedom, humanity and education are the foundation of our legendary and unique long-term success. Maybe it will turn out to be a mistake that we have given up the classical education so easily. Of course you can compensate for this by other contents. But nobody does it currently.

6. IMMANUEL KANT

172

Kant setzte Freiheit, den freien Willen und Logik über Religion und Fürsten. Aus heutiger Sicht selbstverständlich, damals nur möglich, weil er einzigartig klug und systematisch dies vorbereitete und lehrte. Er fasste es in Werke, Vorträge, Texte und Analysen, die nur wenige wirklich verstanden. Er hat Erkennen und Analyse erstmals sinnvoll und richtig beschrieben; nach ihm war methodisches wissenschaftliches Arbeiten erst möglich. Kant ist der Urvater und Begründer der modernen Logik, der Wissenschaft und der modernen westlichen Welt. Und er verbindet logisches wissenschaftliches Denken mit höchster Ethik.

Heute wirkt Kant sehr kompliziert und unnötig verwirrend; er verwandte Begriffe, die man heute so nicht mehr nehmen würde. Man sollte deshalb seine Erkenntnisse auf eine übersichtliche, verständliche Basis bringen. Die Texte von Berufsphilosophen sind oft schwer verstehbar.

Kant leistete Großartiges. Er führte Europa in die Neuzeit. Er musste den ganzen Ballast des mystischen, scholastischen, irrationalen, religiösen und feudalistischen Denkens überwinden. Er beendete das Mittelalter. Er hat den Scholastiker, Fürsten und Theologen eine Grenze gezogen – er hat eine Zeit- und Geschichtsgrenze gesetzt. Bis Kant war die europäische Welt dunkles Mittelalter, ähnliches archaisch-mystisches Denken, wie wir es vor einigen Jahrzehnten noch bei unentdeckten Stämmen Papua-Neuguineas vorfanden. Natürlich in Europa kulturell verfeinert, mit Kirchen-Schriften-Hochkultur-Vatikan-Rechtssprechung-Verwaltung-Kaiser-uvm., aber im Prinzip dasselbe.

Kant musste diese alte überkommene Gedankenwelt erst mal selbst richtig erkennen, durchschauen, darstellen, widerlegen und deren Protagonisten (vor allem Klerus und Adel) mit ihren eigenen Waffen schlagen. Und da stand er alleine gegen eine ganze Welt, die nun seit fast 1500 Jahren so funktionierte und dachte.

Kant war der entscheidende Mensch, der Europa und damit die Welt in die neue Zeit hob und damit die Renaissance, die Aufklärung und den Humanismus in Europa verankerte. Wir sehen heute in vielen Ländern, Regionen und Kontinenten, wie sehr in diesen Welten dieser wichtige Schritt zu einer modernen Gesellschaft fehlt.

6. IMMANUEL KANT

Kant placed freedom, free will and logic over religion and princes. From today's perspective this is self-evident. At that time it was only possible because Kant was uniquely wise and prepared his science (teachings) systematically. Only few were able to understand his work, lectures, texts and analyzes. He was the first who taught and described the way of recognition and analyses correctly: Kant built the basis for methodical scientific work. Kant is the forefather and founder of modern logic of science in the modern Western world. And he combined logical scientific thinking with the highest ethics.

Today Kant's documents and work seems very complicated and confusing; it is hard to retrace his way of teaching, he related to terms that we don´t use today. Therefore, one should bring his findings to a clear, comprehensive basis. The texts of professional philosophers are often difficult to understand.

Kant inaugurated amazing new insights. He led Europe to modern times. He had to overcome all the ballast of the mystical, scholastic, irrational, religious and feudal thinking. He ended the Middle Ages. He set limits for scholastics, princes and theologians – he started a new time and history. Until Kant the European world was dark Middle Ages, like archaic-mystical thinking,

Kant had to analyze these old outdated world of ideas. He had to beat their protagonists (mainly clergy and nobility) at their own game. And there he stood alone against the whole world, which now worked and thought for nearly 1,500 years.

Kant was the crucial person that raised Europe in the new time and the Renaissance (the Enlightenment) and anchored humanism in Germany. In many countries, regions and continents we miss today this important step towards a modern society.

In Tokio im Tempel der Philosophen hängt seit über 100 Jahren ein Bild mit dem Titel Die vier Weltweisen mit der Darstellung von Buddha, Konfuzius, Sokrates und Kant

Mit seinem kritischen Denkansatz („habe Mut, dich deines eigenen Verstandes zu bedienen") ist Kant der wohl wichtigste Denker der deutschen Aufklärung. Die letzten 15 Jahre seines Lebens waren gekennzeichnet durch den sich stetig zuspitzenden Konflikt mit der Zensurbehörde, deren Leitung der preußische König inne hatte.

Er verfasste eine Abhandlung Der einzige mögliche Beweisgrund zu einer Demonstration des Daseins Gottes, in der Kant zu erweisen versucht, dass alle bisherigen Beweise für die Existenz Gottes nicht tragfähig sind, und eine eigene Version des ontologischen Gottesbeweises entwickelt, die diesen Mängeln abhelfen soll.

In einem Edikt wurde Kant die „Herabwürdigung mancher Haupt- und Grundlehren der Heiligen Schrift und des Christentums" zur Last gelegt. Kant lehrte weiter, erhielt aber die Weisung, sich religiöser Schriften zu enthalten, da er deistisches und sozianisches Gedankengut verbreiten würde, das nicht mit der Bibel vereinbar sei. Hierauf beklagten sich seine Freunde beim König, der aber die Beschwerde ablehnte.

Die 4 wesentlichen Kantischen Fragen:
1. Was kann ich wissen?
2. Was soll ich tun?
3. Was darf ich hoffen?
4. Was ist der Mensch?

In Tokyo, in the temple of the philosophers, there is for more than 100 years a picture entitled "The four all-dominant philosophers" representing Buddha, Confucius, Socrates and – Kant.

Kants critical approach ("Have courage to use your own mind (brain)") is probably the most important creation of the European Enlightenment. The last 15 years of his life were marked by the ever-escalating conflict with the censors directed by the Prussian King.

He wrote a treatise *"The only possible argument for a demonstration or proof of the existence of God"*. Kant showed that all previous arguments of the existence of God cannot be viable. He developed its own version of the ontological proof of God.

In an edict the censors accused Kant of the *"disparagement of some main and fundamental teachings of Scripture and Christianity"*. Kant was respected, but he was ordered to refrain from religious subjects; he would spread deistic and socionanic ideas which are incompatible with the Bible. Then his friends complained to the king, but he rejected the complaint.

The 4 essential Kantian questions:
1. What can I know?
2. What should I do?
3. What may I hope?
4. What is man?

KRITIK DER REINEN VERNUNFT:

Diese Analyse behandelt die Bedingungen der Erkenntnis, die unabhängig von jedem Vorurteil und vermeintlichen Vorkenntnissen möglich sind, in drei Abschnitten: *Analytik der Begriffe* und der *Analytik der Grundsätze* – und welche Urteile sich daraus ableiten lassen. Schließlich behandelt Kant in seiner Methodenlehre didaktische und argumentative Verfahren, die an die Stelle der älteren und dogmatischen (unlogischen, scholastischen, mystischen) Verfahren treten. Das Buch wurde 1827 wegen der darin enthaltenden Widerlegungen der Gottesbeweise vom Vatikan auf das Verzeichnis verbotener Bücher gesetzt.

In dem Versuch der menschlichen Vernunft, die sinnliche Wahrnehmung zu übersteigen, verwickelt sie sich in Widersprüche. Der Mensch will die Welt um sich herum emotional sinnlich interpretieren. Kant analysiert diese unvermeidlichen Irrtümer und Widersprüche. Er erkennt erstmals sehr deutlich, wo irrationale Argumentationen (Kirche, Scholastik, Feudalismus, usw.) zu unauflöslichen Widersprüchen führen müssen.

ERKENNTNISTHEORIE:

„Was kann ich wissen?" Unter welchen Bedingungen ist Erkenntnis möglich? Oder – wie Kant es formuliert –: *Was sind die Bedingungen der Möglichkeit von Erkenntnis?*

Die *Kritik der reinen Vernunft* ist eine Auseinandersetzung mit den veralteten Gedanken bis zum 18. Jahrhundert. Im Kern sagt er, dass sinnliche Wahrnehmung unstrukturiert bleibt, wenn der Verstand nicht ordnet, Begriffe setzt und durch logische Urteile mit der Wahrnehmung verbindet.

Für Kant erfolgt Erkenntnis in Urteilen. In diesen Urteilen werden die sinnlichen Wahrnehmungen mit dem Verstand verbunden. Sinnlichkeit und Verstand sind die beiden einzigen, gleichberechtigten und voneinander abhängigen Quellen der Erkenntnis. „Gedanken ohne Inhalt sind leer, Anschauungen ohne Begriffe sind blind."

CRITIQUE OF PURE REASON:

This analysis deals with the conditions of knowledge, which are independent of any prejudice; this was described in three sections: analysis of concepts and analysis of the principles – and leave that judgment be inferred from it. Finally, Kant dealt in his didactic methodology and argumentative procedures that take the place of older and dogmatic (illogical, scholastic, mystical) procedure. In 1827 the book was put on the list of banned books because it contained therein refutations of the proofs of God from the Vatican.

In the attempt of human reason to exceed the sensory perception, it becomes entangled in contradictions. Man wants to interpret the world around him emotionally and sensually. Kant analyzed these inevitable mistakes and contradictions. It recognizes for the first time very clearly where irrational arguments (church, scholasticism, feudalism, etc.) must lead to irresolvable contradictions.

EPISTEMOLOGY:

"What can I know?" The conditions under which knowledge is possible? Or – as Kant formulated – What are the conditions of the possibility of knowledge?

The Critique of Pure Reason is an exploration of the lingering thoughts until the 18th century. In essence, it says that sensory perception remains unstructured, when the mind does not classify, does not set terms and connects through logical judgments with the perception.

For Kant, knowledge takes place in judgments. In those judgments, the sensory perceptions are connected with the mind. Sensibility and understanding are the only two, equal and interdependent sources of knowledge. "Thoughts without content are empty, intuitions without concepts are blind."

Wie kommt es nun zur Erkenntnis? Raum und Zeit sind die Formen aller sinnlichen Vorstellungen von Gegenständen überhaupt, weil wir uns diese ohne Raum und Zeit nicht vorstellen können. Die Sinne sind aber rezeptiv, d. h. sie müssen von außen angeregt werden.

Nach Kant erkennen wir nicht das wertfreie Ding, sondern belegen es sofort mit Emotionen und Interpretationen. Der Mensch erkennt etwas und überlagert es gleich so, dass eine Entsprechung mit der Außenwelt oft gar nicht mehr gegeben ist. Solche aus wahllosen Elementen zusammengesetzten Wahrnehmungen plus Interpretation (empirische Anschauungen) nennt Kant Empfindungen. Dies bedeutet, dass vermeintliche Erkenntnis immer erst mal irrational subjektiv ist.

Wahrnehmungen plus Interpretation führen nicht zu sachlichen Urteilen. Sie sind zunächst völlig unbestimmt. Der logische Verstand muss also erlernt werden. Das unvoreingenommene Denken ist der Angelpunkt der Kantischen Erkenntnistheorie.

Mit der Kombination Verstand und Empfindungen (Wahrnehmung und Interpretation) wird gedacht. Ein Schema ist z.B. sehe ich auf der Straße ein vierbeiniges Etwas. Ich erkenne: dies ist ein Dackel. Ich weiß: ein Dackel ist ein Hund, ist ein Säugetier, ist ein Tier, ist ein Lebewesen. Und nun kommt es zu allen möglichen Assoziationen, Erinnerungen, Gedankenverknüpfungen und Emotionen.

Die grundlegende Frage Kants ist: gibt es aus Verstandesüberlegungen Erkenntnisse? Kants Antwort ist „Ja", wenn wir nicht alles vermischen. In unserer sinnlichen Wahrnehmung erkennen wir vieles ganz ungeordnet. Die Verknüpfung als Ursache und Wirkung entzieht sich aber, Kausalität wird von uns hinein interpretiert. Wir verstehen Kausalität als Grundprinzip der Natur – weil wir die Kausalität in die Natur, wie sie uns erscheint, hineindenken. Wir müssen also sehr kritisch sein, wie wir unsere sinnlichen Wahrnehmungen interpretieren. Heute meist (auch nicht immer, im täglichen Leben meist gar nicht) klar, damals völlig neu.

How do we come now to the knowledge? Space and time are the forms of all sensible representations of objects in general, because we cannot imagine this without space and time. The senses are receptive, but they must be encouraged from the outside.

According to Kant, we do not recognize the things without any kind of evaluation. We prove it immediately with emotions and interpretations. Man perceives something; at once he overlays it. This way the right correspondence with the outside world is often no longer given. Indiscriminate elements, perceptions plus interpretation (empirical intuitions) are mixed up, Kant calls this "sensations". This means that alleged knowledge is, in the first step, always irrational subjective.

Perceptions plus interpretation do not lead to factual judgments. They are initially completely undefined. The logical mind must therefore be learned. Unbiased thinking is the cornerstone of the Kantian epistemology. (The same arguments can be learned from Aristoteles and Buddha).

We think with a combination of mind and feelings (perception and interpretation). For example, I see a four-legged little moving thing in the street. I know: this is a dachshund. I know: a dachshund is a dog that is a mammal, an animal, a living being. And now there are all sorts of associations, memories and thoughts (even emotions).

The fundamental question of Kant is: is it possible to get intellectual knowledge from considerations? Kant's answer is "Yes", if we do not mix everything. In our sensory perception, we recognize that very much is disorganized. Causality is interpreted by us; the hidden link is not seen. We understand causality as a basic principle of nature – because we live in this nature, we place causality as it appears to us. So we have to be very critical of how we interpret our sensuous perceptions. Today we accept this way of thinking; in former times it was entirely new.

GRUNDLEGUNG DER MORALPHILOSOPHIE:

„Was soll ich tun?", der sog. „kategorische Imperativ". Er untersucht moralisch verbindliche Aussagen. Nicht die Religion, sondern nur die sog. „praktische Vernunft" kann diese Frage beantworten. Drei Elemente sind wesentlich: der gute Wille, die Freiheit des Willens und die logische Form.

Für den Menschen, der kein reines Vernunft, sondern zugleich ein sinnliches Wesen ist und sittlich sein soll, drückt sich dieses Prinzip in der Formel eines kategorischen Imperativs als unbedingte Forderung aus:

- „ …..handle so, als ob die Maxime deiner Handlung durch deinen Willen zum allgemeinen Naturgesetze werden sollte."
- „ …. handle nur nach derjenigen Maxime, durch die du zugleich wollen kannst, dass sie ein allgemeines Gesetz werde."
- „Handle so, dass du die Menschheit sowohl in deiner Person, als in der Person eines jeden andern jederzeit zugleich als Zweck, niemals bloß als Mittel brauchst."
- „Demnach muss ein jedes vernünftige Wesen so handeln, als ob es durch seine Maximen jederzeit ein gesetzgebendes Glied im allgemeinen Reiche der Zwecke wäre."

Als autonomes Wesen verfügt der Mensch nach Kants Auffassung über Freiheit und Menschenwürde. Der Mensch ist zu sittlichem Handeln fähig, tut es aber leider meist nicht. Der Mensch kann sich an moralischen Prinzipien und der Vernunft orientieren. Es gehört für Kant zu den Pflichten, das Glück anderer Personen durch uneigennütziges Handeln zu befördern.

FOUNDATION OF MORAL PHILOSOPHY:

"What shall I do?", The so-called "Categorical imperative". He studied morally binding statements. Not religion, but only the so-called "Practical reason" can answer that question. Three elements are essential:

- good will,
- freedom of the will and
- logical form.

Man is not only pure reason, but at the same time a sensual being – and he should be morally. This principle is expressed in the formula of the categorical imperative as an unconditional demand:

- "... .. act as if the maxim of your action should become the general law of nature by your will."
- ".... act only according to that maxim whereby you can at the same time wish that it becomes a universal law."
- "....act so at any time that you never threaten humanity, whether in your own person or in the person of someone else. Humanity is always the aim of your practice, humans are never a means to an end."
- "Therefore Kant argued everybody must act as if he was a legislative element in the realm of end purposes."

Kant says man as an autonomous being has freedom and human dignity. Humans are capable of moral action. Humans can be guided by moral principles and common sense. According to Kant it is an obligations to promote the happiness of others through selfless action.

MODERNE GESELLSCHAFT UND ETHIK:

Kant untersucht den Vernunftgehalt der Religion. Man kann im Verlauf der Geschichte keine göttliche Absicht finden. Geschichte ist ein Abbild des Menschen, der frei ist. Seine Rechtsphilosophie mündet in einem umfassenden Völkerbund:

„Denn wenn das Glück es so fügt: dass ein mächtiges und aufgeklärtes Volk sich zu einer Republik (die ihrer Natur nach zum ewigen Frieden geneigt sein muss) bilden kann, so gibt diese einen Mittelpunkt der föderativen Vereinigung für andere Staaten ab, um sich an sie anzuschließen und so den Freiheitszustand der Staaten gemäß der Idee des Völkerrechts zu sichern und sich durch mehrere Verbindungen dieser Art nach und nach immer weiter auszubreiten."

AUFKLÄRUNG UND REVOLUTION:

„Aufklärung ist der Ausgang des Menschen aus seiner selbst verschuldeten Unmündigkeit. Unmündigkeit ist das Unvermögen, sich seines Verstandes ohne Anleitung eines anderen zu bedienen. Selbst verschuldet ist diese Unmündigkeit, wenn die Ursache derselben nicht am Mangel des Verstandes, sondern der Entschließung und des Muthes liegt, sich seiner ohne Leitung eines anderen zu bedienen. Habe Muth, dich deines eigenen Verstandes zu bedienen! ist also der Wahlspruch der Aufklärung."

Kant war ein starker Befürworter der französischen Revolution, und musste deshalb mit Sanktionen rechnen. Konsequentes moralisches Handeln ist für Kant nicht möglich ohne den Glauben an Freiheit. Daher ist die Moral das Ursprüngliche, die Religion und die Politik haben zu folgen.

MODERN SOCIETY AND ETHICS:

Kant examines the rational content of religion. One can find no divine purpose throughout the history of mankind. History shows us a mankind that is free. His legal philosophy leads into a comprehensive League of Nations:

"Because if we are lucky: that a powerful and enlightened people (which by their nature must be inclined to perpetual peace) can form a republic. This should be the focus of a federal association with other States. They should connect them to secure freedom together. This in accordance with the idea of an international law. This idea may propagate gradually more and more."

ENLIGHTENMENT AND REVOLUTION:

"Enlightenment is man's emergence from his self-imposed immaturity. Immaturity is the inability to use one's own understanding without guidance by somebody else. This tutelage is self-inflicted when its cause lies not in lack of understanding, but of resolution and courage. Have courage to use your own understanding! This is the motto of enlightenment".

Kant was a strong supporter of the French Revolution, and had to face sanctions. For Kant consistent moral action is not possible without faith in freedom. Therefore, morality has primacy, religion and politics have to follow.

NATURWISSENSCHAFTEN:

Kant bahnt die Zukunft Europas durch objektives, rationales und wissenschaftliches Denken. Er sagt, wir sahen bisher die Umwelt und die Zusammenhänge der Natur so, als ob ein Zweck darin liege. Zweck ist dabei keine Eigenschaft von Gegenständen, sondern wird von uns gedacht und in die Objekte hineingelegt. Es wurde bis dahin alles vermischt mit Meinung, Rhetorik, Religion, Macht, Politik, subjektiven Urteilen und zur Durchsetzung von Partikularinteressen.

Und damit trennt er nun Religion und Naturwissenschaft endgültig; er sagt, wir müssen uns hüten Naturwissenschaften mit Religion zu vermengen: „Wenn man also für die Naturwissenschaft und in ihren Kontext den Begriff von Gott hereinbringt, um sich die Zweckmäßigkeit in der Natur erklärlich zu machen, und hernach diese Zweckmäßigkeit wiederum braucht, um zu beweisen, dass ein Gott sei: so ist in keiner von beiden Wissenschaften innerer Bestand."

Argumente und Erkenntnisse müssen rational, ein Urteil muss allgemeingültig sein. Erkenntnisse sind wissenschaftlich und logisch zu sichern. Ein gesichertes Urteil hat für jedermann Gültigkeit und ist auch durch keine Diskussion wegzudenken, Meinungen spielen keine Rolle.

Anthropologie: Mit der Frage *„Was ist der Mensch?"* setzte sich Kant vorwiegend empirisch auseinander. Dabei hat er eigentlich komplett versagt und sich verzettelt. Er pochte auf sittliche Pflichten und interpretierte damit den Menschen. Viele der empirischen Aussagen Kants zur Anthropologie sind aus heutiger Sicht unhaltbar und durch Vorurteile geprägt, da Kant die in seinen Quellen vorfindlichen abwertenden Aussagen, besonders über andere Kulturen und Völker, in seinen eigenen Äußerungen noch verschärfte. Aber Kant hat viele Denkprozesse auf den Weg gebracht, die bis dahin „niemand gedacht hat".

NATURAL SCIENCES:

Kant paves the future of Europe by objective, rational and scientific thinking. He says we have seen so far the environment and the relationships of nature as if they serve a purpose (religion, princes). Purpose is not a property of objects, but is thought by us and put into the objects. Until then everything had been mixed with opinion, rhetoric, religion, power, politics, subjective judgments and the enforcement of interests.

And he now finally and strictly separates religion and science. He says, we must beware not to blend science with religion: "If, therefore, the natural sciences bring God in their concepts to make the expediency in nature explicable, and afterwards this expediency in turn needs to prove that there is a God: so this is neither religion nor science".

Arguments and findings must be rational, a judgment must be universally valid. Findings are scientifically and logically secure. A secured judgment has validity for everyone and is an integral part, any discussion or opinions do not matter.

Anthropology: With the question "What is man" Kant argued empirically. In this subject he completely failed and bogged down. He insisted on moral obligations and interpreted the people this way. Much of Kants empirical anthropology is, from today's perspective, untenable and filled by prejudice.

Kant used derogatory statements, especially about other cultures and peoples. But he brought to us many new kinds of thinkings "no one had thought" until then.

7. JOHANN WOLFGANG VON GOETHE

Albert Schweitzer meinte, dass von drei Deutschen die höchsten Kulturleistungen der Menschheit geschaffen wurden:

- Die Übersetzung der Bibel durch Martin Luther (Sprache, Grammatik, Logik – Basis für die weitere Entwicklung der westlichen Welt).
- Die Übersetzung „Der Mittlere Pfad der Tugend – die Reden Godamo Buddhas" durch E. Neumann.
- und – Goethes Faust.

Faust strebt nach dem höchsten Dasein. Im ersten Teil geht es um das Seelen- und Gefühlsleben des Individuums. Es geht im „Faust" um die Verzweiflung eines 50jährigen über sein beschränktes Leben, und dabei ist er noch privilegiert. Er findet keine „schönen allgemeingültigen" Antworten. Da will er nichts mehr tun und niemandem mehr helfen und ist „gekränkt". Er hat ein pubertäres Allmachtsbedürfnis, möchte sowas wie eine „freie Kraft" sein, die „durch die Adern der Natur" fließt und „schaffend" „Götterleben" genießt. Hier zeichnet sich schon Depression und Suizidalität ab. „Wenn ich vom Menschen nichts halte, will ich auch nicht so leben". Er ist vollkommen egozentrisch, kriegt nicht, was er sich in seiner Stube ausdenkt – und schließt deshalb lieber einen „Pakt mit dem Teufel". Ein Krimineller.

Einzigartig in der Weltliteratur der „Prolog im Himmel". Gott der Herr und seine Engel sehen alles verträumt und positiv. Dies wird durch den bodenständigen Mephisto, dem (erst mal recht sympathischen) Teufel in Frage gestellt. Darauf folgend schließen Mephisto und *der Herr* eine Wette ab, Gott der Herr sagt aber voraus, dass Mephisto verlieren werde: *Und steh beschämt, wenn du bekennen musst: | Ein guter Mensch in seinem dunklen Drange | ist sich des rechten Weges wohl bewusst.*

Interessanterweise ist der Teufel zunächst sehr sympathisch und freundlich eloquent. Er lässt sehr wohl erkennen, dass das sog. Böse im Leben eine wichtige und regulierende Rolle spielt. Die Engel und deren äolisch sphärischer Gesang wirkt dagegen sehr weltfremd und schon fast den Menschen verhöhnend. Und so ist der Teufel erst mal ein Mann der Menschen, vor allem wenn er sagt: „....*ein Teil von jener Kraft, die stets das Böse will und stets das Gute schafft*".

7. JOHANN WOLFGANG VON GOETHE

Albert Schweitzer said that three Germans created the highest cultural achievements of mankind:

- The translation of the Bible by Martin Luther (language, grammar, logic – the basis for the further development of the Western world).
- Translation "The speeches of Godamo Buddha" by E. Neumann.
- And – Goethe's Faust.

Faust aspires to the highest echelons of existence. The first part is about life, soul and emotions of the individual. "Faust" is in despair at an age of 50 because of his limited life, in spite he is very privileged. He does not find "beautiful universal" answers. This offends him; he wants nothing more to do and wants to help nobody anymore. He strives for adolescent omnipotence, something like a "free power" that "flows through the vessels of nature" and enjoys "creating" "God's life". He searches for almightiness and omnipotence, on the other hand, depression and suicidality. *"If I do not respect the life of a human, I will not live as well."* He is completely self-centered, does not get what he comes up with in his musty room – and therefore he prefers a *"pact with the devil"*. A criminal, a terrorist.

Unique in world literature is the "Prologue in Heaven". The Lord God and his angels see everything dreamy and positive. This is questioned by the native Mephisto, the (initially quite sympathetic) devil. Subsequently Mephisto and the Lord make a bet. The Lord God predicts that Faust will find the right way and that Mephisto would lose: And stand ashamed when you need to confess: | *A good man in his dark impulse* | *is himself well aware of the right path.*

Interestingly, the devil is initially very personable and in a friendly way eloquent. He can very well realize that the so-called evil in life plays an important regulatory role. In contrast the angels and the aeolian spherical vocals are very quixotic and almost mocking the people. And so the devil is a man of the people, especially when he says: *"... .a part of that force which always wants the bad and always creates the good".*

Faust tut dies mit einer kindlichen Zerstörungswut und einem infantilen Bedürfnis der Triebbefriedigung. Da wollte er zuerst das Neue Testament übersetzen, als „jugendlicher" Idealist nahm er gerade mal die erste Zeile, war damit unzufrieden und meinte diese zu verbessern (er weiß ja wohl alles besser) und wandte sich dann aber wieder von dieser anstrengenden Arbeit ab. (Anmerkung: W. Schmidbauer: Über die Destruktivität von Idealen. Man postuliert ein Ideal, erachtet dies als unerreichbar und nimmt dies dann als Rechtfertigung nichts tun zu müssen). Stattdessen zog er dann aber aus Bequemlichkeit vor mit der Hilfe des Teufels einfach alles zu erreichen; ohne Anstrengungen, nur mit Zauber, Magie und Säftchen alle seine undefinierten Bedürfnisse zu befriedigen. Das hat schon eine triebgesteuerte Komponente eines haltlos Süchtigen. Und dabei zerstört er einfach alles, was sich ihm dabei in den Weg stellt. Dies geht sogar dem Teufel zu weit, er verabscheut diese ungezügelten lust- und triebgesteuerten Forderungen des Faust: *„Du sprichst ja wie Hans Liederlich........"*

Goethe zeigt gleich zu Anfang, dass eine umfängliche umfassende Erkenntnis des Lebens nicht möglich ist. Er lässt Mephisto sagen: *„Glaub unsereinem, dieses Ganze ist nur für einen Gott gemacht!"* Vorerst gilt es, das Leben in allen seinen Details und Variationen zu leben. Erst jenseitige Gnade könne Faust zu „höheren Sphären" führen. Der verworrene kindliche Faust will es aber trotzigerweise gleich und alles. Dabei macht er sich schuldig und richtet großen Schaden an. Hier die Parallele zu Freud, der unreife Mensch ist in seinen infantilen lustbezogenen Bedürfnissen gefangen, dem sog. „ES".

Im zweiten Teil wird Mephisto zum Narren des verarmten Kaisers. Gemeinsam mit Faust macht er diesen reich und mächtig, indem er Bodenschätze hebt und im übertragenen Sinne eine Papiergeldwährung einführt, die alle Steuern direkt dem Kaiser zuführt. Hässlichkeit, Geld und Vergnügungssucht werden dargestellt. Der Kaiser ist dumm, dekadent und will dann auch noch „amüsiert" werden. In Teil 2 wird Faust langsam erwachsen, wird zum erfolgreichen „Unternehmer" und übernimmt Verantwortung für die Gesellschaft.

Viele Szenen im Teil 2 sind versehen mit sehr fein- und tiefsinnigen Zitaten und Querverweisen auf die griechische Antike. Die griechische Antike, vor allem Aristoteles sind ja das große Vorbild und der Urgrund für den neuen Aufbruch der Renaissance, Aufklärung und den Humanismus in Europa. Da hat uns Goethe etwas alleine gelassen, und hat nur noch für zitatfeste „Fachleute", Philosophen und Philologen geschrieben.

Faust acts with a destructiveness of a child and an infantile need for gratification. He wanted to be the first to translate the New Testament; as a "juvenile" idealist, he took just the first line, was dissatisfied and wants this to improve (he knew everything better) and then quickly turned off from this exhausting work. (Note: W. Schmidbauer: "About the destructiveness of ideals" – postulating an ideal, this is considered unreachable and then takes it as an excuse to have to do nothing). Instead, however, Faust preferred convenience with the help of the devil to achieve everything without efforts.

With divination, magic and freshly squeezed juices he wants to fulfil all his undefined egoistic needs. And he destroys just about everything that stands in his way. This goes even too far for the devil, he detests this unbridled pleasure and instinct-driven demands of Faust: *"You speak just like Hans Liederlich... .."*

At the outset Goethe shows that a comprehensive extensive knowledge of life is not possible. He makes Mephisto say: *"Believe me, this whole thing is made only for a God!"* The best way ist to live life in all its details and variations. Only otherworldly grace will bring humans to "higher spheres". The confused childlike Faust wants everything and at once. This way he destroys, hurts and becomes guilty. Here: the parallels with Freud, the immature man is trapped in his infantile pleasure-related needs, the so-called. "ES".

In the second part Mephisto becames the lackey of an impoverished emperor. Together with Faust he makes this king rich and powerful by raising mineral resources and introducing a Paper Currency, which directly supplies all the taxes to the emperor. Ugliness, money and hedonism are presented. The Emperor is foolish, decadent and will then also be "amused". In Part 2 Faust is slowly growing up, becomes a successful "entrepreneur" and assumes responsibility for society.

Many scenes in part 2 are provided with very fine and profound quotations and cross-references to ancient Greece. The ancient Greeks, especially Aristotle are indeed the real thing and the very basis for the new beginning of the Renaissance, the Enlightenment and humanism in Europe. Goethe left us alone, and wrote only for firm quote "experts", philosophers and philologists.

Ein Gegenkaiser droht die Macht zu übernehmen. Mephisto und Faust können den Kriegsverlauf wenden. Faust wird reichlich belohnt mit Land und politischen Aufgaben. Nun wird er seine selbstbezogene Lebensweise aufgeben und gesellschaftlich Verantwortung übernehmen. Ein Bischof will das verhindern, weil er ahnt, dass hier etwas nicht mit rechten Dingen zuging – er schafft dies aber nicht.

190

Mittlerweile hundert Jahre alt und blind, hält Faust die lärmenden Lemuren, die ihm das Grab schaufeln, für seine Arbeiter, die einen Deich errichten sollen, mit dem er dem Meer Land für Besitzlose abgewinnen will: *„Eröffne ich Räume für viele Millionen Menschen, nicht sicher zwar, doch tätig frei zu wohnen. Solch ein Gewimmel möcht' ich sehn, Auf freiem Grund mit freiem Volke stehn."* Im Streben nach dem „höchsten Dasein" hat Faust seine infantile Selbstbezogenheit überwunden. Er will nun seine Fähigkeiten für das Wohl der Bedürftigen einsetzen, von denen viele Millionen existieren. Mit dieser späten Sinnfindung kann Faust sich endlich akzeptieren und sicher sein, durch eine solche Großtat der Nachwelt im Gedächtnis zu bleiben. Glücklich bekennt er: *„Zum Augenblicke dürft' ich sagen: Verweile doch, du bist so schön! Es kann die Spur von meinen Erdentagen nicht in Äonen untergehen. Im Vorgefühl von solchem hohen Glück genieß' ich jetzt den höchsten Augenblick".*

Mit dem Ausspruch der alten Schwurformel *„Zum Augenblicke dürft' ich sagen: Verweile doch, du bist so schön!"* verliert Gott die Wette nicht, da der Konjunktiv (Irrealis) „dürft'" andeutet, dass Faust dies gerne sagen würde, es jedoch nicht tut. Seinem Tod aber entgeht er nicht. Drei Engel verkünden am Schluss von Faust II das Urteil über Faust: *„Wer immer strebend sich bemüht, den können wir erlösen".* Implizit enthält der Spruch auch die Begründung für Fausts Errettung: Weil er sich strebend bemüht habe, könne er erlöst werden.

Faust im Teil 2 kann man als einen dynamisch voranschreitenden Unternehmer interpretieren, der die Welt transformiert, die Natur unterwirft, neue Kriegstechniken entwirft, und nachdem er dem Kaiser durch die Erfindung neuer Kriegstechniken zum Sieg verholfen hat, ein Land geschenkt bekommt, das er dem Meere noch abgewinnen soll. Das ist die Vision, ein freies Volk auf freiem Grund. Deshalb hat Honecker Faust zum ersten Sozialisten ernannt.

Another emperor threatens to take the power. Mephisto and Faust can turn the course of war. Faust is amply rewarded with land and political tasks. Now he gives up his self-centered way of life and takes responsibility for society. A bishop suspects that something is not quite right with Faust and his partner, he tries to prevent their career and influence.

Meanwhile Faust is hundreds of years old and blind. He maintains the noisy Lemurs paddling him the grave for his workers. He thinks they are building a dike, with which he wants the sea to reclaim land for the land-less: *"I create spaces for many millions of people, not always safe, but people can live freely. Such a throng I like to see, standing on free ground with free people"*. In the pursuit of the "highest existence" Faust has overcome his infantile self-centeredness. He wants to use his skills for the benefit of those in need, of whom there are many millions. Very late he finds the meaning for his life. Now he can accept himself. Now he feels comfortable. With such great deeds he will be remembered by posterity. He happily confesses: *"For the moments I might say: stay, you're so beautiful! My days on earth will not go down in the eons. In anticipation of such high happiness I enjoy now the supreme moment "*.

By saying the old oath with a subjunctive "….might I say…" God does not lose the bet, because the subjunctive (Irrealis) is indicating that Faust would like to say this, however, he does not. However, he does not escape his death. Three angels announce the judgment on Faust: *"Who is always striving and working, we can rescue."* This contains the rationale for Faust's salvation: Because he was always trying hard and endeavours for the people he could be saved.

Faust in Part 2 can be interpreted as a dynamically progressing entrepreneur who transforms the world, subordinates nature and develops new techniques of war. After having helped the Emperor to victory by the invention of new techniques he gets paid with a country that he must reclaim from the sea. That is his vision – free people on free ground. Therefore, Honecker appointed that Faust was the first socialist.

Und dieser Faust ist am Ende ein Blinder. Nach Goethe war er in seinem ganzen Leben blind; nichts von einem Übermenschen, Goethe nennt ihn Unmensch. Und die Wurzel seines Unmenschentums nennt er Blindheit. Die berühmte Szene in Faust I, in der er zu dem Neuen Testament greift, worin das Licht der Wahrheit brennt, liest Faust: *„Am Anfang war das Wort. Aber dann: Ich kann das Wort unmöglich so hoch schätzen, ich muss es anders übersetzen"*. Und am Ende übersetzt er: Am Anfang war die Tat. Das ist der Kern der Probleme, mit denen wir es zu tun haben. Die Verneinung und Absage an die Vernunft. Nicht erkennen wollen, dass das Wort, das Nachdenken, die Sprache, vernünftige Planung an erster Stelle sind.

Am Ende wird er trotzdem erlöst, weil er sich – trotz all seiner schlimmen Schuld – für den Erwerb von Wissen und die gesellschaftliche Verantwortung eingesetzt hat.

Insgesamt entzieht sich der Faust bei aller Sprachgewalt einer umfassenden Interpretation. Manche sehen auch, dass Goethe mit Mephisto und Faust die schlimmen Folgen der Industrialisierung erkannte und die vielen Katastrophen aus dieser unheiligen Verbindung darstellen wollte, also die schwerwiegenden Folgen eines blinden wirtschaftlichen Aktionismus. Im Positiven, dass sich ein Mensch zunächst in seinen infantilen Lustbefriedigungen verlor und dann aber in der Übernahme von verbindlicher gesellschaftlicher Verantwortung zu einer richtigen Lebensführung gelangte. Hier ist Goethe nahe bei Freud. Zuerst befangen im ES mit animalischen kleinkindlichen Lustbedürfnissen; dann formt sich an den Aufgaben (Über-Ich) sein Ich. So, dass er zuletzt auch wieder Gnade vor Gott bekam.

Der große Bogen, vom triebhaft infantil geltungsbedürftigen lustgesteuerten Individuum zum verantwortungsbewussten Menschen – dies ist wahrscheinlich der übergeordnete Sinn. Am wichtigsten dürften allerdings die sehr vielen feinsinnigen Details sein. Goethe hatte einen aktiven Wortschatz von etwa 30.000 Wörtern. Das ist und war einzigartig. Schiller drängte Goethe immer wieder den Faust zu vollenden. Schiller betonte, dass er der einzige Mensch sei der jemals diese komplexe Materie (Faust – Antike – Aufklärung – Menschsein – moderne Welt) beschreiben konnte. Ein Hochgebildeter hat maximal 10.000 Begriffe im aktiven Wortschatz, das durchschnittliche Bildungsbürgertum um 3.000 Wörter. Eine US-amerikanische Studie kam beim Bildungsbürgertum in den USA auf 1.000 Wörter und bei den Menschen in den Straßen von New York auf circa 300 verfügbare Wörter (kein Tippfehler – dreihundert).

And at the end this Faust is a blind man. According to Goethe he was blind in his whole life; nothing of a superman, Goethe calls him a monster. The famous scene in Faust, in which he accesses the New Testament, where the light of truth is burning, Faust reads: *"In the beginning was the word. But then: I can never appreciate the word so high, I have to translate it differently"*. And at the end he translated: In the beginning was the deed. This is the core of the problems with which we are dealing. The denial and rejection of reason. Faust does not realize that words, thinking, language and rational planning have the first place.

At the end he is still redeemed, despite all his bad debt. His social responsibility and fight for knowledge and insight is recognized.

In total, Faust withdraws himself of an all conclusive interpretation. Some argue Goethe recognized the dire consequences of industrialization and the many disasters did figure out this unholy union of mankind and technic, the serious consequences of blind economic activism. On the positive side there is a man who was initially lost in his infantile attitude. And then he took over social responsibility and achieved a responsible lifestyle. Here Goethe is close to Freud. First caught in the so-called "ES" with animalistic childlike needs for pleasure; then formed on the duties (so-called "SUPEREGO") his "EGO". Finally he was reliable and responsible. He got grace before God.

The way from the infantile egoistical lust-driven individual to a responsible human being – this is probably the overriding sense. Most importantly, however, there are many subtle details. Goethe had an active vocabulary of about 30,000 words. This is and was unique. Schiller urged Goethe repeatedly to accomplish the Faust. Schiller said that he was the only person ever to describe this complex issue (Faust – Antique – education – humanity – modern world) as a poet. A highly educated person has more than 10,000 items in his active vocabulary, the average educated bourgeoisie about 3,000 words. A US study found the educated middle class in the US has 1,000 active words in the active vocabulary and with the people in the streets of New York to approximately 300 words available.

193

194

Sprache und logische Grammatik sind die wichtigsten Instrumente für Entwicklung, Planung, Strategien und Wissenschaft. Goethes Faust ist übervoll von wunderbaren bestformulierten Erkenntnissen menschlichen Lebens. Es ging Goethe nicht um „die eine Antwort". Er sagt ja: *„wir wissen, dass wir nichts wissen können."* Und auch: *„am Ende bleibt man doch immer derselbe".*

Er sagt was anderes, auch in seinen vielen anderen Werken. Der Mensch muss sich bilden und entwickeln; er braucht ein sehr breites Spektrum an Reaktionsmöglichkeiten auf eine sehr vielfältige und vieldimensionale Welt. Man kann es mit einem Musiker vergleichen; der muss auch alle Tonarten und Modalitäten, Appreggios und Kadenzen, Läufe und Modalitäten, Rhythmen und Variationen kennen und idealerweise jederzeit abrufbereit haben. Auch wir müssen uns (und für unsere Kinder) ein sehr weit gefächertes Reaktionsmuster auf die vielfältigen Facetten des Lebens erarbeiten, um bestehen zu können. Und so ist auch das Leben: *„ein rechter Mann (Mensch), der den Moment erfasst".*

EINIGE FAUSTZITATE:

Gleich einer alten, halbverklungnen Sage
kommt erste Lieb und Freundschaft mit herauf;
Der Schmerz wird neu, es wiederholt die Klage
des Lebens labyrinthisch irren Lauf,
Und nennt die Guten, die, um schöne Stunden
vom Glück getäuscht, vor mir hinweggeschwunden.

Wer sich behaglich mitzuteilen weiß,
den wird des Volkes Laune nicht erbittern;
er wünscht sich einen großen Kreis,
um ihn gewisser zu erschüttern.
Drum seid nur brav und zeigt euch musterhaft,
laßt Phantasie, mit allen ihren Chören,
Vernunft, Verstand, Empfindung, Leidenschaft,
doch, merkt euch wohl! nicht ohne Narrheit hören.

Language and logical grammar are the main tools for development, planning, strategy and science. Goethe's Faust is full of wonderful insights in daily human life. Goethe does not propagate "the one and only answer for the meaning of life". There must be an array of tools to handle minute-to-minute daily life. He says: "we know that we can know nothing." And also: "in the end you still remain the same."

195

In his many other works he says that man must form and develop. He needs a very wide range of possible responses to a very diverse and multi-dimensional world. One can compare it to a musician; the need to know all keys and modalities, appreggios and cadences, cycles and modalities, rhythms and variations, and ideally disposable any time on call. Also, we must (and for our children) develop a very wide-ranging response pattern on the many facets of life, in order to survive. And so is life: *a real man who detects the moment*.

SOME QUOTES FROM GOETHE'S FAUST:

Translated by George Madison Priest
(http://www.levity.com/alchemy/faust02.html)
A modern translation by A.S. Kline

So braucht sie denn, die schönen Kräfte
und treibt die dichtrischen Geschäfte
wie man ein Liebesabenteuer treibt.
Zufällig naht man sich, man fühlt, man bleibt
Und nach und nach wird man verflochten;
es wächst das Glück, dann wird es angefochten.
Man ist entzückt, nun kommt der Schmerz heran,
und eh man sich's versieht, ist's eben ein Roman.
Laßt uns auch so ein Schauspiel geben!
Greift nur hinein ins volle Menschenleben!
Ein jeder lebt's, nicht vielen ist's bekannt,
und wo ihr's packt, da ist's interessant.
In bunten Bildern wenig Klarheit,
viel Irrtum und ein Fünkchen Wahrheit,
so wird der beste Trank gebraut,
der alle Welt erquickt und auferbaut.

Und steh beschämt, wenn du bekennen musst:
ein guter Mensch in seinem dunklen Drange
ist sich des rechten Weges wohl bewusst.

Von Sonn' und Welten weiß ich nichts zu sagen,
ich sehe nur, wie sich die Menschen plagen.
Der kleine Gott der Welt bleibt stets von gleichem Schlag,
und ist so wunderlich als wie am ersten Tag.
Ein wenig besser würd er leben,
hättst du ihm nicht den Schein des Himmelslichts gegeben;
er nennt's Vernunft und braucht's allein,
nur tierischer als jedes Tier zu sein.

Von allen Geistern, die verneinen,
ist mir der Schalk am wenigsten zur Last.
Des Menschen Tätigkeit kann allzu leicht erschlaffen,
er liebt sich bald die unbedingte Ruh;
drum geb ich gern ihm den Gesellen zu,
der reizt und wirkt und muß als Teufel schaffen.

Habe nun, ach! Philosophie,
Juristerei und Medizin,
und leider auch Theologie
durchaus studiert, mit heißem Bemühn.
Da steh ich nun, ich armer Tor!
und bin so klug als wie zuvor;

FAUST: Der du die weite Welt umschweifst, geschäftiger Geist, wie nah fühl ich mich dir!

GEIST: Du gleichst dem Geist, den du begreifst, nicht mir!

Wie nur dem Kopf nicht alle Hoffnung schwindet,
der immerfort an schalem Zeuge klebt,
mit gier'ger Hand nach Schätzen gräbt,
und froh ist, wenn er Regenwürmer findet!

FAUST:
O glücklich, wer noch hoffen kann,
aus diesem Meer des Irrtums aufzutauchen!
Was man nicht weiß, das eben brauchte man,
und was man weiß, kann man nicht brauchen.
....

WAGNER:
Ich hatte selbst oft grillenhafte Stunden,
doch solchen Trieb hab ich noch nie empfunden.

Geschrieben steht: „Im Anfang war das Wort!"
Hier stock ich schon! Wer hilft mir weiter fort?
Ich kann das Wort so hoch unmöglich schätzen,
ich muß es anders übersetzen,
wenn ich vom Geiste recht erleuchtet bin.
Geschrieben steht: Im Anfang war der Sinn.
Bedenke wohl die erste Zeile,
daß deine Feder sich nicht übereile!
Ist es der Sinn, der alles wirkt und schafft?
Es sollte stehn: Im Anfang war die Kraft!
Doch, auch indem ich dieses niederschreibe,
schon warnt mich was, daß ich dabei nicht bleibe.
Mir hilft der Geist! Auf einmal seh ich Rat
und schreibe getrost: Im Anfang war die Tat!

MEPHISTOPHELES: Ein Teil von jener Kraft, die stets das Böse will und stets das Gute schafft.

FAUST: Was ist mit diesem Rätselwort gemeint?

MEPHISTOPHELES:
Ich bin der Geist, der stets verneint!
und das mit Recht; denn alles, was entsteht,
ist wert, daß es zugrunde geht;
drum besser wär's, daß nichts entstünde.
So ist denn alles, was ihr Sünde,
Zerstörung, kurz, das Böse nennt,
mein eigentliches Element.

FAUST: der Tod erwünscht, das Leben mir verhaßt.

MEPHISTOPHELES: Und doch ist nie der Tod ein ganz willkommner Gast.

MEPHISTOPHELES:
O glaube mir, der manche tausend Jahre
an dieser harten Speise kaut,
daß von der Wiege bis zur Bahre
kein Mensch den alten Sauerteig verdaut!
Glaub unsereinem, dieses Ganze
ist nur für einen Gott gemacht!
Er findet sich in einem ew'gen Glanze,
uns hat er in die Finsternis gebracht,
und euch taugt einzig Tag und Nacht.

MEPHISTOPHELES:
Du bist am Ende- was du bist.
Setz dir Perücken auf von Millionen Locken,
setz deinen Fuß auf ellenhohe Socken,
du bleibst doch immer, was du bist.

FAUST: Ist über vierzehn Jahr doch alt.

MEPHISTOPHELES:
Du sprichst ja wie Hans Liederlich,
der begehrt jede liebe Blum für sich,
und dünkelt ihm, es wär kein Ehr
und Gunst, die nicht zu pflücken wär;
geht aber doch nicht immer an.

MARGARETE:
Wenn man's so hört, möcht's leidlich scheinen,
steht aber doch immer schief darum;
denn du hast kein Christentum.

MARGARETE:
Meine Mutter hab ich umgebracht,
mein Kind hab ich ertränkt.
War es nicht dir und mir geschenkt?
Dir auch.- Du bist's! ich glaub es kaum.
Gib deine Hand! Es ist kein Traum!

MARGARETE:
Was steigt aus dem Boden herauf?
Der! der! Schick ihn fort!
Was will der an dem heiligen Ort?
Er will mich!

FAUST: Du sollst leben!

MARGARETE: Gericht Gottes! dir hab ich mich übergeben!

MEPHISTOPHELES zu Faust: Komm! komm! Ich lasse dich mit ihr im Stich.

MARGARETE:
Dein bin ich, Vater! Rette mich!
Ihr Engel! Ihr heiligen Scharen,
Lagert euch umher, mich zu bewahren!
Heinrich! Mir graut's vor dir.

MEPHISTOPHELES: Sie ist gerichtet!

STIMME von oben: Ist gerettet!

8. FRIEDRICH SCHILLER

204

Friedrich Schiller ist für die unschätzbar hohen Ideale und Werte der westlichen Welt der entscheidende Protagonist. Er hat, wie kein anderer, beeindruckend deutlich erkannt und formuliert, wohin sich der aufgeklärte Mensch entwickeln muss. Heute haben wir das alles so „internalisiert" und übernommen. Man muss sich vergegenwärtigen – er war der erste, der dies so deutlich und eindeutig sagte. Er forderte die Freiheit und die Freiheit der Gedanken und Meinungen. Er hat die Gedanken der französischen Revolution verstanden und artikuliert.

Schiller führte Europa vom kleinstaatlichen absolutistischen Zeitalter in das zunehmende bürgerliche Selbstbewusstsein. Sein überzogener Pathos und Empfindsamkeit waren notwendig, um die unsäglichen Mißstände bedingt durch den grausamen Adel und Klerus eindeutig aufzuzeigen.

Aristokratischer und kirchlicher Herrschsucht stellt er das Individuum und die Menschlichkeit gegenüber.

Eine ästhetische Erziehung des Menschen und die Verbindung von Verstand und Gefühl sollen den gewaltfreien Übergang zu einem vernünftigen Staat bahnen. Er brachte seiner deutschsprachigen Leserschaft auch die Vernunft-, Humanitäts- und Freiheitsideale des 18. Jahrhunderts näher. Er sieht im „Bau einer wahren politischen Freiheit" das „vollkommenste aller Kunstwerke". Kein Wunder, dass ihm Adel, reiches Großbürgertum und Klerus misstrauten und keiner ihm eine dotierte Position angeboten hatte.

Was sich Schiller von Literatur und Bühne erwartete, sind Ideale, die zeitlos sind: eine Schärfung der Urteilskraft, einen sichereren Sinn für das Gerechte, Mitgefühl für andere Menschen, Erkenntnis der Geschichte, anderer Völker und Sitten, Erziehung zu mehr Toleranz in jeder Hinsicht. Was kann eine Schaubühne bewirken?, so lautete das Thema der Vorlesung, die Schiller vor der kurfürstlichen deutschen Gesellschaft hielt. Dieser Vortrag fand damals kein Gehör, das „Establishment" wollte davon nichts hören und nichts wissen. Dieser Vortrag beschreibt, wie Schiller dachte; er selbst formulierte im Stile seiner Zeit sehr schwer verständlich, nachfolgend in besser verständlichem einfachen Deutsch:

8. FRIEDRICH SCHILLER

Friedrich Schiller is the crucial protagonist for the invaluable high ideals and values of the Western world. He has recognized impressively and has clearly formulated how the enlightened citizen has to develop. Today we have this adopted and "internalized". We must remember – he was the first who said it so unambiguously. He called for freedom and the freedom of thought and opinions. He understood and articulated the ideas of the French revolution.

Schiller led Europe into a new age. He left the small state absolutist era and proclaimed civic confidence. His pathos and sentimentality were necessary to clearly show the unspeakable abuses by the cruel nobility and clergy. Schiller juxtaposes individual humanity towards aristocratic and ecclesiastical ambition.

An aesthetic education of mankind, and the connection between reason and emotion, should pave the nonviolent transition to a rational state. He brought to his German readers in detail the ideals of humanity of the 18th century. In "building a true political freedom" he sees the "most perfect of all works of art". No wonder that he distrusted aristocratic, rich upper classes and clergy. And as a consequence – nobody offered him a doped position.

What Schiller expected from literature and theater are ideals that are timeless. A sharpening of judgement, a more secure sense of the righteous, compassion for others, knowledge of history, other peoples and customs, education for tolerance in all respects. What can the theater effect ?, was the theme of the lecture that held Schiller in front of the Electoral German society. This presentation then fell on deaf ears. The "establishment" would not hear of it. This paper describes the thoughts of Schiller. He formulated in the style of his time.

1. Theater und Literatur:

  Diskrepanz zwischen geringem Ansehen und bedeutsamen Potenzial.

……. man verurteilt den jungen Mann, der, gedrungen von innerer Kraft, aus dem engen Kerker einer Brotwissenschaft heraustritt und dem Rufe des Gottes folgt, der in ihm ist! – Ist das die Rache der kleinen Geister an dem Genie! Rechnen sie vielleicht ihre Arbeit darum so hoch an, weil sie ihnen so sauer wurde! – Trockenheit, Ameisenfleiß und gelehrte Taglöhnerei werden unter den ehrwürdigen Namen Gründlichkeit, Ernst und Tiefsinn geschätzt, bezahlt und bewundert. Nichts ist bekannter und nichts gereicht zugleich der gesunden Vernunft mehr zur Schande als der unversöhnliche Hass, die stolze Verachtung, womit Fakultäten auf freie Künste heruntersehen – und diese Verhältnisse werden forterben, bis sich Gelehrsamkeit und Geschmack, Wahrheit und Schönheit, als zwei versöhnte Geschwister umarmen.

2. Theater und Literatur haben eine öffentliche Bedeutsamkeit
  ersten Ranges:

‚Was wirkt Bühne und Literatur?‘ – Die höchste und letzte Forderung, welche der Gesetzgeber einer öffentlichen Anstalt machen kann, ist Beförderung allgemeiner Glückseligkeit. Die Notwendigkeiten des physischen Lebens werden immer sein erstes Augenmerk sein. Was die Menschheit innerhalb ihres Wesens veredelt, sein höchstes Augenmerk. Bedürfnis des täglichen Lebens sind drängender – Bedürfnisse des Geistes vorzüglicher. Wer beweisen kann, dass Theater und Literatur als sehr wichtige Menschen- und Volksbildung wirken, hat ihren hohen Rang im Staats belegt.

3. Vorrang des Dramas vor Lyrik und Epos

„……." diese Ausführungen Schillers scheinen eher unwichtig.

4. Kunst – die harmonische Vereinigung von Sinnlichkeit und Verstand

Ein Hang nach dem Neuen und Außerordentlichen, ein Verlangen, sich in einem leidenschaftlichen Zustande zu fühlen, hat Theater und Literatur hervorgebracht. Erschöpft von den einförmigen Geschäften des Berufs musste der Mensch eine Leerheit in seinem Wesen fühlen, die dem ewigen Trieb nach Tätigkeit zuwider war. Diesen Nutzen leistet überhaupt nur die Kunst oder das Gefühl für das Schöne. Ein weiser Gesetzgeber ist sich der Bedeutung der Kunst bewusst und nutzt diese als Werkzeuge für Unterhaltung, aber auch Bildung.

https://sites.google.com/site/germanliterature/18th-century/schiller/
the-theatre-considered-as-a-moral-insitution

http://www.schillerinstitute.org/transl/schil_theatremoral.html

https://en.wikipedia.org/wiki/The_Theatre_considered_as_a_Moral_
Institution

1. Theater and literature – the discrepancy between low reputation
   and high potential.

2. Theater und literature are of main public importance.

3. He argues that the drama is more important than lyrics.

4. Arts – the harmonious unification of sensibility
   and understanding

5. Theater – literature – religion

6. Art, theater und literature complement justice.

7. The theater puts more moral effects than the law.

8. What can pass the laws could be punished by the stage.

9. Theater gives self-knowledge and exempts from stupidity,
   the reasons for many crimes.

10. Theater shows the "evil" in the world and the adversities of fate.

11. Art, literature and theater strengthen us for our own lives
    and destinies.

12. The stage gives us compassion, and makes us righteously towards
    the oppressed creature.

13. Teater, art and literature serve the Enlightenment.

5. Theater – Literatur – Religion

Eines Staats festeste Säule sei die Religion, und dass ohne sie die Gesetze selbst ihre Kraft verlieren, dies begründet den hohen Wert von Literatur und Theater. Eben diese Unzulänglichkeit, diese schwankende Eigenschaft der politischen Gesetze, bestimmt den ganzen Einfluss von Religion, Literatur und Theater. Gesetze drehen sich nur um verneinende Pflichten, lösen den ethischen Zusammenhang der Gesellschaft auf, die Gerichtsbarkeit ist ungerecht vordergründig und Gesetze sind wandelbar.

Religion, Literatur und Theater dehnen ihre Forderungen auf wirkliches Handeln aus, sie setzen ihre Gerichtsbarkeit bis in die verborgensten Winkel des Herzens fort und verfolgen den Gedanken bis an die innerste Quelle und bewirken im Ganzen die ethische Bildung des Volks.

Welche Verstärkung für Religion und Gesetze, wenn sie mit Theater, Kunst und Literatur in Bund treten, wo Anschauung und lebendige Gegenwart ist, wo Laster und Tugend, Glückseligkeit und Elend, Torheit und Weisheit in tausend Gemälden fasslich und wahr an dem Menschen vorübergehen, wo die Vorsehung ihre Rätsel auflöst, ihren Knoten vor seinen Augen entwickelt, wo das menschliche Herz auf den Foltern der Leidenschaft seine leisesten Regungen beichtet, alle Larven fallen, alle Schminke verfliegt und die Wahrheit unbestechlich Gericht hält.

6. Kunst, Theater und Literatur ergänzen die Justiz

Die Gerichtsbarkeit des Theaters und der Literatur fängt an, wo weltliche Gesetze enden. Wenn Geld blind macht, wenn Wohlleben und Laster schwelgen, wenn die Frevel der Mächtigen ungesühnt bleiben, wenn sich Menschen vor der Obrigkeit fürchten, dann übernimmt die Schaubühne Schwert und Waage und reißt die Laster vor einen schrecklichen Richterstuhl. Das ganze Reich der Phantasie und Geschichte, Vergangenheit und Zukunft stehen ihrem Wink zu Gebot. Kühne Verbrecher, die längst schon im Staub vermodern, werden durch den allmächtigen Ruf der Dichtkunst jetzt vorgeladen und wiederholen zum schauervollen Unterricht der Nachwelt ein schändliches Leben. Ohnmächtig, gleich den Schatten in einem Hohlspiegel, wandeln die Schrecken ihres Jahrhunderts vor unsern Augen vorbei, und mit wollüstigem Entsetzen verfluchen wir ihr Gedächtnis. Wenn keine Religion mehr Glauben findet, und da, wo kein Gesetz mehr greift, wird uns Literatur und Theater immer noch mit heilsamen Schauer ins Gewissen reden.

14. The stage is a school of tolerance and equality.

15. The theater is the spirit of the nation – as once in Greece

16. The stage creates the beautiful harmony of the soul, united people in the feeling of being one mankind.

7. Die Schaubühne übt mehr moralische Wirkung aus als das Gesetz

„Es ist nicht Übertreibung, wenn man behauptet, daß diese auf der Schaubühne aufgestellten Gemälde mit der Moral des gemeinen Manns endlich in eins zusammenfließen, und in einzelnen Fällen seine Empfindung bestimmen. Ich selbst bin mehr als einmal ein Zeuge gewesen, als man seinen ganzen Abscheu vor schlechten Taten in dem Scheltwort zusammenhäufte: Der Mensch ist ein Franz Moor. Diese Eindrücke sind unauslöschlich, und bei der leisesten Berührung steht das ganze abschröckende Kunstgemälde im Herzen des Menschen wie aus dem Grabe auf. So gewiss sichtbare Darstellung mächtiger wirkt als toter Buchstabe und kalte Erzählung, so gewiss wirkt die Schaubühne tiefer und dauernder als Moral und Gesetze."

8. Die Schaubühne straft, was Gesetze durchgehen lassen

„Aber hier unterstützt sie die weltliche Gerechtigkeit nur – ihr ist noch ein weiteres Feld geöffnet. Tausend Laster, die jene ungestraft duldet, straft sie; tausend Tugenden, wovon jene schweigt, werden von der Bühne empfohlen. Hier begleitet sie die Weisheit und die Religion. Aus dieser reinen Quelle schöpft sie ihre Lehren und Muster und kleidet die strenge Pflicht in ein reizendes, lockendes Gewand. Mit welch herrlichen Empfindungen, Entschlüssen, Leidenschaften schwellt sie unsere Seele, welche göttliche Ideale stellt sie uns zur Nacheiferung aus! – ... Wenn Franz von Sickingen. auf dem Wege, einen Fürsten zu züchtigen und für fremde Rechte zu kämpfen, unversehens hinter sich schaut und den Rauch aufsteigen sieht von seiner Veste, wo Weib und Kind hilflos zurückblieben und er – weiterzieht. Wort zu halten – wie groß wird mir da der Mensch, wie klein und verächtlich das gefürchtete unüberwindliche Schicksal! Ebenso hässlich, als liebenswürdig die Tugend, malen sich die Laster in ihrem furchtbaren Spiegel ab. ... "

9. Theater verschafft Selbsterkenntnis und befreit von Dummheit, dem Grund vieler Verbrechen

Das Glück der Gesellschaft wird ebenso durch Torheit als durch Verbrechen gestört. Mein Verzeichnis von Bösewichtern wird mit jedem Tage, den ich älter werde, kürzer, und mein Register von Toren vollzähliger und länger. Ich kenne nur ein Geheimnis, den Menschen vor Verschlimmerung zu bewahren, und dieses ist – sein Herz gegen Schwächen zu schützen. Einen großen Teil dieser Wirkung können wir von der Schaubühne erwarten. Sie ist es, die der großen Klasse von Toren den Spiegel vorhält und die tausendfachen Formen derselben mit heilsamem Spott beschämt. Was sie oben durch Rührung und Schrecken wirkte, leistet sie hier (schneller

212

vielleicht und unfehlbarer) durch Scherz und Satire. Spott und Verachtung verwunden den Stolz des Menschen empfindlicher, als Verabscheuung sein Gewissen foltert. Die Schaubühne allein kann unsre Schwächen belachen, weil sie unsrer Empfindlichkeit schont. Ohne rot zu werden sehen wir unsre Larve aus ihrem Spiegel fallen und danken insgeheim für die sanfte Ermahnung.

10. Theater zeigt das „Böse" in der Welt und die Widrigkeiten des Schicksals

Die Schaubühne ist mehr als jede andere öffentliche Anstalt des Staats eine Schule der praktischen Weisheit, ein Wegweiser durch das bürgerliche Leben, ein unfehlbarer Schlüssel zu den geheimsten Zugängen der menschlichen Seele. Sie macht mit den Lastern bekannt – mit diesen Lasterhaften, diesen Toren müssen wir leben. Wir müssen ihnen ausweichen oder begegnen; wir müssen sie untergraben oder ihnen unterliegen. Jetzt aber überraschen sie uns nicht mehr. Wir sind auf ihre Anschläge vorbereitet. Die Schaubühne hat uns das Geheimnis verraten, sie ausfindig und unschädlich zu machen. Sie zog dem Heuchler die künstliche Maske ab und entdeckte das Netz, womit uns List und Kabale umstrickten. Betrug und Falschheit riss sie aus krummen Labyrinthen hervor und zeigte ihr schreckliches Angesicht dem Tag. Die arglose Unschuld kennt jetzt die Schlingen des Bösen, die Bühne lehrt uns Täuschungen zu erkennen.

11. Kunst, Literatur und Theater stärken uns für das eigene Leben (Schicksal)

Im Gewebe unsers Lebens spielen Zufall und Plan eine gleich große Rolle; den letzten lenken wir, dem erstem müssen wir uns blind unterwerfen. Gewinn genug, wenn unausbleibliche Verhängnisse uns nicht ganz ohne Fassung finden, wenn unser Mut, unsre Klugheit sich einst schon in ähnlichen übten und unser Herz zu dem Schlag sich gehärtet hat. Die Schaubühne führt uns eine mannigfaltige Szene menschlicher Leiden vor. Sie zieht uns künstlich in fremde Bedrängnisse und belohnt uns das augenblickliche Leiden mit wollüstigen Tränen und einem herrlichen Zuwachs an Mut und Erfahrung.

12. Die Schaubühne gibt uns Mitgefühl, macht uns gerechter gegen die geschundene Kreatur

„Aber nicht genug, daß uns die Bühne mit Schicksalen der Menschheit bekannt macht, sie lehrt uns auch gerechter gegen den Unglücklichen sein und nachsichtsvoller über ihn richten. Dann nur, wenn wir die Tiefe seiner Bedrängnisse ausmessen, dürfen wir das Urteil über ihn aussprechen. ... Selbstmord wird allgemein als Frevel verabscheut; wenn aber, bestürmt von den Drohungen eines wütenden Vaters, bestürmt von Liebe, von der Vorstellung schrecklicher Klostermauern, Marianne das Gift trinkt, wer von uns will der erste sein, der über dem beweinenswürdigen Schlachtopfer einer verruchten Maxime den Stab bricht? – Menschlichkeit und Duldung fangen an, der herrschende Geist unsrer Zeit zu werden; ihre Strahlen sind bis in die Gerichtssäle und noch weiter – in das Herz unsrer Fürsten gedrungen. Wieviel Anteil an diesem göttlichen Werk gehört unsern Bühnen? Sind sie es nicht, die den Menschen mit dem Menschen bekannt machten und das geheime Räderwerk aufdeckten, nach welchem er handelt?... Hier nur hören die Großen der Welt, was sie nie oder selten hören – Wahrheit; was sie nie oder selten sehen, sehen sie hier – den Menschen. So groß und vielfach ist das Verdienst der bessern Bühne um die sittliche Bildung; kein geringeres gebührt ihr um die ganze Aufklärung des Verstandes. Eben hier in dieser höhern Sphäre weiß der große Kopf, der feurige Patriot sie erst ganz zu gebrauchen."

13. Theater, Kunst und Literatur dienen der Aufklärung

„Die Schaubühne ist der gemeinschaftliche Kanal, in welchen von dem denkenden bessern Teile des Volks das Licht der Weisheit herunterströmt und von da aus in milderen Strahlen durch den ganzen Staat sich verbreitet. Richtigere Begriffe, geläuterte Grundsätze, reinere Gefühle fließen von hier durch alle Adern des Volks; der Nebel der Barbarei, des finstern Aberglaubens verschwindet, die Nacht weicht dem siegenden Licht."

14. Die Schaubühne als Schule der Toleranz und der Gleichberechtigung des Differenten

„Noch ehe uns Nathan der Jude und Saladin der Sarazene beschämten und die göttliche Lehre uns predigten, daß Ergebenheit in Gott von unserm Wähnen über Gott so gar nicht abhängig sei ... pflanzte die Schaubühne Menschlichkeit und die Sanftmut in unser Herz, die abscheulichen Gemälde heidnischer Pfaffenwut lehrten uns Religionshaß vermeiden – in diesem schrecklichen Spiegel wusch das Christentum seine Flecken ab. Mit

ebenso glücklichem Erfolge würden sich von der Schaubühne Irrtümer der Erziehung bekämpfen lassen; das Stück ist noch zu hoffen, wo dieses merkwürdige Thema behandelt wird. Keine Angelegenheit ist dem Staat durch ihre Folgen so wichtig als diese, und doch ist keine so preisgegeben, keine dem Wahne, dem Leichtsinn des Bürgers so uneingeschränkt anvertraut, wie es diese ist.

Nur die Schaubühne könnte die unglücklichen Schlachtopfer vernachlässigter Erziehung in rührenden, erschütternden Gemälden an ihm vorüberführen ... Nicht weniger ließen sich – verstünden es die Oberhäupter und Vormünder des Staats – von der Schaubühne aus die Meinungen der Nation über Regierung und Regenten zurechtweisen ...“

15. Die Schaubühne bildet den Geist der Nation –
wie einst in Griechenland

„Unmöglich kann ich hier den großen Einfluss übergehen, den eine gute stehende Bühne auf den Geist der Nation haben würde. Nationalgeist eines Volks nenne ich die Ähnlichkeit und Übereinstimmung seiner Meinungen und Neigungen bei Gegenständen, worüber eine andere Nation anders meint und empfindet. Nur der Schaubühne ist es möglich, diese Übereinstimmung in einem hohen Grad zu bewirken, weil sie das ganze Gebiet des menschlichen Wissens durchwandert, alle Situationen des Lebens erschöpft und in alle Winkel des Herzens hinunterleuchtet; weil sie alle Stände und Klassen in sich vereinigt und den gebahntesten Weg zum Verstand und zum Herzen hat. Wenn in allen unsern Stücken ein Hauptzug herrschte, wenn unsre Dichter unter sich einig werden und einen festen Bund zu diesem Endzweck errichten wollten – wenn strenge Auswahl ihre Arbeiten leitete, ihr Pinsel nur Volksgegenständen sich weihte – mit einem Wort, wenn wir es erlebten, eine Nationalbühne zu haben, so würden wir auch eine Nation.

Was kettete Griechenland so fest aneinander! Was zog das Volk so unwiderstehlich nach seiner Bühne! – Nichts anders als der vaterländische Inhalt der Stücke, der griechische Geist, das große überwältigende Interesse des Staats, der besseren Menschheit, das in denselbigen atmete.“

16. Die Schaubühne stiftet die schöne Harmonie der Seelenkräfte, vereint Menschen im erhabenen Gefühl, ein Mensch zu sein

„Der Mensch, überladen von tierischem Genuß, der langen Anstrengung müde, vom ewigen Triebe nach Tätigkeit gequält, dürstet nach bessern, auserlesnen Vergnügungen, oder stürzt zügellos in wilde Zerstreuungen, die seinen Hinfall beschleunigen und die Ruhe der Gesellschaft zerstören. ...

Die Schaubühne ist die Stiftung, wo sich Vergnügen mit Unterricht, Ruhe mit Anstrengung, Kurzweil mit Bildung gattet, wo keine Kraft der Seele zum Nachteil der andern gespannt, kein Vergnügen auf Unkosten des Ganzen genossen wird. Wenn Gram an dem Herzen nagt, wenn trübe Laune unsre einsame Stunden vergiftet, wenn uns Welt und Geschäfte anekeln, wenn tausend Lasten unsre Seelen drücken und unsre Reizbarkeit unter Arbeiten des Berufs zu ersticken droht, so empfängt uns die Bühne – in dieser künstlichen Welt träumen wir die wirkliche hinweg, wir werden uns selbst wiedergegeben, unsre Empfindung erwacht, heilsame Leidenschaften erschüttern unsre schlummernde Natur und treiben das Blut in frischeren Wallungen. Der Unglückliche weint hier mit fremdem Kummer seinen eigenen aus – der Glückliche wird nüchtern und der Sichere besorgt. Der empfindsame Weichling härtet sich zum Manne, der rohe Unmensch fängt hier zum erstenmal zu empfinden an. Jeder einzelne genießt die Entzückungen aller, die verstärkt und verschönert aus hundert Augen auf ihn zurückfallen, und seine Brust gibt jetzt nur einer Empfindung Raum – es ist diese: ein Mensch zu sein."

9. KLINISCHE PSYCHOLOGIE

Der Mensch definiert sich selbst über die Inhalte seines Bewusstseins und seiner Gedanken. Man spricht vom „menschlichen Geist". Wie das funktioniert, wie das entsteht, was das ist, das ist nicht beschreibbar, sehr variabel und erschreckenderweise höchst störanfällig: Drogen, Medikamente, Krankheiten, Emotionen, Angst, Hormone, psychischer und sozialer Druck, andere Gesellschaft, andere Normen, u.v.m. können hier schlagartige Veränderungen verursachen.

Was sehen uns als einzigartigen Individuen – durch unser Gehirn:

- Das Großhirn → erbringt hochwertige mentale Verstandesleistungen:
- Abstraktes Denken, Analyse der Umwelt, Handlungsstrategien, Konzepte, Zukunftsplanung, Erfindungen, lebenslange Veränderungen durch Lernen und Leben in der Gruppe.
- Mittelhirn → Steuerungs-Ordnungs-Funktion
- Limbisches System → Gedächtnis, emotionale Verknüpfungen, Aggression, Triebe, Affekte, Sozialverhalten.
- Hirnstamm → Atmung, Verdauung, Herz-Kreislauf, „Instinkte"

Dem sog. Geist, dem sog. Bewusstsein steht das Unterbewusste gegenüber:

- Die meisten Reaktionen und Gedächtnisinhalte sind nicht bewusst,
- bestenfalls geahnte, also vorbewusste Prozesse
- und werden automatisiert abgerufen und umgesetzt,
- Sprache, Gedanken, Emotionen, Bewegung, Vegetativum, u.v.m.
- Die überwiegenden Gedanken, Emotionen, Körperreaktionen,
- werden initialisiert und laufen ab, ohne dass wir das kontrollieren,
- im Sinne einer Konditionierung.
- Verknüpfungen über Mittelhirn und limbisches System.

9. CLINICAL PSYCHOLOGY

Man defines himself through the contents of his mind and his thoughts – the so-called "human spirit". How this works, how that arises, what it is, this is un descrbable. It is highly variable and, shockingly, highly susceptible to drugs, disease, emotions, anxiety, hormones, psychological and social pressure, other company, other standards, etc. can cause sudden changes of the brain's function.

We see us as unique individuals – with our brains:
- The cerebrum → provides high quality mental benefits:
- Abstract thinking, analysis of the environment, strategies, concepts, future planning, inventions, life changes through learning and social life.
- Midbrain → controls and regulates brains function
- Limbic System → memory, emotional links, aggression, impulses, emotions, social behavior.
- Brainstem → respiration, digestion, cardiovascular, "instincts"

The so-called spirit and consciousness towards the subconscious:
- Most of the reactions and memory contents are not aware,
- unsuspected, preconscious processes
- They are automatically retrieved and implemented,
- thoughts, emotions, movement, vegetative nervous system, etc.
- The predominant thoughts, emotions, body reactions,
- initialize and run off without our control,
- in terms of conditioning.
- Subconscious automatic links via midbrain and limbic system.

Thalamus und Hippocampus, Mittelhirn: Informationen aus dem Körper und den Sinnesorganen werden über den Thalamus und Hippocampus zur Großhirnrinde geführt. Dies ist ein Filter und eine Steuerungszentrale, welche Informationen erkennt, die für den Organismus im Moment wichtig sind und an die Großhirnrinde weitergeleitet und bewusst werden sollen. Diese Regulation ist notwendig, damit Entscheidungen gefällt werden können, die steuern, wie der Körper und das Gehirn in einer Situation reagieren sollen. Im Thalamus und Hippocampus befinden sich auch Opioidrezeptoren; Unterbewusstes wie Lust, Belohnung und triebhaftes Verhalten werden hier mit der Ratio (sog. Bewusstsein) gekoppelt.

Was tut das Bewusstsein:

- Es richtet die Aufmerksamkeit auf etwas,
- fokussiert sich auf Informationen,
- speichert Inhalte,
- verknüpft abgespeicherte Inhalte (Erfahrungen, Wissen, Daten, Emotionen),
- dabei wird wahrgenommen, geplant, gesteuert und kontrolliert,
- dies kann man bewusst steuern,
- findet zu größten Teilen aber unbewusst statt, auch hier meist unbewusste Verknüpfungen.
- Dem entsprechend ist die Wahrnehmung und Beurteilung einer Realität extrem unterschiedlich,
- selbst bei sachlich und objektiv betrachtet identischen Inhalten.
- Unterbewusst bedeutet, dass man keinen bewussten Zugriff hat.
- Vorbewusst bedeutet, dass man es, bei gezielter Betrachtung, erkennen könnte.

Thalamus, Hippocampus, limbisches System steuern die Emotionen:

- Vulnerabilität für starke emotionale Stressoren; Atrophie als Effekt von chronischem emotionalen Stress.
- Personen mit Depression zeigen reduziertes Volumen der Hippocampusformation.
- Menschen mit geringer Bildung reagieren im Bereich Hippocampus sehr schwach auf Musik (sog. musikalische Intelligenz)
- Inaktivität und ein träges Leben schädigen die Hirnstruktur.
- Rauschtrinken während der Adoleszenz stört Ausbildung des Hippocampus nachhaltig, im Erwachsenenalter dann u.a. Vergesslichkeit und mangelnde räumliche Orientierung.

Thalamus and hippocampus, midbrain: information from the body and the sense organs are performed via the thalamus and hippocampus to the cerebral cortex. This is a filter and a control center, which detects information that are important for the organism at the moment and will be forwarded to the cerebral cortex and conscious. This regulation is necessary so it can controll how the body and the brain have to react. In the thalamus and hippocampus are also opioid receptors; subconscious lust, reward and compulsive behavior are here coupled with the ratio (so-called consciousness).

What does the rational consciousness:
- It draws attention to something,
- focuses on information,
- stores content,
- links stored content (experience, knowledge, information, emotions).
- This is perceived, planned, managed and controlled,
- this can be controlled consciously.
- But also here mostly unconscious links.
- Accordingly, the perception and assessment of reality is extremely different,
- even with factual and objective identical contents.
- Subconscious means that you have no conscious access.
- Preconsciously means that it could be targeted if you want.

Thalamus, hippocampus, limbic system controlling the emotions:
- Vulnerability to strong emotional stressors. Atrophy as an effect of chronic emotional stress.
- People with depression show reduced volume of the hippocampal formation.
- People with low levels of education react very poorly to music in the area of the hippocampus (so-called musical intelligence.)
- Inactivity and a meaningless boring life harm especially this brain structure.
- Binge drinking during adolescence interfere long term with formation of the hippocampus. Then in adulthood these people show forgetfulness and lack of spatial orientation.

223

Einfluss des Schlafes:

- Tiefschlaf- und REM-Phasen bewirken einen erholsamen Schlaf.
- Vor allem unterbewusste Inhalte werden geordnet.
- Ohne Tiefschlaf und REM erschöpft der Mensch zunehmend.
- (Anmerkung: Störung u.a. durch Alkohol, Medikamente, Krankheiten)
- Im Traum (v.a. nachts, aber auch überraschend viel tagsüber – Tagträume) werden Inhalte „verarbeitet"
- Wie das funktioniert und wie man was interpretieren könnte, das ist bis heute nicht erklärbar.

Interessant hierbei:

- Mit Meditation (ZEN, Gebet, Ordensleben, andere) und der Psychoanalyse werden zunehmend unterbewusste Inhalte bewusst wahrgenommen.
- Diese Wahrnehmung ist zunächst sehr verstörend und kann extrem belastend sein, und führt zu aufregenden, aufwühlenden und oft recht bizarren Träumen.
- Interessant: Wenn man durch regelmäßige Meditation Gedanken, Reaktionen und Emotionen distanziert betrachten kann, dann werden die Träume angenehm, man träumt dann eigenartigerweise „bewusst" und angenehm, und man erinnert sich am Folgetag.

Meditation:

- Zuerst erkennt man nur aberwitzig konfuse Gedanken, Emotionen, Körperempfindungen
  → Ganz langsam (1 Jahr) beginnt man viele Reaktionen distanziert wahrzunehmen.
- Zuerst wird das Bewusste konzentriert und bewusst wahrgenommen:
  → das kann schon sehr belastend und verstörend sein.
- Dann betrachtet man zunehmend das Vorbewusste:
  → wie Gedanken, Emotionen, Körperreaktionen im „Hintergrund" ständig ablaufen.
- Und zunehmend kommt auch Unterbewusstes „nach oben"
  → Bis dahin unterbewusste Konditionierungen werden erkannt

Influence of sleep:
- Deep sleep and REM phases bring about a good night's sleep.
- Especially subconscious contents are sorted.
- Without deep sleep and REM man exhausted increasingly.
- Note: disturbance eg by alcohol, drugs, diseases)
- In a dream (especially at night, but also surprisingly with daydreams) brain contents are "processed"
- How it works and how to interpret what, this has not been explained until today.

Of interest:
- With Meditation (ZEN, prayer, religious life, others) and psychoanalysis increasingly pre- or subconscious contents are consciously perceived.
- This perception is initially very disturbing and can be extremely stressful, and lead to exciting, disturbing and often quite bizarre dreams.
- Interesting fact: With meditation (after about 1 – 2 years) you can look at distances at your thoughts, reactions and emotions. Then the dreams become pleasant, you then dream strangely "aware" and pleasant, and the contents will be remembered the next day.

Meditation:
- First one recognizes ludicrous confused thoughts, emotions, body sensations
  → Slowly (1 year) you begin to perceive many reactions distances detached.
- First, only the conscious is perceived and controlled:
  → which can be very distressing and disturbing.
- Then you increasingly look at the preconscious:
  → as thoughts, emotions and body reactions proceed in the "background".
- And increasingly subconscious contents come "upwards"
  → And now subconscious conditionings can be recognized

Verschiedenste Techniken:
- Atmen im Sitzen, langsames Gehen, Bogenschießen,
- Achtsamkeit im Alltag, Papierfalten, Zeichen malen,
- repetitive Gebete (Rosenkranz), monotone Choräle.
- Konzentration z. B. Körper, Objekt, Gedanken, Atmung, Bewegung.

Hypnose:
- Geführte Meditation „von außen"-Hypnose:
  → Gehirnaktivität wird in ein bestimmtes Areal gelenkt,
  - z.B. Wahrnehmung Stimme, Emotionen, Musik, Körper, usw.
  - Es können z.B. schmerzhemmende Areale aktiviert werden
  - Erfolg ist abhängig von der Person,
  - hypnotisierbar sind Menschen mit großem Gehirn und guter Bildung,
  - die das Thema Bewusstsein-vorbewusst-unterbewusst verstehen
  - und die Bereitschaft zur Betrachtung mitbringen.

Meditation und Demenz:
- Pianisten und Meditierende entwickeln i.d.R. keine Demenz.
- Ähnlich bei Tänzern, Sängern, Musikern oder Tai-Chi.
- Es kommt zu einer Verdickung des Hippocampus und Thalamus.
- Dieser Hippocampus ist:
  - die organisierende Verknüpfungs-Stelle des Gehirns,
  - wo alles eingeht und gezielt zugeordnet und weitergeleitet wird,
  - ganz wichtig für Erkennung, Planung und Steuerung im Leben,
  - ganz wesentlich bzgl. Gedächtnis, weil hier verknüpft wird,
  - beispielsweise auch objektive Inhalte mit Emotionen verknüpft.
- Demenz hat als Korrelat im MRT (Kernspin) einen rasch schrumpfenden Hippocampus;
- Dies ist initial reversibel (Geistesarbeit, sinnvolle Aufgabe, Tanz, Singen, Tai-Chi).
- Der Hippocampus ist sehr groß bei Meditierenden, Musikern, Sängern, Tänzer, Tai-Chi.
- Die Sinntherapie nach Fabry und Frankl hilft nachweislich bei Depressionen und beginnender Demenz.

Various meditation techniques:
- Breathing in a sitting position, slow walking, archery,
- Mindfulness in everyday life, paper folding, sign painting,
- Repetitive prayers (rosary), monotonous chants.
- Concentration on body, objects, thoughts, breathings, movements.

Hypnosis:
- Guided Meditation "from the outside" = hypnosis:
  → brain activity is directed to a certain area,
  - For example, perception voice, emotions, music, body, etc.
  - For example, pain-relieving areas can be activated
  - Success depends on the person,
  - suitable are people with big brains and good education,
  - who understands the issues awareness-preconsciously-subconsciously
  - and have the will to perceive this.

Meditation and dementia:
- Pianists and meditators nearly never develop any dementia.
- Similar for dancers, singers, musicians or with Tai Chi.
- It leads to a proliferation (strengthening) of the hippocampus and thalamus.
- What is the hippocampus:
  - It organizes the brain,
  - where everything arrives and is specifically assigned and forwarded.
  - Very important for identification, planning and control in life,
  - Very much regarding memory, because it is linked here.
  - And objective contents are here linked to emotions.
- Dementia has as a correlate in MRI (magnetic resonance) a rapidly shrinking hippocampus;
- This is the initial reversible (intellectual work, meaningful task, dance, singing, Tai Chi).
- The hippocampus is very large in meditators, musicians, especially pianists, singers, dancers, Tai-Chi.
- The meaning therapy by Fabry and Frankl has proven to help with depression and also with incipient dementia. A meaningful life prevents atrophy of the hippocampus.

Umgang mit Konflikten, Aufgaben, Stress:

- Situationen haben völlig unterschiedliche Auswirkungen auf Einzelne.
- Emotionale und gedankliche Verknüpfungen sind individuell.
- *„Wer sich selbst beherrscht, der beherrscht die Welt (das Ganze)."*
- Wesentlich ist das Erkennen und Bewerten einer Situation,
- man muss in der Lage sein Zusammenhänge zu Überschauen (Bildung).
- Das Ganze und Teilaspekte sind bestmöglich zu gewichten.
- Man darf sich von der Herausforderung nicht abwenden,
- „am Ball bleiben",
- und muss übergeordnete (sinnvolle, altruistische) Ziele haben.

Sog. Persönlichkeitsmodelle helfen hier nicht:

- sind unrichtig, ungeeignet und sinnlos,
- Menschen haben viele verschiedene Facetten,
- die sich mit dem Umfeld u. der Situation schlagartig wandeln können,
- bis ins Gegenteil.
- Deshalb erwiesen sich Persönlichkeitstestungen als unbrauchbar;
- Einstellungs- und Eignungstestungen erwiesen sich als nicht valide.

Persönlichkeit, Steuerung, Motivation und Siegmund Freud:

- Er sah die Motivation begründet in Selbsterhaltung und Eros
- Als Kind seiner Zeit hat er das Thema „unterdrückte Libido" überstark formuliert
- Er postuliert die Kaskade ES – Über-ICH – ICH
  - ES → primitive Triebe
    Über-Ich → übergeordnete Werte
    ICH → realitätsgebundene Umsetzung
- A. Adler → beschreibt das triebgesteuerte ES als minderwertig, das man im Leben zunehmend überwinden oder zumindest kompensieren muss.
- Verdrängung ins Unterbewusste durch das ES
  - ein Abwehrmechanismus
  - führt zunehmend zur unterbewusten Konditionierung eines Menschen

Dealing with conflict, tasks, stress:

- Stressfull situations have completely different effects on different individuals.
- Emotional and mental connections are individually different.
- "Whoever controls himself, rules the world (the whole)."
- The identification of a task and the assessment of a situation is essential.
- You must be able to survey relationships (education).
- The whole and partial aspects are to be weighed.
- We must not turn away from the challenge
- And must have higher (reasonable, altruistic) objectives.

Character models do not help:

- They are inaccurate, inappropriate and meaningless,
- people have many different facets,
- which may change abruptly with the environment and the situation.
- even to the contrary.
- That's why personality tests proved useless;
- recruitment and suitability tests were found to be not valid.

Personality, control, motivation and Sigmund Freud:

- He saw the motivation rooted in self-preservation and eros.
- As a child of his time, he formulated the theme "repressed libido" too strongly.
- He postulated the cascade ES – Superego – Ego:
  - ES è primitive instincts
  - Superego è higher values
  - Ego è reality-bound implementation
- A. Adler è describes the operation controlled ES as inferior, that you have to overcome in life, or at least compensate.
- Displacement into the subconscious through the ES:
  - A defense mechanism
  - It increasingly leads to subconscious conditioning of people

Entwicklung des Menschen und C. G. Jung:

- die gleichen Archetypen durch alle Kulturen,
- es gibt ein kollektives Unbewusstes analog Instinkt, Bedürfnis nach Mystik und Rausch.
- Urarchaische Bedürfnisse wie Trance, Rausch, Kraft, Ekstase, Macht, Triebe, Schutz, Geborgenheit, Libido in allen Kulturkreisen
- Diese dürfen nicht unerkannt im Unterbewusstsein bleiben,
- Dürfen nicht ungehemmt konditionieren,
- Muss man erkennen, benennen und steuern.
- Das ist sehr ähnlich dem lust- und triebgesteuerten instinkthaft animalischen „ES".

Verschiedene Psychotherapien:

- **Psychoanalyse:**
  - → verbalisieren, Emotionen ausdrücken, Barrieren erkennen
  - → Aufdecken unter- und vorbewusster Inhalte
  - → Diese werden damit steuerbar
- **Verhaltenstherapie:**
  - → löst Probleme nicht, bessert Symptome
  - → Abbau von Ängsten durch Exposition und Hyposensibilisierung
  - → Gegenkonditionierungen (statt Alkohol besser Muskeltraining o.ä.)
- **Aversionstherapie:**
  - → selbstschädigende Antriebe werden beantwortet
  - → mit Schmerz, Strafe, o.ä.
  - → oder auch Belohnung bei Nicht-Beantwortung
- **Soziales Lernen:**
  - → Nachahmung, Training, Verfestigung
- **Kognitive Therapie:**
  - → falsches Denken triggert unterbewusst ausgelöste Emotionen
  - → negative Gedanken erkennen, dass die falsch sind
  - → Aktiv erkennen, was unterbewusst anflutet und zu ändern ist.

Human development and C. G. Jung:
- The same archetypes through all cultures,
- There is something like a collective unconscious in analogy to the so-called instinct as well as a need for mysticism and ecstasy.
- Archaic needs like trance, exhilaration, power, ecstasy, drives, protection, security, libido in all cultures
- These archaic needs should not work unnoticed in the subconsciousness,
- They should not conditionize uncontrolled.
- Man should identify, designate and control them.
- This is similar to the pleasure and instinct-driven brutisch "ES".

Different psychotherapies:
- **Psychoanalysis:**
  - → verbalize, express emotions, recognize barriers
  - → uncovering unconscious and preconscious contents
  - → They are thus controllable
- **Behavioral therapy:**
  - → does not solve problems, improve symptoms
  - → reducing fears through exposure and desensitization
  - → counter conditioning (better muscle training rather than alcohol, etc.)
- **Aversion therapy:**
  - → self-destructive drives are encountered
  - → with sanctioning, love withdrawal, pain, etc.
  - → or reward in case of non-answers
- **Social Learning:**
  - → imitation, training, consolidation
- **Cognitive Therapy:**
  - → wrong thinking triggers subconscious emotions
  - → Recognize – negative thoughts that are false
  - → Identify active what proceeds uncontrolled subconsciously and this should be amended.

- **Humanistische Therapie:**
  - → Sinntherapie nach Joseph Fabry und Viktor Frankl.
  - → Schuldgefühle, weil Wichtiges-Richtiges nicht getan wird
  - → Mangel an bedeutungsvollen menschlichen Beziehungen
  - → Fehlen wichtiger-richtiger motivierender Ziele
- Interessanterweise ist die Sinntherapie die einzige psychologische Therapie, die einen wirklichen, gesicherten und nachhaltigen Nutzen hat. Ein sinnvolles Leben ist der Schlüssel zu seelischer Gesundheit.

EINIGE BEGRIFFE

Aggression:

Ein Verhalten, das einem Anderen Individuum Schaden zufügt. Anmerkung: nicht selten subtil oder gar getarnt als Freundlichkeit.

Altruismus:

Ein sehr soziales Verhalten, das Andere unterstützen soll oder befördert; vordergründig ohne Berücksichtigung eigener Vorteile.

Archetyp:

Durch alle Kulturen und Epochen vergleichbare Verhaltensweisen; siehe auch Verhaltenslehre. Ähnlich dem Tierreich gibt es Reaktionsmuster und Verhaltensweisen, die nahezu identisch sind, obwohl sich diese Gruppen nie begegnet sind. Das ist heute selten, früher waren aber beispielsweise Ägypter und Tschutschuken ohne Kontakt, Psyche und Sozialverhalten jedoch sehr ähnlich.

- **Humanist therapy:**
  - → sensual therapy of Fabry Joseph and Viktor Frankl.
  - → guilt because important and real things are avoided
  - → lack of meaningful human relationships
  - → lack of important meaningful objectives
- Interestingly, the sensual therapy is the only psychological therapy that has a real, secure and sustainable benefits. A meaningful life is the key to mental health.

SOME TERMS:

Aggression:

A behavior which may damage another indiv dual. Note: often subtle or even disguised as kindness.

Altruism:

A very social behavior, with the aim to support or promote other people; (ostensibly) disregarding its own advantages.

Archetype:

Through all cultures and eras you can see similar behavior. See ethnology and ethology – similar to the instinct of the animals, there are response patterns and behaviors that are almost identical, although these groups have never met. This is rare today. For example, Egyptians and Tschut-schukens were formerly without any contact, psyche and social behavior, however, very similar.

Burn out Syndrom:

Wird von vielen (ähnlich Fibromyalgie-Syndrom) als Depression eingestuft, weil man Anforderungen nicht erfüllt (man will nichts tun – aber
trotzdem Anerkennung & Liebe)

Syndrom emotionaler Erschöpfung und zuletzt einbrechendem Engagement, oft als stressverursacht erachtet.

Aber: Zusammenhang ist sehr fraglich, es gibt auch das „bore out",
Menschen ohne Visionen, Ideale oder Engagement.

Depressive Anspruchshaltung = Aggression, Therapie und lange
Rekonvaleszenz als „Strafe" für Vorgesetzte und Kollegen.

Selbst kein Engagement, aber aggressives Einfordern von Zuwendung.

Coping:

Mit inneren und äußeren Anforderungen umgehen, die ungut sind und
erst mal nachteilig sind.

Beispiel sind chronische Erkrankungen oder belastende familiäre Verhältnisse.

Belief-bias-effect:

Man glaubt an etwas und interpretiert dann auch die Fakten so, man
„macht es sich passend". Ungültige Argumente werden akzeptiert, weil
Werte-Einstellung-Vorwissen-Glaube den Schlussfolgerungsprozess „ver-
zerren"

Egozentriker:

Selbstbezogene Menschen, unfähig die Perspektive einer anderen Person
einzunehmen

Emotion:

Oft erst mal ganz unkontrollierbar im Gehirn getriggert. Gefühle, Erre-
gungen, Empfindungen werden initiiert und lösen Reaktionen aus. Wenn
man dies erkennt, kann man es steuern, wenn nicht, ist man dadurch konditioniert und Spielball der eigenen „Gefühle". Oft histrionische Persönlichkeiten, die dann für andere sehr belastend sind.

Burnout syndrome:

This syndrome of emotional exhaustion and non-commitment is often attributed to the so-called "stress". Caused by non-fulfilment of requirements.

On the one hand these people avoid responsibility, on the other hand, they search for recognition. There is no commitment, but aggressive demanding of attention. Depressive demanding attitude = Aggression,

There is only stress because tasks are not fulfilled. It is a kind of "bore out". People without vision, ideals or dedication. Long therapies and reconvalescence as "punishment" for superiors, partners and colleagues. It is classified by many (like fibromyalgia syndrome) as a kind of depression.

Coping:

Dealing positively with internal and external requirements that are offense and often disadvantageous. Examples are chronic illnesses or stressful family circumstances.

Belief bias effect:

One believes in something and then interprets the facts that way "you make itself fit". Invalid arguments are accepted, because values-setting-knowledge-belief "distort" the inference process

Egocentric:

Self-centered people, unable to take another person's perspective

Emotion:

Mostly completely uncontrollable triggered in the brain. Feelings, emotions, sensations are initiated and trigger reactions. If you are able to recognize this, you can control it – if not, you are conditioned, and your emotions are playing with you. In extreme cases histrionic personalities who are very distressing for others.

235

Emotionale Intelligenz:

Emotionen erkennen und kontrollieren, diese beurteilen, verstehen, analysieren.

Diese kontrolliert zum Ausdruck bringen und das Denken damit unterstützen,

Emotion& Denken bewusst einsetzen bedeutet Kontrolle über sich zu haben.

Entscheiden:

Bedeutet in erster Linie, dass man in der Lage sein muss etwas aufzugeben oder zu unterlassen, um dafür was anderes zu tun. Wenn man sich nicht entscheidet, dann agiert man nicht und wird zum Spielball der Entwicklung.

Das Risiko einer Nicht-Entscheidung ist in der Regel größer als das einer falschen Entscheidung. Wenn man entscheidet, dann engt man sich erst mal ein, muss das dann aber so gestalten, dass es eine Bereicherung wird.

Beispiel: Ein Mann kann sich zwischen zwei feinen Damen entscheiden. Wenn er es nicht tut, dann hat er am Ende keine mehr. Wenn er es tut, dann muss er eine gehen lassen und hat das Risiko, dass er eine Fehlentscheidung getroffen hat. Selbiges gilt auch für die Berufswahl u.v.m. Für positive Entscheidungen braucht man Mut und Kraft und für eine positive Umsetzung dann Fleiss und Disziplin.

ES:

Die Persönlichkeits- und Entscheidungsstruktur des Neugeborenen und Säuglings bis zum Kleinkind. Er entscheidet sich immer für die Lustbefriedigung (Essen, Trinken, Wärme usw.)

Das ES reagiert egoistisch, selbstbezogen, bedarfsorientiert und impulsiv.

Fluide Intelligenz:

Komplexe Eindrücke und Zusammenhänge können geordnet werden. Es ist die Fähigkeit komplexe Beziehungen und Aufgaben zu strukturieren und zu lösen

Emotional Intelligence:

Recognize your emotions and control them, judge, analyze and understand them. Express emotions rationally and controlled.

This way emotions support communication and thinking. Inserting emotions & thinking consciously means that you have control over them.

Decision making:

Primarily this means that you have to be able to give up something or to refrain from something in order to do something else. If you do not decide, then you do not act and you become the plaything of development.

The risk of non-decision is in the long run greater than that of a decision. If you decide, then you narrow your possibilities. Also every decision bears risks. You must learn to analyze and imply this. In the end there should be an enrichment.

Example: A man can choose between two fine ladies. If he does not, then he has none at the end no more. If he does, then he must leave one and has the risk that he has taken a wrong decision. The same applies to the choice of career. For positive decisions it takes courage and strength and for a positive implementation diligence and discipline.

ES:

The personality and decision-making structure of the newborn and infant and toddler. He always opts for gratification (touching, love, eating, drinking, heat, etc.) The so-called "ES" responds selfishly, self-centered, demand-oriented and impulsively.

Fluid intelligence:

Complex impressions and relationships can be ordered. It is the ability to structure complex relationships and to solve difficult tasks.

237

Furcht:

Im Gegensatz zur ungerichteten Angst gibt es für die Furcht einen konkreten Anlass. Es ist die Reaktion auf eine reale Gefahr.

Gegenkonditionierung:

Man erkennt, dass man falsch konditioniert ist, falsche Reaktionen werden durch richtige Reaktionsmuster ersetzt.

Z.B. reagiert man auf Kritik und Konflikte mit Angst und Aggression. Nun muss man dies erkennen und lernen, dass Kritik und Konflikte etwas Normales und Richtiges sind, und dass man froh sein muss, wenn dies an einen heran getragen wird. Neues Reaktionsmuster: Danke, dass ihr diese Kritik bzw. diesen Konflikt direkt an mich heran tragt, dann können wir das gemeinsam besprechen.

Oder: Viele Menschen fliehen vor Herausforderungen, weil diese Angst triggern, und leiden am Ende unter ihrem Versagen. Ganz aktiv Herausforderungen suchen und lernen diese erfolgreich zu bewältigen.

Generalisierte Angststörung = ungerichtete Angst:

Es bestehen Existenz- und Beziehungsängste ohne Korrelat, dieser Mensch ist ängstlich und besorgt ohne erkennbare Ursache. Meist sind dies Menschen, die im Leben zu wenig leisten und dann zunehmend erkennen, dass sie den Herausforderungen nicht mehr gewachsen sind.
Anmerkung: wird oft von Depressiven bewusst eingesetzt, um Zuwendung oder Entlastungen zu bekommen.

Generativität = Freud'sches ICH:

Bis zum Kleinkind die Persönlichkeitsstruktur des instinktiven ES.

Ein starkes ÜBER-ICH (der Vater) agiert als externer Strukturgeber, das ist für die Entwicklung zum jungen Menschen extrem wichtig (leider können das viele Eltern nicht mehr, weil sie selbst im ES verharren). Aus dieser externen Struktur bildet der junge Mensch seine eigene Struktur, es reift das ICH aus dem Über-ICH.

Der Mensch mit einem starken ICH übernimmt Verantwortung, ist verbindlich gegenüber Partner, Familie, Gesellschaft, Arbeit, künftigen Generationen.

Fear:

Unlike the undirected anxiety (a general attitude towards life) there is a specific reason for the fear. It is the response to a real threat.

Counterconditioning:

If it becomes evident that one is conditioned wrongly, wrong reactions are replaced by proper reaction patterns.

For example, it is wrong to respond to criticism and conflicts with fear and aggression. Now you have to realize this and learn that criticism and conflicts are something normal and correct, and that you must be happy when this is carried to you. New response patterns: Thank you to bring the discussion directly to me, then we can discuss together.

Or: Many people flee from challenges, because they trigger fears, especially the fear of failure. Looking quite actively for challenges and learning to deal with them successfully.

Generalized anxiety disorder = undirected fear:

If there are fears of existence and relationship without correlative, this man is anxious and worried for no apparent reason. These are usually people who are reluctant to commitment and then increasingly realize that they can no longer cope with the challenges.

Note: Fear and anxiety are often pronounced deliberately by depressives to get attention or relief.

Generativity = Freund's ICH:

To the age of a toddler the personality has the structure of the instinctive ES.

A strong superego (the father) acts as an external structuring agent, which is extremely important for the development of young people (unfortunately many parents cannot do so, because they themselves remain in the "ES").

This external structure is the guideline of the young person to form its own structure, it matures, the ego developes from the the superego.

The man with a strong ego takes responsibility, he has a binding agreement with his partners, family, society, work, future generations.

239

Groupthink:

Die Gruppe hat eine Erwartungshaltung an ihre Mitglieder und ihre Umwelt, deswegen ist es ja eine Gruppe.

Die Wertungen sind vereinheitlicht, Entscheidungen meist im Konsens, zu gerne gesteuert von einem „Führer".

Ontogenetisches Ziel ist es die Gruppe zu stabilisieren.

Erst mal wird die Gruppe dadurch enorm gestärkt.

Witzig ist, dass Kinderbanden, Reitvereine, Terroristengruppen, Oligarchien und Aufsichtsräte bzw. Vorstände sich diesbezüglich nicht unterscheiden. Im Gegenteil, die eingeforderte „Linientreue" ist bei scheinbar modernen Unternehmen oft extrem rigide, Abweichung oder unkonventionelle Äußerungen werden da gleich als Verrat gesehen („identifiziert sich nicht", „denkt falsch", „passt nicht"). Diese Unfähigkeit zum kreativen Denken wird dann entweder out-gesourct (man braucht dann Berater), oder mündet bald in ein Versagen der Gruppe.

ICH:

Übernahme von verbindlicher Verantwortung vor allem für die Erhaltung der Gruppe (Familie, Gemeinde, Betrieb, Land, militärische Einheit, Partner, etc.).

Die Instinkte, Triebe, Lüste und Leidenschaften werden kanalisiert.

Auf diese Menschen kann man sich verlassen.

War früher sehr häufig, ein ganz hohes Ideal, bis zur sog. „Nibelungen treue".

Ideale:

Altgriechisch ist es das Muster oder die Vorstellung vollkommener Ästhetik.

Kant sieht darin die praktische ethische Vernunft und Urteilskraft.

Wir verstehen darunter eine anstrebenswerte Norm, der man meist nur annähernd genügen kann.

(Interessant: Über die Destruktivität von Idealen von Wolfgang Schmidbauer. Menschen postulieren Ideale, definieren diese überhöht und unerreichbar, und tun dann gar nichts mehr – weil es sowieso nicht erreichbar ist.)

Groupthink:

The group has an expectation towards its members and their environment,
That's why it's a group.
The ratings are unified, decisions usually by consensus, very often cont-
rolled by a "leader".
The ontogenetic goal is to stabilize the group.
It is the first aim to strengthen the group enormously.

Interesting is that children gangs, riding clubs, terrorist groups, oligarchies
and supervisory boards and directors are not different in this respect. On
the contrary, the demanded "loyalty to the party line" in modern companies is often extremely rigid. Deviation or unconventional remarks are
seen as treason ("no identification", "you're wrong", "does not fit"). This
inability to creative thinking is either out-sourced (you then need consul-
tants), or soon results in a failure of the group.

EGO:

The man with a highly developed "ICH – EGO" can be relied upon. Adop-
tion of binding responsibility especially for the preservation of the group
(family, community, business, land, military unit, partners, etc.).
   The instincts, impulses, desires and passions are controlled.
   Used in former times to be very common, a very high ideal.

Ideals:

Ideals are the highest aim we long for.
   We can usually never reach it ourselves.
   Ancient Greek philosophy postulates the idea of perfect ideals.
Kant sees ideals as the base of practical ethical reason and judgment.
   (Interesting: "about the destructiveness of ideals" by Wolfgang Schmid-
bauer. People postulate ideals impossible to reach. Define them as exces-
sive and unattainable, and then do nothing – because it is not accessible
anyway.)

Impulsive Aggression:

Im Eifer des Gefechts, plötzlich emotional spontan, als Reaktion auf eine Situation.

Instrumentale Aggression:

Zielgerichtete wissentlich eingesetzte Aggression
Vorausgehende planende Überlegung, um bestimmte Ziele zu erreichen

Konditionieren:

Ein Mensch oder Tier reagiert auf einen inneren oder äußeren Stimulus. Der kleine Vogel reagiert auf den gelben Schnabel, weil er nun Futter erwartet.

Ein Mensch reagiert unterbewusst auf eine Situation, ohne objektives Korrelat.

Am Ungünstigsten sind unterbewusste angstbesetzte Reaktionen auf Stimuli – Ereignisse – Verknüpfungen – Gedanken – Emotionen – Wahrnehmungen.

Zentrales Thema der Verhaltenspsychologie.

Im ZEN ebenfalls zentrales Thema. Im Unterbewussten ein steter Fluss von sinnlosen Gedanken und Emotionen, dies ist unkontrolliert und erzeugt unkontrollierte Verknüpfungen und zudem ein unkontrollierbares Ergebnis; Konditionierung heißt, dass unterbewusste Strukturen aktiviert werden und diese ein unbeeinflussbares Resultat erzeugen.

Auf der Ebene Tier ist das der Instinkt; der Mensch hingegen vermengt dann alles mit allem, das Ergebnis kann sehr schädlich sein, wenn es keine externen oder inneren Strukturgeber gibt.

Kognition:

Wahrnehmung, Aufmerksamkeit. Dies verknüpft mit Erinnerung, Schlussfolgerungen, Emotionen, Gedächtnisinhalte.

Kristalline Intelligenz:

Bekannte abrufbare „alte" Muster aus dem bisherigen Leben im Gehirn. Damit arbeiten erfahrene intelligente ältere Menschen sehr erfolgreich. Sie haben dies zur Verfügung und die Fähigkeiten dies abzurufen. Typischerweise mit großem Wortschatz, guter Rechenfertigkeit, breitem Allgemeinwissen und sehr viel Erfahrung. (Dagegen ist die fluide Intelligenz das spontane Kombinieren, das Erfassen ohne Vorerfahrung)

Impulsive aggression:

Comes up suddenly emotionally and spontaneously, in response to a situation, for example in the heat of a battle.

Instrumental aggression:

Preliminary planned aggression in order to achieve certain goals.
This kind of aggression is knowingly used with a certain target.

Conditioning:

A human or animal responds to an internal or external stimulus. The little bird reacts to the yellow bill, because it now expects food.

A person reacts subconsciously to a situation without objective correlative.

The most unfavorable reactions are subconscious anxiety-ridden reactions to stimuli – events – links – thoughts – emotions – perceptions.

The central theme of behavioral psychology.

This is also the key issue of ZEN. In the subconsciousness, a steady flow of meaningless thoughts and emotions, this is unchecked and uncontrolled, it generates links and also an uncontrollable result; Conditioning means that subconscious structures are activated and generate a result you cannot predict and you cannot control.

This is, at the level of the animal, the so-called "instinct". Man, however, then mixed everything with everything, the result can be very harmful if there is no external or internal structure to control this.

Cognition:

Perception, attention. This combined with memories, conclusions, emotions, memory contents.

Crystallized intelligence:

Familiar retrievable "old" patterns from the past life in the brain. Thus experienced intelligent older people work very successfully. They have this kind of retrievable skill available. Typically for the crystallized intelligence of experienced people are a large vocabulary, good mathematical skills, a broad general knowledge and a lot of experience. (In contrast, the fluid intelligence is the spontaneous combination, capturing without previous experience)

Moral:

Ein positiver Begriff, Sitte, Moral, Ethik, Werte, Ideale gehören zusammen. Es sind die Regeln von Gruppen oder Kulturen bzgl. Werte, Ethik und sittlichem Verhalten.

„Und die Moral von der Geschicht": was leitet sich aus einer Geschichte für das sittlich-moralisch-ethische Verhalten eines Menschen ab?

Reziproker Altruismus:

Eigentlich was ganz mieses, man tut Gutes, um selbst Gutes zu bekommen. Andererseits ist dies die Triebfeder der Menschheit – die Erwartung, dass altruistisches Verhalten im Gegenzug mit altruistischem Verhalten belohnt wird; und man darf dann für sich einen Vorteil erwarten.

Über-ICH:

Das Kleinkind bekommt mit dem Vater einen externen Strukturgeber. Es ist die Steuerung eines Kindes und Jugendlichen mit Normen, Vorbild, Humor, gesellschaftlichen Werten, Standards, Moralvorstellungen; am Vorbild und Maßgabe dess Über-ICHs (meist der Vater) entwickelt sich das ICH. Ohne ÜBER-ICH und ohne ICH kollabiert eine Gesellschaft. Buchempfehlung: Der Eisenhans – oder die vaterlose Gesellschaft.

Werte – Wertvorstellungen:

Der Begriff WERT ist neutral, auch Verbrecher, Terroristen und Diktatoren haben Werte. Das Wertesystem von Kulturen und Gesellschaften kann ganz unterschiedlich sein.

Die westliche Welt hat erkannt, dass humanistisch-christliche Werte und Ideale für den Menschen und die Gesellschaft zuletzt am besten sind. Das sieht der überwiegende Teil der Menschheit aber nicht so; hat dies auch nie entwickelt, so dass es da keine Chance gibt dies umzusetzen – selbst wenn man wollte.

Deshalb wird es nun notwendig, dass wir (Europa, Australien, Nordamerika) das erkennen und Konsequenzen ziehen.

Moral:

A positive concept, custom, morals, ethics, values, ideals go together.
These are the rules of groups or cultures with respect to values, ethics and
moral behavior.

"And the moral of the story": what derives from a story for the moral
and moral-ethical behavior of a human being?

Reciprocal altruism:

Actually, something quite lousy, you do good to get yourself good. On the
other hand, this is the driving force of humanity – the expectation that
altruistic behavior is rewarded in return with altruistic behavior; and you
are allowed to expect an advantage for yourself.

Superego, your higher self:

The infant receives an external structuring agent with the father. It is the
control of a child and youth with standards, a model, humor, social values,
standards, morals. The superego is the model for the development of
the ego. Without superego and without a consecutive ego a society will
collapse. Book recommendation: "Eisenhans" – or the fatherless society.

Values – values:

The term value is neutral. Even criminals, terrorists and dictators have
values. The value system of cultures and societies can be quite different.

The western world has recognized that humanistic-christian values and
ideals are the best for the people and the society. The vast majority of
humanity must suffer, they don't have a developed ethical value system,
without any chance for implementation – even if they wanted.

Therefore, it is now necessary that we recognize this (Europe, Australia, North America) and draw the consequences out of it.

10. IRRATIONALES VERHALTEN

Irrationales Verhalten hat ontogenetisch eine sehr große Bedeutung. Archaische Gruppen basierten auf Verhaltensmustern, die wir heute als instinktgesteuert bezeichnen würden. Diese stabilisierten die Gruppe und den Einzelnen in diesem System.

Das Gebaren war ähnlich tierischen Horden mit festen Hierarchien, Grausamkeiten, sozialer Fellpflege, und bei den Menschen zunehmend Rituale, die dann in religiöse Muster mündeten.

Dies schaffte Stabilität in Gruppen, Horden oder Stämmen, Auch erste staatsähnliche Gebilde funktionierten so, waren damit aber nicht entwicklungsfähig. Ein positives Menschenbild, das dem Einzelnen und der Gruppe eine Chance auf Entwicklung gab, war damit nicht möglich.

Diese Strukturen sitzen aber sehr fest in unseren archaischen Hirnstrukturen. Wenn wir diese selbst bestärken oder uns dies von außen heran getragen wird, dann ist für die meisten Menschen die Bereitschaft dies anzunehmen sehr groß.

Irrationales Verhalten – sich Lösen von der Ratio –„Entspannung":

- Lust , Ekstase, Trance, Rausch
- Drogen, rhythmische Ekstase, Rituale
- Schreien, Grölen, aggressiver Gesang bzw. Verlautbaren, Schlachtrufe
- Macht und Lust ausleben
- überzogene Selbstdarstellung
- Gläubig-mystisch-ekstatisches-verzückt sein
- Sexuelle Exzesse oder Wunschträume, Sexualisierung, Pornografie

- Freude-Lust am Kampf oder Sport (Fußball, Boxen, o.ä.)
- Risikosportarten, wie z.B. Steilwandskifahren

Verfeinert als
- Ballett, Tanz, Musik, Konzerte, Musizieren, Malerei, Kunst
- Sport, Mode, Schönheit
- Libido aller Art (nicht zwingend sexuell) – sinnliche Freuden
- Ästhetik, Design, Architektur

10 . IRRATIONAL BEHAVIOR

Irrational behavior is of major ontogenetic importance. Archaic groups based on patterns of behavior that we would describe today as driven by instinct. This stabilized the group and the individual in this system.

This behavior was similar among animal hordes with fixed hierarchies, cruelty as well as social grooming. Mankind developed social rituals, which then led to religious patterns.

This created stability in groups, hordes or tribes. First state-like structures functioned well on that basis, but were therefore not viable. This way a positive idea of man, which gave an opportunity to develop the individual and the group, was not possible.

However, these presets are fixed in our archaic brain structures. If we encourage ourselves to use them, or they are supported by external approach, the willingness for most people to accept this is very large.

Irrational behavior – break away from the Ratio – "relaxation":
- Desire, ecstasy, trance, inebriation
- Drugs, rhythmic ecstasy, rituals
- Screaming, bawling, aggressive vocals and announce, battle cries
- The living out of power and pleasure
- Plated self-expression
- mystic-ecstatic-enchanted feelings
- Sexual excesses or dreams, sexualization, pornography

- Joy and desire to fight or to do sports (football, boxing, etc.)
- Risk sports, such as cliff skiing

Refined as:
- Ballet, dance, music, concerts, music, painting, art
- Sports, fashion, beauty
- Libido of all kinds (not necessarily sexual) – sensual pleasures
- Aesthetics, Design, Architecture

Altes Testament – Vertreibung aus dem Paradies:

- Der Mensch sei für die Freiheit nicht geschaffen
- Die Regeln freien Zusammenlebens hält er nicht ein.
- Der Mensch kann mit einem Wohlleben nicht umgehen.
- Das Alte Testament beschreibt, dass für den Menschen wohl ein Leben mit Entbehrung, Anfechtungen, Leid und schwerer Arbeit das Beste sei.

Externe Vorgabe von Strukturen:

- Die meisten Menschen brauchen oder suchen sogar einen externen Strukturgeber
- Das ICH, der innere Strukturgeber, ist oft nicht entwickelt
- Schule-Arbeit-Aufgabe-Beruf ordnen das Leben.
- Ordensregeln wie „Bete und Arbeite"
- Militärische Disziplin in Eliteschulen.
- Ähnliches auch in Zen-buddhistischen Klöstern.
- Ein Mangel an Struktur führt zu archaisch irrationalem Verhalten.

Die **Neurosenlehre** befasst sich mit diesem Thema sehr strukturiert und betont auch regelhaft, dass sich irrationales Verhalten und alltägliches „normales" Verhalten allenfalls graduell und in Gesamtschau (Wichtung, Steuerung im gesamten Leben) unterscheiden. Man kann nicht auf Grund eines Verhaltens zwischen gesund und krank unterscheiden, der situative Kontext und die Gesamtbetrachtung sind entscheidend.

Die entscheidende Frage bei abnormem irrationalen Verhalten ist, ob der Mensch dies erkennt, ob es für den Einzelnen und sein Umfeld erträglich ist, ob er es noch steuern und kontrollieren kann.

Meist sind es Konflikte aus der frühen Kindheit, unbewusste Trieb-Impuls-Abwehr-Konflikte. Die frühe Kindheit ist auch ganz entscheidend für positive Entwicklungen („was Hänschen nicht lernt), siehe Kapitel Entwicklungspsychologie. Versteckte subtile psychische Misshandlung mit Liebes-Anerkennungsentzug sind die häufigsten schwer belastenden Entwicklungstraumata. Am offensichtlichsten natürlich Missbrauch und körperliche Gewalt. Ebenso „Ausgeliefert sein" ohne Hoffnung auf Entrinnen.

Old Testament – expulsion from paradise:
- Man is not made for freedom
- He is not suitable for the rules of free cohabitation.
- Man cannot deal with a good living.
- The Old Testament describes that the best life for people is with privation, contestation, suffering and hard work.

External preselection of structures:
- Most people need or look for an external structure
- The ego – the internal structure of man is often not developed
- School-work-task- profession organize life.
- Monastic rules as "pray and work"
- Military discipline in elite schools.
- Likewise in Zen Buddhist monasteries.
- A lack of structure leads to archaic irrational behavior.

The theory of neurosis is concerned with this issue. It stresses that irrational behavior and everyday "normal" behavior differ (weighting, controlling the entire life) possibly gradually and in synopsis. One cannot differentiate on the basis of behavior between healthy and sick, but rather the situational context and the overall assessment are crucial.

The crucial question concerning abnormal behavior is, whether man recognizes this, whether it is tolerable for the individual and his environment, and whether he can still manage and control it.

Mostly abnormal behavior reflects conflicts from early childhood, unconscious animalistic-impulsive-defense conflicts. Early childhood is crucial for positive developments, see the chapter on "Developmental Psychology". Hidden subtle psychological abuse with withdrawal of love and recognition are the most common difficulties burdening developing trauma. The most obvious ones are abuse and physical violence. "Being committed" likewise, with no hope of escape. Traumatizing the flood of redundant solitary stimuli, eg sex, violence, inebriation, hard work, humiliation, quarrels, noise, etc.,

Traumatisierend auch die Überflutung mit redundanten solitären Reizen, z. B. Sex, Gewalt, Alkoholräusche, schwere Arbeit, Erniedrigungen, Streit, Lärm, o.ä.

Dieses Leid ist meist unterbewusst und löst dann konditionierte Reflexe aus. Wenn es zunehmend bewusst wird, kann man es schon besser kontrollieren. Viele Menschen können dies auch selbst aktiv überwinden oder zumindest kompensieren.

Häufig sind leichtgradige konditionierte Reaktionen wie Sucht, Perversion, Persönlichkeitsstörungen (histrionisch, anankastisch, schizoid), posttrauma-tische Belastungen, Alpträume, Abstumpfung und Überreizung zu erwähnen.

Nicht selten sind konditionierte Reaktionen mit passager auffälligem Verhalten bis zur Somatisierung.

Schwergradig sind Psychoneurosen (Angstneurosen, Depression, Zwangsneurosen, uvm). Ganz interessant die Borderline-Störungen, die mit Therapie schlechter verlaufen und mit ZEN-Buddhistischer Unterstützung (Erkennen von Konditionierungen) abklingen.

Ein strukturiertes selbstgesteuertes Leben zeichnet sich aus durch Leistungsbereitschaft, soziale Einbindung, Disziplin, Verantwortlichkeit, Liebe, Training, Humor und Engagement. Dies hält derartige neurotische Impulse in Grenzen, macht diese steuerbar und kann diese auch im Laufe des Lebens aktiv eindämmen und zurückentwickeln (Gegenkonditionierung).

Andererseits verhaften unreife Menschen einer infantilen lustgesteuerten Lebensführung. So können sich diese neurotischen Impulse zunehmend verstärken und verselbstständigen.

This suffering is usually subconscious and results in conditioned reflexes. If it becomes increasingly aware you can better control it. Many people can overcome this actively or at least compensate it.

We often see mild conditioned responses such as addiction, perversion, personality disorders (histrionic, anankastic, schizoid), posttraumatic stress, nightmares, dulling and overstimulation. Conditioned responses with behavioral problems and somatization are not infrequent.

Psychoneurotic diseases are severe (anxiety disorders, depression, obsessive compulsive disorder, etc.). Quite interesting the borderline disorders that run worse with therapy; borderlines can be helped with ZEN Buddhist support (recognize your conditioning).

A structured self-directed life is characterized by motivation, social inclusion, discipline, responsibility, love, training, humor and commitment. This limits such neurotic impulses, making these controllable and can actively mitigate them in the course of life (counterconditioning).

On the other hand, immature humans prefer an infantile lust-driven lifestyle. So these neurotic impulses may increasingly intensify.

251

DESTRUIERENDE IMPULSE:

Das Gehirn, unser ICH, wird zunehmend zu dem, was wir daraus machen. Die positive Entwicklung von positiven Tugenden erfordert Beharrlichkeit, Ausdauer, Selbstbeherrschung, Disziplin und Fleiß. Die westliche Welt basiert auf unschätzbar hohen Idealen. Freiheit, Gleichheit und Gerechtigkeit geben grundsätzlich jedem die Möglichkeit sich zu entfalten. Diese Chance beruht auf Solidarität, Liebe, Mitgefühl, Leistung, Disziplin, Fleiß, Bildung und gesellschaftlich positiv formulierten Zielen.

Und leider funktioniert auch das Gegenteil sehr gut – und ist für den Menschen erst mal „verführerischer" (Bibel und vorher Herakles: der schlechte Pfad ist breit und bequem, der gute Pfad ist schmal, steinig, dornig und steil). Die Entwicklung von Bildung, Humor, Eloquenz, Leistung, Stärke und Kultur werden als mühselig wahrgenommen.

Die pluralistische freie Gesellschaft erlaubt es, dass wir uns wertfrei ins Leben stellen und auf die Dinge so reagieren wie sie kommen. Derart eröffnen sich unendlich viele Chancen und Möglichkeiten, es steigen aber auch die Risiken.

Die meisten Menschen können sich selbst nicht steuern. Der Mensch ist stark konditioniert durch seine Entwicklung, Umwelt, Gedanken und Emotionen. Christliches und humanistisches Denken soll positiv konditionieren, ZEN soll helfen diese Konditionierungen zu erkennen, um diesen unterbewussten Steuerungsimpulsen gezielt eine positive Richtung zu geben.

Angstbesetzte destruktive Impulse werden sehr viel leichter initiiert und vernetzt als positive konstruktive Kaskaden. (plastisches Beispiel: man kann leichter auf einem Flügel sinnlos rumhämmern, als ein schönes Musikstück zu spielen) Zudem sind viele Menschen benachteiligt durch Krankheit, schwierige Entwicklung, ungute mentale Voraussetzungen, belastende bis unerträgliche Lebensumstände.

Dann entstehen Kompensationsstrategien:

- Flucht in Zerstreuung, Ablenkung
- Alkohol, Rausch, Lust
- Nichtstun, Phlegma, Bequemlichkeit,
- Neid, Hass, Eifersucht
- ungerichtete Angst (Versagensängste)
- Und dann trotzdem Suche nach Anerkennung und Gruppenzugehörigkeit
- mit dem hohen Risiko der Fremdsteuerung (externer Strukturgeber)

252

DESTRUCTIVE IMPULSES:

The brain, our ego is what we make of it. Building up positive virtues requires persistence, perseverance, self-control, discipline and diligence. The Western world is based on highly appreciated ideals. Freedom, equality and justice give everyone the opportunity to unfold. This opportunity is based on solidarity, love, compassion, power, discipline, hard work, education and positively formulated goals.

Unfortunately, the opposite works very well – and is for us very "seductive" (Bible and, before, Herakles: the bad path is wide and comfortable, the good path is narrow, stony, thorny and steep). The development of education, humor, eloquence, power, strength and culture are perceived as cumbersome.

The pluralistic free society allows us to face the values of a free life and react to things as they come. We have endless opportunities and possibilities, but it also increases the risks.

Most people cannot control themselves. Man is strongly conditioned by his development, the environment, thoughts and emotions. Christian and humanist thinking should condition positively. ZEN is designed to identify these conditionings, to give these subconscious impulses a positive direction.

Destructive impulses are much more easily initiated and cross-linked as a positive constructive cascade. (example: one can easily jingle randomly on a grand piano, but it needs education to play a beautiful piece of music). In addition, many people are disadvantaged by illness, difficult development, unpleasant mental conditions or unbearable living conditions, which favours bad thinking.

Then arise compensation strategies:
- Escape into distraction and dispersion.
- Alcohol, noise, lust
- Laziness, phlegm, convenience,
- Envy, hatred, jealousy
- Undirected anxiety with fear of failure
- And then still looking for recognition and group membership
- With the high risk of external control (external donor structure)

254

Diese Muster finden wir in primitiven Strukturen, wie kriminellen Vereinigungen, bei Terroristen, Fanatikern, aggressiven Kulturen. Das ist vielleicht auch der Grund, warum uns dies am Fernsehapparat so bindet; da
entdecken wir unsere Urtriebe, die wir heute nicht mehr ausleben können.
Man ist überrascht, wie schnell diese in den Vordergrund kommen, wenn
die Kontrollinstanzen schwach werden oder weg fallen oder dies erlaubt
wird. Klassische Beispiele sind Konzentrationslager, Gewalt in Städten,
Terror im Nahen Osten.

Archetypische vorchristliche Strukturen waren zunächst kraftvoll:
- einige Begriffe waren:
- Kraft, Abhärtung, Durchhaltevermögen, Wildheit
- Ungezügeltes Ausleben von Bedürfnissen, ohne Rücksicht
- nur nach hierarchischer Abstufung
- keine Geisteskultur, stattdessen angstbesetzter Götterglauben

Anmerkung:
- dies wurde gezielt instrumentalisiert im 3. Reich,
- war zunächst faszinierend und ist es bis heute noch
- (Faszination archaischer Triebe, täglich im TV und Magazinen),
- und induzierte zuletzt den eigenen Untergang;
- der interessanterweise auch im Falle eines Sieges eingetreten wäre,
- weil es keine nachhaltig produktiven Strukturen (außer Krieg und
  Ausplünderung) gab .

Diese aggressiven primitiven Grundmuster haben naturgemäß alle Menschen, interkulturell, in unserer Grundstruktur (Archetypus) bei jedem
verankert. All diese Impulse sind in jedem von uns verwurzelt. Sie waren
ontogenetisch wichtig, als die Menschen sich in jagenden Horden ausbrei-
teten. Derartige Muster waren für das Überleben der Gruppe und der
Horde wesentlich.

**Und es wird vom Menschen noch viel bösartiger umgesetzt
als von Tieren:**

„Er würd' ein bisschen besser leben,
hättest Du ihm nicht den Schein des Himmelslichts gegeben.
Er nennt's Vernunft und nutzt's allein,
nur tierischer als jedes Tier zu sein".

This pattern is within us and is found in primitive structures such as criminal organizations, terrorists, fanatics, aggressive cultures. This is perhaps also the reason why this fascinates us so much on TV; here we discover our primal instincts that we can no longer live out openly today. It is amazing how quickly they come into operation when the supervisory authorities are weak or drop off or this is permitted. Classic examples are the concentration camps, urban violence, terrorism in the Middle East.

255

Archetypal pre-Christian structures were initially powerful:
- Some of the terms were:
- Strength, resilience, perseverance, wildness
- Unbridled regardless acting out of needs and desires
- Only hierarchically graded
- No educational culture, instead deism based on fear and threats

Note:
- This was specifically exploited in the 3rd Reich,
- It was initially fascinating and it's like that until today
- (archaic fascination of our drives daily on TV and internet)
- and induced the own demise;
- which would have occurred, interestingly enough, in case of victory,
- because there were no sustainable productive structures (except war and plunder).

We find these aggressive primitive patterns in all people, intercultural, in our basic structure (archetype). All these impulses are rooted in each of us. They were ontogenetically important as people spread out in hunting hordes. Such patterns were essential for the survival of the group and the tribe.

People implement their instincts even more maliciously than animals:
"He might appreciate life a little more: he might,
If you hadn't lent him a gleam of Heavenly light:
He calls it Reason, but only uses it –
To be more a beast than any beast as yet".

Und dann noch das hochgewichtige archaische Bedürfnis nach Gruppenzugehörigkeit, allgemeine Anerkennung und vor allem Anerkennung durch eine bestimmte Bezugsperson, und schon hat man eine kriminelle Bande, einen Führer oder eine Terrorgruppe. Dieser Reflexbogen funktioniert ganz wunderbar, und bedarf deshalb in der westlichen Welt eines ganz bewussten Gegengewichtes; das müssen wir nun erkennen und Konsequenzen daraus ziehen.

Die moderne westliche Welt erfordert Talent, Leistungebereitschaft, Einfühlungsvermögen, sehr komplexe und schwierige Anpassungsstrategien. Diese sind sehr schwer umzusetzen und mit viel Versagen und Frustration verknüpft.

Im Vordergrund steht die Möglichkeit diese Anstrengungen nicht erbringen zu müssen, und wenn möglich das rauschhafte Erleben des eigenen aggressiven Tuns; dies wird aber meist nicht möglich sein, und es werden dann Kompensationsstrategien (s.o.) entwickelt; und damit beschädigt man sich aber kontinuierlich und zunehmend selbst und sein Umfeld (Anmerkung: die Sünden der Väter werden bis ins siebte Glied bestraft).

Aggression ist ein biologisch fundiertes archetypisches Verhaltensmuster zur Verteidigung und Gewinnung von Ressourcen sowie zur Bewältigung potenziell gefährlicher Situationen. Aggression wird über Angst getriggert, viele Menschen haben viel Angst – „Angst fressen Seele auf".

Angst vor der Zukunft.
Angst vor Mitmenschen, Vorgesetzten, Arbeit, Hartz-4, Krankheit,
Angst vor Verachtung, Ausgrenzung usw.
Angst vor Gewalt, Unterdrückung, Ausgrenzung, Gemeinheiten, Spott,
Angst vor dem eigenen Versagen, Kränkungen und Niederlagen,
Angst vor der schwächenden lähmenden ungerichteten Angst.

Das ist das sehr große Verdienst des Christentums, Liebe, Mitgefühl, Solidarität und Hilfe für die, die dessen bedürfen, das zentrale Thema der westlichen Gesellschaft. Die westliche Gesellschaft beruht auf dem Christentum, das uns sehr positiv geformt hat. Hier sehr interessant ZEN, Buddha erkannte, dass das Leben Angst ist und zeigte auf, wie man dies für sich selbst langsam zu steuern lernt.

Und auch hier wieder Jing und Jang, das Gute und das Schlechte, das Zerstörerische und das Konstruktive liegen sehr nahe beieinander, sind oft die beiden Seiten derselben Medaille, und dies kann in der Gesellschaft und beim Einzelnen ganz schnell kippen. Deshalb müssen wir diese destruierenden Impulse kennen, erkennen und benennen, um ihnen bereits ganz früh entgegen wirken zu können.

And then the highly valued archaic need for group membership, general acceptance and especially for recognition by a particular caregiver – and you've accomplished a criminal gang, autocratic leadership or a terrorist group. This effect works out great. Therefore the Western world requires a strong balance counterweight; it is indispensable to recognize this and draw the consequences.

The modern Western world requires talent, motivation on purpose, empathy, very complex and difficult adaptation strategies. These are very difficult to implement and are linked to a lot of failure and frustration.

In the foreground people seek ways to avoid this effort and prefer the ecstatic experience and aggressive actions This is usually not possible, and a lot of people develop compensatory strategies. This way they damage themselves continuously and increasingly, and also their environment and family (note: the sins of the fathers are punished to the seventh generation).

Aggression is an archetypal patterns of behavior for the defense and recovery of resources and to escape potentially dangerous situations. Aggression is triggered by fear, many people have a lot of fear – "fear devour the Soul". Fear of the future.

Fear of fellow human beings, supervisor, work, disease,
Fear of contempt, exclusion, etc.
Fear of violence, oppression, exclusion, nastiness, mocking,
Fear of one's own failure, slights and defeats,
Fear of a debilitating crippling undirected anxiety.

The very great merits of Christianity are love, compassion, solidarity and support for those who need it, the central theme of our Western society. Western society is based on Christianity, which has shaped us very positively. Very interesting in this context is ZEN, Buddha realized that life is fear, he taught us to slowly control thinking, emotions and keep control for ourselves.

And here again Jing and Jang, the good and the bad, the destructive and the constructive are very close together, are often the two sides of the same coin, and this may tilt quickly in society and the individual. Therefore, we need to know these destructive impulses to counteract them very early.

DEPRESSION UND ANGST:

Langanhaltender Stress soll der wesentliche Auslöser von ungerichteter Angst und Depression sein. Die depressiven Erkrankungen in modernen Industrienationen werden oft in einem Zusammenhang mit den rasanten Veränderungen von Gesellschaft und Wirtschaft gesehen. Dabei sollen angeblich Faktoren wie Arbeitsplatzunsicherheit, wachsende Anforderungen an Mobilität und Flexibilität, Auflösung vertrauter Strukturen, Leistungsdruck und innerbetrieblicher Konkurrenzkampf eine zunehmende Rolle spielen.

Dies ist jedoch offensichtlich falsch. In Krisen- oder Kriegszeiten – also in Phasen größter psychischer Verunsicherung und existenzieller Bedrohung – geht die Zahl der depressiven Erkrankungen und suizidalen Handlungen deutlich zurück. Dieser Effekt zeigt sich in allen europäischen Ländern und gilt sowohl für Männer als auch für Frauen. Stress ist eine natürliche positive Reaktion des Körpers. Diese durchaus gesunde Reaktion des Körpers führt zu erhöhter Leistungsfähigkeit und sowohl in mentaler als auch körperlicher Hinsicht. Auch Menschen, die um ihre Existenz kämpfen und Krisen bewältigen, haben diese Erkrankungen nicht.

Angsterkrankungen und Depressionen nehmen zu, wenn Menschen unter besten Bedingungen leben, in unserer BRD sind 10 - 20% betroffen! Im Klinikalltag sind es um 30%. Meist die Menschen, die das angenehmste Wohlleben führen können. Hauptauslöser scheint zu sein, wenn Menschen sich keiner Aufgabe und Verantwortung stellen und ihr Lebensziel in Bequemlichkeit favorisieren. Das Vermeiden und die unzureichende Bewältigung gestellter Aufgaben induziert Angst, chronische Nervosität und befördert zuletzt das Gefühl steter Überforderung. Veränderungen im Gehirnstoffwechsel sind sekundär. Das Gefühl der Insuffizienz erzeugt Angst und Depressionen, und dies muss nicht vordergründig bewusst sein. Die beste Therapie ist sehr straffe externe Strukturierung mit Arbeit, Leistung. Verantwortung und Erfolgen – dem entziehen sich aber meist die Patienten und auch die Therapeuten.

Die beste Therapie wäre, wenn man diese Menschen zu einem geregelten und arbeitssamen Tagesablauf „zwingt" (Therapiegruppe, Klinik, Familie, Partner, Betrieb); man führt sozusagen mit Disziplin und Fleiß eine positiver Wertschätzung und ein positives Selbstwertgefühl herbei. Leider sind sehr viele Menschen nicht gewillt etwas an ihrem Leben zu verändern und geraten recht rasch zu einem sogenannten sekundären Krankheitsgewinn.

DEPRESSION AND ANXIETY:

Prolonged stress should be the main trigger of undirected anxiety and depression. The depressive disorders in modern industrialized nations are often seen in a context of the rapid changes of society and the economy. These alleged factors, such as job insecurity, growing demands for mobility and flexibility, the dissolution of familiar structures, pressure to perform and in-house competition are said to play an increasing role.

However, this is obviously wrong. In times of crisis or war – ie in phases of greatest psychological insecurity and existential threat – the number of depressive disorders and suicidal acts are significantly lower. This effect manifests itself in all European countries, and applies to both men and women. Stress is a natural positive response of the body. This quite healthy reaction of the body leads to increased efficiency in mental and physical ways. Even people who are struggling for their existence and manage crises don't have these diseases.

Anxiety disorders and depression increase as people live under the best conditions, in our FRG 10 – 20% are affected! In everyday clinical practice around 30%. People who can lead the most pleasant life avoiding duties and responsibilities and favor convenience are mostly affected. Avoiding tasks and inadequate coping induce anxiety and promoted a feeling of constant overwork. The changes in brain metabolism are secondary. The feeling of insufficiency creates anxiety and depression, and this must not be obvious. The best therapy is very tight external structure with work performance. Responsibility and success – mostly the patient and the therapist try to escape them.

The best therapy would be if these people are forced to practise a regulated industrious daily routine (job, profession, family, partners, firm). Discipline and diligence produce a positive appreciation and a positive self-esteem. Unfortunately, many people are not willing to change their lives, they seek for an advantage by being mentally ill. This can be the attention of a therapist, sick leave, convenience, inactivity.

Die Aufmerksamkeit eines Therapeuten, Krankschreibungen, Bequemlichkeit, Inaktivität uvm. verselbstständigen sich leider rasch. Oft sind diese Einstellungen familiär vorgegeben und werden als „normal" vom Betroffenen wahrgenommen. Die Krankheit Depression gestattet Nichtstun und Trägheit, Antidepressiva werden anhaltend notwendig, Psychotherapie wird zum bequemen Weg des geringsten Widerstandes. Viele Ärzte und Therapeuten bestärken leider depressive Menschen in ihrer Rolle. Ähnlich den Alkoholikern wird in aggressiver Weise das direkte Umfeld damit sehr belastet.

Often these settings are predefined in a family and perceived as "normal" by the persons concerned. The disease depression permits idleness and inertia, Antidepressants are persistently needed, psychotherapy becomes a convenient path of least resistance. Unfortunately, many doctors and therapists encourage depressed people in their roles. Just like with alcoholics, the direct environment is worried highly and refuses criticism aggressively. The family "protects" alcoholics and depressive partners too much.

RESILIENZ:

Menschen, die als resilient bezeichnet werden, sind in der Lage Belastungssituationen und auch Niederlagen und Tiefschläge gut zu meistern. Selbst aus Krisensituationen können sie gestärkt hervorgehen. Selbstvertrauen und Selbstbewusstsein sind vordergründige Begriffe.

Resilienz findet man bei disziplinierten, geordneten, gebildeten und fleißigen Menschen. Sie können sich aus jeder beliebigen Lage wieder selbst aufrichten. Schematisch kann man sich diese Art von Resilienz auch als ein System vorstellen, das nach einer Störung immer wieder zum „Grundzustand" zurückkehrt. Ein eng verwandter Begriff ist Selbstregulation.

Die 7 Säulen der Resilienz:

Optimismus: Resiliente Menschen setzen ihren Optimismus ganz gezielt ein, um ihre eigenen Ressourcen effektiv und zielgenau einzusetzen.

Akzeptanz: Nur wenn die Krise erkannt und akzeptiert wird, kann sie auch angegangen werden.

Orientierung auf eine Lösung: Lösungsorientierung und Zieldefinition

Aktiv gestalten: Aufmerksamkeit nicht nur auf andere Personen und Umstände richten, sondern in erster Linie sich selbst fordern. Sie versuchen Umstände aktiv und selbst zum Besseren zu verändern.

Verbindliche Verantwortlichkeit: Dazu gehört, dass man die Konsequenzen von Vermeidungsstrategien (Bequemlichkeit, Nichts-Tun) erkennt und stattdessen aktiv, engagiert, gebildet, diszipliniert und fleißig wird.

Netzwerke aufbauen: Indem man etwas mit und für andere tut!

Zukunft planen und gestalten: Pläne und Gestaltung des Lebens – vor allem mit altruistischen Zielen. Anmerkung: Sinntherapie nach Fabry und Frankl.

RESILIENCE:

People who are called resilient, are able to cope with stressful situations. They also resist defeats and low blows well. Even from crisis situations they can emerge stronger. Confidence and self-esteem are superficial terms.

Resilience is found in disciplined, orderly, educated and hardworking people. They can raise themselves from any position. One can imagine that resilience as a system that repeatedly returns to the "original ground level state" after a disturbance. A closely related concept is self-regulation.

The 7 pillars of resilience:

Optimism: Resilient people use their optimism to effectively and accurately strengthen their own resources.

Acceptance: Only when the crisis is recognized and accepted, it can also be addressed.

Orientation on a solution: solution-oriented and goal definition

Active shaping: focus attention not on other people and circumstances, but, in the first place, demand yourself. Circumstances are actively improved by yourself.

Binding responsibility: This means that you can see the consequences of avoidance strategies (ease, doing nothing) and being actively engaged, educated, disciplined and hardworking instead.

Build networks: By doing something with and for others!

Future plan and design: plan and design of life – especially with altruistic goals. Note: so called "logo therapy" according to Fabry and Frankl.

11. ENTWICKLUNGSPSYCHOLOGIE

Das Gehirn des kleinen Kindes entwickelt sich erst mal rasant:

- Die Gehirnentwicklung und das Lernen beginnen in der 2. Schwangerschaftswoche.
- Die Anzahl der Gehirnzellen ist beim Neugeborenen gleich einem Erwachsenen.
- Die wesentlichen Synapsenbildungen, Verbindungen, Vernetzungen der Neuronen und Myelinisierungen finden vor dem 3. Lebensjahr statt.
- In der frühen Kindheit wird die Basis für alle späteren Entwicklungen gelegt.
- Bis zum 6. Lebensjahr besteht der höchste Grad der Vernetzung von Neuronen.
- Das sind doppelt so viele wie beim Erwachsenen; leider wird meist bis zum Jugendalter wieder abgebaut – auf den Stand mit ca. 2 Jahren.
- Welche Verbindungen erhalten und verstärkt werden, wird durch Lernen, Erfahrungen und von den Umweltreizen bestimmt.

Besonders bedeutsam ist die frühe Bildung der Kinder:

- Die Synapsen sind entscheidend für die Verarbeitungskapazität und Lernfähigkeit.
- Aufgrund der Plastizität des Gehirns und der Ausbildung von neuronalen Netzwerken sind Lernanreize von außen, Erfahrungen und aktives Tun ganz wesentlich.
- In den ersten 10 - 12 Jahren wird der Grundstein für die weitere kognitive Entwicklung gelegt.

Prozesse, die Entwicklung bewirken:

- Gene und körperliche Entwicklung.
- Lebensphasen, z.B. Sprachentwicklung im Kindergartenalter, Lesen und Schreiben im Grundschulalter, dann Sachlernen und daraufhin Identitätsfindung im Jugendalter. Reifung und verbindliche Übernahme von Verantwortlichkeit durch den jungen Erwachsenen.

11. DEVELOPMENTAL PSYCHOLOGY

The brain of the small child develops fast:

- Brain brain development and learning begin in the second week of pregnancy.
- The number of brain cells in the newborn is equal to that of an adult.
- The main synapse formation, connections, networks of neurons and myelin-formations take place before the age of 3.
- In early childhood, the basis for all subsequent developments is placed.
- Up to 6 years of age the highest degree of crosslinking of neurons is made up.
- These are twice as many as in adults; unfortunately this is usually degraded through adolescence – to the level of about 2 years.
- Which links are strengthened is determined by learning, experience and environmental stimuli.

Early education of children is of particular importance:

- Education is not only and primarily regulation
- but promotion, encouragement, support, assistance, patronization, being an example, showing and living strong valuable structures.
- The synapses are essential for the processing capacity and the ability to learn.
- Due to the plasticity of the brain and the formation of neural networks learning incentives from outside, experiences and positive action are quite essential.
- In the first 10-12 years the foundation is laid for further cognitive development.

Processes which form our development:

- Gene and physical development.
- Stages of life, such as language development in preschool, reading and writing in primary school age, then tangible learning and then identity in adolescence. Maturation and mandatory takeover of responsibility by the young adults.

- Beeinflussung der Entwicklung durch Vorbilder, Normen und Werte der Familie, Ziele, Ideale, das „Milieu", Religion, Medien und Kultur.
- Kritische Lebensereignisse: belastende Ereignisse, z. B. Krieg, Unfall, Verlust, Trennung, Scheidung der Eltern, Krankheit.

Erklärungsmodelle für Entwicklung:

- Umweltmodell: Entwicklung durch Einflüsse von außen.
- Dispositionsmodell: Reifung nach genetisch festgelegtem Plan.
- Selbstgestaltungsmodell: Gestaltung der Entwicklung nach eigenem Willen.
- Interaktionistisches Modell: Mensch und Umwelt als sich gegenseitig bedingendes System.

Bindungen beeinflussen die Entwicklung:

- Sicherheit: die Kinder erfahren Unterstützung und Sicherheit, sie werden dadurch emotional und sozial kompetent.
- Unsicher–vermeidend: Menschen neigen aufgrund der Erfahrung von Zurückweisung oder Kränkung entweder zu aggressivem Verhalten oder zum Rückzug.
- Unsicher-ambivalent: widersprüchliches Verhalten aufgrund von unberechenbaren Bezugspersonen.
- Desorganisiert: stete Unverbindlichkeit, induziert häufig Verhaltensauffälligkeiten

Es gibt Entwicklungsrisiken:

- **Biologische Risiken:** z. B. Frühgeburt, Rauchen oder Alkohol der Mutter in der Schwangerschaft, genetische Dispositionen
- **Kindbezogene Risiken** („Charakter"): z. B. geringe Intelligenz, schwieriges Temperament („Schreikind"), mangelnde emotionale, soziale und emotionsregulierende Fähigkeiten, dadurch negative Wirkung und negatives „Feedback" der Umwelt.
- **Umfeldbezogene Risiken:** kriminelle Gegend, fehlendes oder ungutes soziales Netzwerk
- **Und familiäre Risiken:**
  - z. B. niedriger sozioökonomischer Status, fehlende Bildung der Bezugspersonen, abwertendes/inkonsequentes/schwaches Erziehungsverhalten der Eltern, psychische Erkrankung einer Erziehungsperson.

- Influencing the development of role models, norms and family values, goals, ideals, the "milieu", religion, media and culture.
- Critical life events. Stressful events, such as war, accident, loss, separation, divorce of parents, illness.

Explanatory models for development:

- Environmental model: development by outside influences.
- Disposition Model: maturing by a genetically fixed plan.
- Self-Design Model: design of development at will.
- Interaction model: mutual interaction by the people and their environment.

Relationships influence the development:

- Safety: the children receive support and security by that, they will be emotionally and socially competent.
- Insecure-avoidant: People either tend to be aggressive or to retreat due to the experience of rejection or humiliation.
- Insecure-ambivalent contradictory behavior due to unpredictable caregivers.
- Disorganized: constant non-binding nature often induces behavioral problems

There are development risks:

- **Biological risks:** for example premature birth, smoking or alcohol of the mother during pregnancy, genetic susceptibility.
- **Child-related risks** ("character"): for example, low intelligence, difficult temperament ("cry baby"), lack of emotional, social and emotion-regulating skills, thereby negative effects and negative "feedback" of the environment.
- **Environment-related risks:** criminal area, missing or uncomfortable social network
- **And family risks:**
  - for example low socioeconomic status, lack of education by role-models, pejorative / inconsistent / weak parenting behavior of parents, mental illness of an educating person.

267

268

- Insbes. bei sog. „bildungsfernen Familien" und solchen mit Migrationshintergrund wurde in Studien festgestellt, dass die Förderung der geistigen Fähigkeiten der Kinder oft unzureichend ist und Defizite in der Entwicklung bestehen.
- Für diese Kinder ist der sehr frühe Besuch einer guten Kindertagesstätte von großer Bedeutung, um eine gute Entwicklung zu fördern
- Defizite in der frühkindlichen Förderung und Entwicklung beeinflussen die gesamte Bildungs- und Lebensbiografie negativ!
- Ebenso ist das Gesundheitsverhalten (Ernährung, Bewegung, Rauchen, Alkohol) abhängig vom sozioökonomischen Status

Unterschieden werden verschiedene Kompetenzbereiche:

- **Individuumsbezogen:** z.B. Entwicklung eines positiven Selbstkonzeptes, Selbstwirksamkeit, Selbstregulation, Neugier und Interesse, Erkennen und Umgang mit Gefühlen bei sich selbst und anderen, Entwickeln von Problemlösungsstrategien, Kreativität, Denkfähigkeit und Gedächtnis, differenzierte Wahrnehmung, Körper- und Gesundheitsbewusstsein, Stressbewältigung.
- **Handeln im sozialen Kontext:** z.B. Empathie, Kommunikations-, Kooperations- und Teamfähigkeit, Entwicklung von Werten, Fähigkeit und Bereitschaft zur Verantwortungsübernahme für sich und andere, Umwelt und Natur, Fähigkeit und Bereitschaft zur demokratischen Teilhabe und Engagement.
- **Lernen und Lernmethodik:** z.B. bewusster, selbstgesteuerter und reflektierter Erwerb von neuem Wissen, Anwendung und Übertragung dieses Wissens, Beobachtung und Regulation des eigenen Lernverhaltens.
- **Umgang mit Belastungen und Veränderungen:** siehe unter Resilienz
- **Schutzfaktoren:** Bezugspersonen, die eine stabile emotionale Beziehung bieten / ein positiver Erziehungsstil / Modelle positiver Bewältigungstrategien / unterstützende soziale Beziehungen / positive Lernerfahrungen z. B. in einer Kita und in einer guten Familie.

- esp. in so-called "uneducated families" and those with an immigrant background we found in studies that promotion of the mental abilities of children is often inadequate and shortcomings in development exist.
- For these children the very early attendance of a good daycare is of great importance to foster a positive development.
- Deficits in the early childhood in terms of education and development affect the entire career and life biography negatively!
- Similarly, health-related behavior (diet, exercise, smoking, alcohol) depends on the socio-economic status

Different areas of competence:

- **Individual-related:** e.g. development of a positive self-concept, self-efficancy, self-regulation, curiosity and interest, recognizing and dealing with emotions in oneself and others, developing problem-solving strategies, creativity, thinking skills and memory, differentiated perception, body and health awareness, coping with stress ,
- **Acting in a social context:** e.g. empathy, communication, cooperation and teamwork, development of values, ability and willingness to take responsibility for oneself and others, the environment and nature, ability and willingness to democratic participation and commitment..
- **Learning and learning methods:** For example conscious, self-directed and reflected acquisition of new knowledge, application and transfer of this knowledge, observation and regulation of one's own learning patterns.
- **Dealing with stress and changes:** see resilience
- **Protective factors:** caregivers who provide a stable emotional relationship / a positive parenting style / positive coping skills / supportive social relationships / positive learning experiences for example in a day care center and in a good family.

Zusammenfassung:

- Die Kindheit ist ganz wesentlich für die Entwicklung.
- Vor allem Sprache ist das zentrale Thema. Lieder singen, Bilder zeigen, Vorlesen und Geschichten erzählen. Und dies gepaart mit Humor, Lebenswitz, Eloquenz, Vermittlung von Werten und Zielen, Anerkennung und Liebe.
- Leider wird bis zur Jugend meist wieder abgebaut! Und viele Menschen vernachlässigen weiterhin im Erwachsenenalter das Engagement für den eigenen Geist und Körper mit kontinuierlichem Abbau.
- Entwicklung endet aber nicht mit der Kindheit bzw. Jugend – Entwicklung findet über die gesamte Lebensspanne statt.
- Einige Stichworte sind: Lernen, Lesen, Erarbeiten, Entwickeln, Meditation oder Gebet, Singen, Gedichte rezitieren, Musizieren, Schauspielen, Humor und Kommunikation üben, kultivieren von Tugenden, Kunst, Sport, Muskelaufbau, Tanzen, TaiChi, Engagement, Ideale, Ziele, Werte, Tugenden, Disziplin, Fleiß und verbindliche und zuverlässige Übernahme von Verantwortung.
- Nicht-Entwicklung von Geist und Gehirn ist steter Abbau. Dies bewirkt zunehmendes Versagen und Ängste, und auch eine frühe dementielle Entwicklung.
- Entwicklung wird heute als ein das ganze Leben andauernder Prozess der Auseinandersetzung des einzelnen Menschen mit sich und der der Umwelt angesehen.
- Die Arbeit am Körper, Gehirn und am Geist ist ein kontinuierlicher Prozess. Es ist nie zu spät damit zu beginnen. Natürlich je früher, desto besser.

Summary:

- Childhood is very important for the development.
- Above all, language is the central theme. Sing songs, show pictures, tell stories and read aloud. And this combined with humor, wit, eloquence, transmission of values and goals, recognition and love.
- Brain synapsis are often degraded in young people! And many people continuously neglect education in adulthood, the commitment to one's own mind and body with continuous degradation.
- development does not end with childhood or youth – development takes place over the entire lifespan.
- Some keywords are: Learning, development, meditation or prayer, singing, reciting poetry, music, drama, humor and communication practice, cultivating virtues, arts, sports, toning, dance, tai chi, commitment, ideals, goals , values, virtues, discipline, diligence and binding and reliable assumption of responsibility.
- The non-development of mind and brain is constant degradation. This causes increasing failures and fears, and even an early development of dementia.
- Development is now regarded as an ongoing process throughout the life of the confrontation of the individual with himself and the environment.
- Working on body, brain and mind is a continuous process. It is never too late to begin. Of course, the sooner the better.

12. SOZIALES LEBEN UND BEZIEHUNGEN

Sozialpsychologie wird immer bedeutsamer: wie nehmen Menschen sich selbst, ihre Umwelt und sich selbst in ihrer Umwelt wahr, soziale Kognition und Konstruktion einer sozialen Realität.

In einer Umwelt, in der viel Gutes, aber auch viel Bedrängendes einwirkt, muss man mühsam lernen Entstehung, Ursache und Wirkung zu verstehen.

Da werden Kausalitäten konstruiert und Eigenschaften zugeordnet, die zum einen ganz widersprüchlich sein können und andererseits in die Irre führen. Und da wird ganz unterschiedlich interpretiert, da werden objektive Sachverhalte oft gänzlich unterschiedlich verstanden.

Man spricht von Kausalattribution. Die Menschen bleiben natürlich Egoisten – der Self-serving Bias, die Dinge werden zugunsten der eigenen Person verzerrt. Man passt sich an, biegt die Regeln zurecht, sucht seinen Vorteil und übernimmt eine Rolle.

Soziale Prozesse – Einflüsse von Rollen und Regeln:

- Schön, wenn alles klappt – und man schon früh (z.B. durch Familie, Eltern, etc.) eine guten Weg bekommt.

- Aber was ist, wenn das nicht so ist, und man muss nur mit Missfälligkeiten kämpfen (Arbeitslosigkeit, Alkohol, Milieu, etc.).

- Selbst unter optimaler Sozialisation sind Menschen negativ steuerbar:
  - Siehe das bekannte Experiment „Gefangene & Wächter",
  - eine unsägliche Katastrophe, Abbruch nach wenigen Tagen.
  - So erklären sich Folter, systematische Gewalt und Massaker.
  - Was tun, wenn Menschen glauben, dass es richtig ist Böses zu tun ?
  - Und wer wagt es dann noch sich gegen eine aggressive Gruppe zu stellen ?

12. SOCIAL LIFE

Social psychology is becoming increasingly important: how do people realize themselves, their environment and themselves in their environment, what is their social cognition and construction of social reality like.

In an environment in which a lot of good things, but also a lot pressure puts weight on us, we have to learn about the origin, the causes and effects of our social life to understand and handle it.

Causalities are designed that can be very contradictory. Properties are allocated. And all too often everything is mixed up and leads us astray. And things are interpreted quite differently, as even objective facts are often understood in completely different ways.

It is called "causal attribution". People remain natural egotists – the self-serving bias, things are skewed in favor of one's own person. Man seeks his advantage and adapts to bend the rules.

Social processes – influences of roles and rules:

- Well, if all goes well – and you are led a good way (e.g. by family, parents).

- But what if not, and you have to fight with handicaps all the time (unemployment, alcohol, environment, etc.).

- Even under optimal socialization people can be controlled negatively:
  - See the well-known experiment, "prisoners and guards"
  - An unspeakable disaster, abort after a few days.
  - This explains torture, systematic violence and massacres.
  - What to do if people believe that it is right to do evil?
  - And who dares to stand against an aggressive group then?

274

Das hohe Risiko besteht darin, dass dies unterbewusst, bestenfalls vorbewusst geschieht, so dass man zu spät erkennt, welchen Schaden man sich und anderen zufügt.

Interessanterweise erfüllen sich dann auch Erwartungen (self-fulfilling prophecies oder Pygmalion Effekt). Das, was sich die Menschen erwarten und erhoffen, wird begünstigt und befördert.

Soziale Normen:

- Zugehörigkeit zu einer Gruppe → Erwartungen zu erfüllen.
- Negative Konsequenzen → wenn diese nicht erfüllt werden.
- Uniformität → Abweichungen nur teilweise erlaubt
- Zwang ausgeübt → Zurückweisung, Umerziehung, Ausstoßen
- Konformität gibt vor allem Gescheiterten Sicherheit
- Zugehörigkeit
- Konformität fordern schwache Menschen am gnadenlosesten ein,
- selbst wenn Führung Fakten ganz offensichtlich falsch interpretiert:
  - 25% setzen aggressiv die Fehlbeurteilungen der Führungsgruppe um
  - nur 25% der Gruppe bleiben sich treu und unabhängig
  - 50 - 75% variieren, neigen zur Anpassung nach Entwicklung
- Alltagsbeispiele:
  - Drogenkonsum bei Jugendlichen.
  - Firmen: „ungeliebte" Meinungen-Standpunkte werden sanktioniert.
  - Die Mehrheit schweigt meist
  - Aggressive Minderheiten setzen sich meist durch
  - organisiert-konsequent-aggressiv-überzeugt-konstant
  - wird der Mehrheit eine Richtung aufgedrängt.

Gruppenpolarisierung:

- Gruppen neigen zum Polarisieren
- Bedürfnis nach Aufrechterhaltung eines gemeinsamen Eindrucks
- Da überbietet man sich dann sogar in der Polarisierung
- Gruppendynamik – Ausgrenzung – usw.
- Situation – Gruppe – Norm → da können auch kluge vernünftige Menschen etwas ganz Irriges tun, meist aggressiv und ausgrenzend.
- Zu oft Instrumentalisierung einer Gruppe mit Feindbildern.

The fatal risk is that this happens subconsciously, at best preconsciously. Too late people realize the damage inflicting others and themselves.

Interestingly, subconsciously we fulfill expectations we have (self-fulfilling prophecies or Pygmalion effect). What people expect and hope for is favored and promoted.

Social norms:

- To comply with belonging to a group → expectations are to be fulfilled
- Negative consequences → if these are not met.
- Uniformity → deviations allowed only partially
- Coercion exercised → rejection, re-education, Emitting
- Conformity gives security to people who have failed → Affiliation
- Especially weak persons demand compliance mercilessly,
- even if the leaders obviously misinterpret the facts:
  - 5% aggressively execute even obvious misjudgments of the leader
  - only 25% of the group remain true to themselves and independent
  - 50 – 75% vary, tend to adapt with regard to the development
- Everyday examples:
  - Drug use among young people.
  - Company: "unloved" opinions (positions) are sanctioned.

  - The majority is mostly silent
  - Aggressive minorities seek for dominance.
  - they are organized-consistent-aggressive-convinced-constant
  - The majority is often dominated by an aggressive minority.

Group polarization:

- Groups tend to polarize
- There is a strong human longing for maintaining a common impression
- The demarcation to other groups (persons) is important.
- Group dynamics – standards – exclusion à even wise people can do something completely erroneous, mostly aggressive and exclusionary.
- Too often a group is exploited with the image of an enemy (bogeyman).

Man findet das abgemildert im Alltag:

- Arzt/Pflege/Arzthelferin – Patient (Helferleinsyndrom – Dominanz)
- Vorgesetzter – Arbeiter (z. B. Putzkolonnen, Baustelle-Leiharbeit)
- Ehe mit Abhängigkeitsverhältnis
- Gescheiterte Eltern – kleines Kind (Kind als „Ventil")
- Behörden (Schikane mit Vorschriften)
  - → Freude an der Kontrolle über andere Menschen
  - → Dominanzstreben als wichtiger Lebensinhalt
  - → eigene Defizite damit verschleiern.

Prosoziales Verhalten – Altruismus:

- Prosoziales Verhalten, das in erster Linie weitestgehend ohne Berücksichtigung der eigenen Sicherheit oder eigenen Interessen durchgeführt wird.
- Vereinzelt mit hohen Risiken oder Opfern,
- ontogenetisch sinnvoll zum Erhalt der Gruppe (Familie, Stamm, Land)
- emotionale Verbundenheit, Empathie (Nähe, Kindchenschema, Schönheit, etc.),
- reziproker indirekter Altruismus sogar im Tierreich, Nutzen kommt zurück,
- Anerkennung, soziale Beziehungen stärken,
- eigene Person in der Gruppe stärken,
- Zugehörigkeit, Identifikation.
- Christentum („Liebe"): positiver Bewertung durch die Gruppe
- Auch im ZEN ist „Mitgefühl" ganz hoch angesiedelt;
- Hilfemotivation ist interkulturell genetisch angelegt,
- Hilfemotivation kann durch Bitten aktiviert werden

aber:

- Verantwortungsdiffusion → je mehr Zuschauer, desto
- weniger ist der einzelne „zuständig"
- Bewusst nicht bemerken → man schaut weg, wenn die Risiken oder der Preis zu hoch sind.
- Gruppendynamik, Gruppe bewertet Notfall nicht als Notfall
  - → dann wird nicht geholfen!

One finds this mitigated in everyday life:

- Nurses – physicians – patients → dominance
- Foreman – supervisor – workers → e.g. cleaning crews, loan working
- Marriage with unidirectional dependency
- Failed parents – young child → child as a "scapegout"
- Authorities, chicanery with regulations and rules
  → joy of control over other people
  → striving for dominance is important in life
  → concealing one's own deficits.

Prosocial behavior – altruism:

- Altruism is a prosocial behavior that is carried out idealistically without regard to one's own security or one's own interests.
- Sometimes disregarding high-risk or victims,
- Ontogenetic meaningful to stabilize the tribe (family, group, country) with emotional attachment, empathy
- We mostly see the reciprocal indirect altruism (even in animals), do something good and the benefit comes back
- People gain recognition and strengthen social relations.
- And they stabilize themselves within the group.
- Prosocial behavior supports belonging and identification.
- Developed by Christianity – love gets a positive evaluation by the group
- Even in ZEN "compassion" is highly valued;
- The motivation to love and to help is interculturally and genetically determined. The motivation to help can be activated by pleaing and begging.

BUT:

- Diffusion of responsibility → The more viewers, the less is the individual responsibility
- Ignoring → People look away, when the risks or the price are too high.
- Group dynamics, group rating emergency not as an emergency
  → then the single person will not help!

Aggression und Hass:

- In der Kindheit Manipulation mit Schuld-Schamgefühl,
- dies bewirkt Unterdrückung, Hemmung und wiederum Aggression.
- Schwache Geschöpfe, die unsicher sind, ziehen sich entweder zurück, oder werden aggressiv.
- Ausmaß auch genetisch-hormonell vorbestimmt (u.a. Zwillings-studien).

- Hemmung und Enthemmung von Aggression in der Amygdala,
- Größe der Amygdala und eine MAOA-Gen korrelieren mit Aggression,
- kann hormonell aber auch mit Elektroablation beeinflusst werden.

- Versuche mit Affen stellen gewachsene Hierarchien auf den Kopf,
- wobei der „neue" Führer dann irrational und hyperaggressiv wird,
- der alte Führer am Ende steht und verzweifelt,
- eine kleine „intellektuelle" Gruppe bleibt davon unbeeinflusst.

Kultur & Aggression:

- Verbundenheit in der Gruppe hemmt intern die Aggression, weil kein Selbstschutz mehr nötig ist.
- Westliche Kleinkinder sind aggressiver und bedürfen mehr Selbst-schutz
- als japanische Kleinkinder (früh kulturelle Normen vermittelt)

- 2 strukturell identische und benachbarte Dörfer in Südamerika,
- seit 1500 Jahren → ein Dorf gewalttätig mit 5facher Mordstatistik

- Kultur der Ehre in südlichen Gefilde sehr stark,
- Reputation, Selbstwert, Familie, Rache, Gesichtsverlust,
- Interessanterweise sind diese Menschen sehr freundlich,
- wenn man ihnen höflich und nicht-beleidigend begegnet;
- hohes Bedürfnis nach Anerkennung, Respekt, Selbstschutz,
- gepaart mit Angst und Schwäche.

- Video, Spiele, Filme → Gewaltmedien induzieren Gewalt.

Aggression and hatred:

- Weak creatures that are insure, either pull back, or become aggressive.
  - Extent: genetically-hormonally predetermined (twin studies).
- E.g. in childhood manipulation of the kid with the guilt-shame-strategy,
- This causes repression, inhibition and, in turn, growing aggression.
- Inhibition and disinhibition of aggression in the amygdala,
- The size of the amygdala and a MAOA-gene correlate with aggression,
- can be influenced hormonally or by electronic-thermo-ablation.
- Experiments with monkeys turn grown hierarchies upside down,
  → The "new" leader (before the 2nd lowest) is irrational and hyper aggressive,
  → The old leader is desperate at the end and leaves the group,
  → A small "intellectual" group remains unaffected.

Culture & Aggression:

- Solidarity within the group inhibits internal aggression, because no self-protection is necessary.
- Western toddlers are more aggressive and require more self-protection
- compared to Japanese infants (cultural norms are very early conveyed)

- 2 structurally identical and neighboring villages in South America,
- for 1500 years à one village is very violent with fivefold murder statistics

- A culture of honor is very strong in hot southern climes,
- reputation, self-esteem, family, revenge, loss of face.
- Interestingly, these people are very friendly,
- when you meet them politely and non-offensively;
- high demand for recognition, respect, self-protection,
- coupled with anxiety and weakness – and aggression.

- Video, games, movies à media violence induces violence.

279

Situative Aggression:

- Frustration steigert das Aggressionspotenzial
- Angst vor Konsequenzen (Strafe) unterdrückt Aggression
- Hitze (heißes Klima) steigert Rate an Aggression-Gewalt-Übergriffen
- Spott-Ausgrenzung → Amokläufer
- Anhaltende Provokation → induziert gezielte-gesteuerte Aggression
- Depressive Menschen → fordern Zuwendung-Liebe aggressiv ein
- Impulsive Aggression → plötzlich, spontan bei emotionalen Menschen
- Instrumentale Aggression → bewusst geplant.

Erlaubte Aggression und Hass durch eine legitimierte Autorität:

- Versuchsprotokoll mit ansteigenden Stromschlägen (ein Schauspieler)
    - → alle protestierten, unterbrachen, weinten → und taten es dann doch
    - → Versuchsleiter „übernahm die Verantwortung"
    - → und der Proband machte weiter !
    - → *„Das Experiment erfordert es fortzufahren",* und es wurde getan
    - → 60% gingen bis zum Knopf „bedrohlicher Schock"
    - → mit Krampfanfällen (ein Schauspieler).
    - → Diese Probanden waren Studenten, ganz normale Menschen!

- 75% setzten Welpen (Quietschen, Schreien, massive Angst etc) unter maximale Stromstöße, weil das angeordnet war.
- 20/22 Krankenschwestern gaben wissentlich falsche Medikamente
- mit 4-fach zu hoher Dosis !
- auf Anordnung („er hat die Verantwortung übernommen").

- So funktionieren Folter, Tötungen und Massaker auf Befehl,
- und das tun ganz normale Menschen!

Situational Aggression:

- Frustration increases the potential for aggression
- Fear of consequences (punishment) suppresses aggression
- Heat (hot air) increases rates of aggression-violence assaults
- Taunt and exclusion → amok gunmen
- Controlled aggression → induced by persistent provocation
- Depressed people → they aggressively call for attention and love.
- Impulsive Aggression → sudden, spontaneous by emotional people
- Instrumental aggression → consciously planned.

Permitted aggression and hatred by a legitimated authority:

- Experimental protocol with rising electric shocks ("a medical study…."), the Milgram Experiment

  → everybody protested, interrupted, cried → and did it !

  → because the leading experimenter "took responsibility"

  → and the proband went on!

  → "The experiment requires to continue", and it has been done

  → 60% went to the button "threatening shock"

  → with seizures (the victim – the patient – was an actor).

  → These volunteers were students, ordinary people!

- 75% put puppies (squeals, screams, massive anxiety under maximum power surges because that was ordered.
- 20 out of 22 nurses gave knowingly false medicines
  - with a fourfold overdose!
  - on arrangement ("he has taken the responsibility").

- That's why we have exploitation, abuse, cruelty, tortures, killings.

Wie funktioniert das – Erklärung:

- Hyposensibilisierung, langsames Steigern der Untaten.
- Wesentlich ist die Gruppenzugehörigkeit.
- Zuerst tut es nur Einer, dann folgen andere.
- Zuerst assistiert man nur bei einem „Befehl".
- Der Kommunikator ist „glaubwürdig",
- das Opfer ist emotional und räumlich getrennt.
- Ganz schnell hat der Einzelne soviel Schuld,
- die er nun eigentlich erkennen und einräumen müsste.
- Damit verlöre er aber die Gruppenzugehörigkeit,
- und wird dann oft sogar selbst zum Opfer.

- Bedürfnis nach Anerkennung und Zugehörigkeit zu/in dieser Gruppe,
- Bedürfnis „sich korrekt zu verhalten" (Angst vor Sanktion-Ausschluss)

- Es gibt keinen einfach-erkennbaren-direkten Weg aus dieser Situation,
- Vorliebe für „Gehorsam" gegenüber einer Autorität,
- Autorität und Gehorsam bei vielen Menschen als positive Begriffe.

- Ein Held leistet Widerstand, handelt nach seinem Gewissen,
- bleibt aufmerksam und moralisch richtig.

Demokratie versus Autokratie: In repressiven Systemen hat die untere Schicht enorme Benachteiligungen und Schwierigkeiten; und sie hat keine Chance diese einer Lösung zuzuführen. Diese Frustrationen suchen ein Ventil. Dies wird ganz gezielt genutzt zur politischen Steuerung. Es wird ein Sündenbock benannt und es wird gestattet diesen zu misshandeln.

Dies ist im Tierreich ebenso, z. B. Hennen, Pferde, Wolfsrudel, Schimpansengruppen, uvm. Die letzten 2 - 5 in der Hierarche bekommen enorm Druck und Mißfälligkeiten; diesen Frust reagieren sie gnadenlos am Untersten ab, auf den wird dann pausenlos eingehackt.

Für eine moderne Gesellschaft ist das extrem schädlich, bindet wertvolle Ressourcen und führt zur Rückwärtsentwicklung. Die demokratischen Gesellschaften der westlichen Welt haben dies überwunden.

How does this work – explanation:

- Desensitization → slowly increasing of the misdeeds.
- Partizipating in these cruelties → it is essential for group membership.
- First only watching → first only one does it, then others follow.
- Then do it on command → another one takes "responsibility"
- The commander is "credible",
- The victim is bad and despicable, emotionally and physically separated.
- Very quickly the weak individual has become so guilty, that he does not recognize and acknowledge → he would lose group membership,
- Losing membership → the individual becomes the victim itself.

- The weak individual seeks recognition and belonging to his group
- he wants "to behave correctly" (fear of sanction-exclusion)

- There is no easy-recognizable-direct way out of this situation,
  → weak individuals prefer "obedience" to an authority,
  → Authority and obedience are positive terms for many people.

- A hero resists to this seduction and acts according to his conscience,
- remain alert and morally right → there are not very many heroes.

Democracy versus autocracy: In repressive systems, the lower class have enormous disadvantages and difficulties. These frustrations are looking for a valve which is specifically used for political control. It is named a scapegoat and it is permitted to mistreat them.

We find this in animal groups as well, for example, among hens, horses, wolf packs, chimpanzee groups, and many more. The underdogs get enormous pressure and drawbacks with enormous frustration. The second lowest reacts mercilessly to the lowest. This is used by repressive systems – weak suppressed individuals are abused to terrorise the own people.

For a modern society this is extremely harmful, binds valuable resources and leads to a reverse development. The democratic societies of the Western world have overcome this.

Demokratisierungsprozess: In repressiven System gibt keine Prozesse, die demokratisch, anständig und fair sind. Es bilden sich Interessengruppen und es staut sich sehr viel Aggression.

Wenn man die Ordnungsmacht enthebt, dann ersetzt man etwas sehr Schlechtes durch etwas noch viel Schlimmeres: man öffnet die Büchse der Pandora.

Die Entwicklung freier und demokratischer Gesellschaften ist schwierig. Die freiheitliche Demokratien des Westens sind ein unschätzbar hohes Gut, das wir schützen müssen.

Hass, Kriege und Völkermord:

- Schwere Lebensbedingungen, Umbrüche, Ökonomie kollabiert.
- Existentielle ökonomische Bedrohung, knappe Ressourcen.
- Nun Polarisierung in: In-Gruppe versus Out-Gruppe.
- Ein externes Feindbild-Sündenbock zur Ablenkung von der Realität.
- Eine Out-Gruppe ist schuld, verantwortlich.
- Nun die Strategie der Befreiung von („inneren") Feinden
- Rationalisierung, Erklärungskonstrukte, Propaganda.
- Eine Kommunikation, die nun Aggression rechtfertigt.

Zum Beispiel

→ Rassismus als Vorwand, Feindbild, Entmenschlichung

→ Familie schützen, Vaterland, Söhne, Töchter

→ Vermeintlich übergeordnetes Interesse (Religion)

Autokratische Führer:

- **Autokraten** treffen alle Entscheidungen mit Aufgabenzuweisungen,
  → stehen aber selbst über der Gruppe

- **Demokratische Führer**
  → befördern Entscheidungen in der Gruppe

- **Mitglieder autokratisch geführter Gruppen:**
  - leisten-arbeiten mehr, aber nur unter Kontrolle-Überwachung,
  - aggressiver, 30-fache Feindseligkeit,
  - gleichzeitig ausgeprägt Angst, Schwäche, Unsicherheit.
  - Sie brauchen mehr Aufmerksamkeit,
  - zerstören eigenen Besitz und machen andere dafür verantwortlich

Democratization process: In repressive systems there are no processes that are democratic, decent and fair. This way it accumulates a lot of aggression, interest groups seek their particular advantages.

If you overthrow the repressive government, then you replace something very bad by something much worse: you open a Pandora's box. The aggressive interest groups fight each other.

The development of free and democratic societies is difficult. The liberal democracies of the West are an invaluable valuable asset which we must protect.

Hatred, war and genocide:
- People are suppressed and frustrated
  - severe living conditions, economy collapses.
  - existential economic insecurity, scarce resources.
- The autocratic government wants to keep control.
  - It needs an extern enemy and a scapegoat → In-group versus out-group.
  - distract the people from reality.
  - An out-group is to blame and is made responsible.
  - Now, the strategy of liberation from ("internal") enemies
  - Rationalization, explanation constructs, propaganda.
  - A communication that now justifies aggression.

  For example,
  → racism as an excuse, dehumanization of "intern enemies"
  → propaganda talks about protection, sons, daughters, fatherland
  → and about supposedly overriding interest (e.g. Religion)

Autocratic leaders:
- **Autocrats** take all decisions combined with task assignments,
  → they are above the group / people

- **Democratic leaders**
  → promote decisions in the group

- **Members of autocratically guided groups:**
  - they work more, but only under control,
  - they are aggressive, 30-fold hostility,
  - Simultaneously pronounced anxiety, weakness, uncertainty.
  - they need more attention,
  - destroy private property and make others responsible

- aggressive Hierarchie,
- Schwächere als Ventil für Wut und Frustration.

Demokratische freie Gruppen:
- gleichmäßige Leistung auch ohne Aufsicht
- höchste Effizienz
- höchstes Maß an Interesse, Motivation, Originalität
- Unzufriedenheit wird offen kommuniziert
- diese Gruppe wird favorisiert
- höchste Loyalität und Freundlichkeit
- mehr Lob, mehr Teilen, oft spielerische Atmosphäre
- u.a. Experimente Lewin 1939

- they live an aggressive hierarchy
- that needs the weaker as an outlet for anger and frustration.

- **Democratic independent groups:**
  - Uniform power without supervision
  - Highest efficiency
  - The highest level of interest, motivation, originality
  - Discontent is openly communicated
  - This group is favored
  - Highest loyalty and kindness
  - More praise, more parting (sharing), often playful atmosphere
  - e.g. experiments of Lewin 1939

13. DER BETRIEB ALS SOZIALES SYSTEM

Modernes Leben findet überwiegend in Betrieben statt. Der Betrieb ist ein soziales Organisations- und Wertesystem. Der engagierte, gebildete, fleißige Mensch ist das wichtigste Gut jedes Unternehmens. Stete Interaktionen finden zwischen den Menschen statt. Planvolles zweckmäßiges Handeln (Arbeit) ist dabei stets in zwischenmenschliches Handeln eingebettet. Arbeitsbezogenes Erleben und Verhalten von Personen in Organisationen wird im Begriff „**Betriebspsychologie**" zusammengefasst.

Die **Arbeitspsychologie** befasst sich mit der Anpassung der Arbeit an den Menschen, also die Themen Motivation, Zufriedenheit, Qualifikation, Sozialisation, optimale Regulation, Eignung und Zuordnung, Arbeitsplatzgestaltung, u.a.

Die **Organisationspsychologie** analysiert Interaktionen von Personen in Organisationen, wie man Menschen am besten zusammen arbeiten lässt, Steuerung in komplexen kybernetischen Systemen; als auch Themen wie Gruppenarbeit, Führung, Konflikte, Produktivität-Effizienz-Leistung, Erhaltung der Leistungsfähigkeit.

Veränderungen sind meist unerwünscht:
- Sowohl auf Leitungsebene, als auch Mittelbau und Mitarbeiter
- Stete Veränderung/Verbesserungen werden abgelehnt
- Routine schützt (schafft auch Komfortzonen, gewisse Bequemlichkeit)
- Routine schafft Spezialwissen für gewohnte Konstellationen.
- Rationalisierung mit dem Risiko von Statuseinbußen, De-qualifizierung bis Arbeitslosigkeit
- Anpassen an neue Anforderungen erfordert Neustrukturierungen, Fortbildung oder Umschulung.
- Hohe Verunsicherung bei neuen Plänen.

13. THE WORKPLACE IS A SOCIAL SYSTEM

Modern life primarily takes place at the workplace. This activity area is a system of social organization and value. The dedicated, educated, hard-working man is the most important asset of any company. Constant interactions take place among people. Planned purposeful action (work) is always embedded in actions among humans. Work-related experience and behavior of people in organizations is summarized in the term "**human engineering**".

Work psychology deals with the adaptation of work to man, with the issues of motivation, satisfaction, qualification, socialization, optimal regulation, suitability and allocation, workplace design, etc.

Organizational psychology analyzes interactions of people in organizations, how to make people work best together, in complex cybernetic control systems; as well as topics such as teamwork, leadership, conflicts, productivity-efficiency performance, maintenance of physical performance.

Changes are usually undesirable:

- As well as at management level, as well as among the staff, constant changes ("improvements") are rejected
- Routine protects (also creates comfort zones, a certain convenience)
- Routine creates specialized knowledge for familiar constellations.
- Rationalization implies the risk of loss of status, de-qualification, in the end even unemployment
- Adaptation to new structures requires restructuring, training or retraining.
- High uncertainty with the implementation of new plans.

Oft dominiert das Thema „Effizienz und Produktivitätssteigerung"

- Leitungsebene und Mittelbau fürchten „Machtverlust".
- Arbeitnehmer fühlen sich in einer untergeordneten Rolle als „Mittel zum Zweck".
- Berücksichtigt man menschliche Bedürfnisse, so steigert dies die Produktivität.
- Statt Druck eine Philosophie der gemeinsamen positiven Weiterentwicklung.
- Fördern und fordern, daraus folgt meist höhere Qualität.
- Verbesserung der Entscheidungsspielräume.
- Mehr Selbstständigkeit erhöht Arbeitszufriedenheit und Motivation.
- Information und Einbeziehung aller Ebenen.
- erlaubt zuletzt auch Abbau von Kontrolle und Hierarchiestufen.

Guppenbildungen auf allen Ebenen im Betrieb:

- Formelle Gruppen im Betrieb
  - Anzahl der Personen (Optimum 7)
  - Gruppenbewusstsein (Zusammengehörigkeitsgefühl)
  - Gruppennormen- und -werte
  - Normen sind Pflichten, Werte sind Ehrensache
  - Gruppenziele (Gruppenziele sind nicht immer definiert)
- Bedeutung der Informellen Gruppen
  - Sie bilden sich spontan nach Zuneigung und Sympathie.
  - Psychischer Rückhalt.
  - Status in der Gruppe wird respektiert.
  - Sog. „Seilschaften".
  - Mittleres Leistungsniveau wird favorisiert,
  - es schützt den einzelnen vor steigenden Arbeitsanforderungen
  - Widerstand: Gruppen schützen sich gegen Anforderungen,
  - „Angriffe" von außen.

Welche Funktionen haben Gruppen für den Betrieb?

- Sozialisationsfunktion: Die Einarbeitung neuer Partner wird erleichtert.
- Motivationsfunktion: Gemeinsamer Erfolg spornt den einzelnen an.
- Identifikationsfunktion: Betriebsloyalität, man redet von WIR.
- Informationsfunktion: besserer Informationsaustausch.

The issue of "efficiency and productivity" often dominates:

- Management and the fear of the staff to lose control, power and their job.
- Workers feel to be in a subordinate role as a "means to an end".
- You must consider needs and fears if you want to increase productivity.
- Instead of pressure a philosophy of a common positive development.
- Encouragement and challenge are usually followed by higher quality.
- Improving the responsibility and decision-making scope.
- More autonomy increases job satisfaction and motivation.
- Information and involvement at all levels.
- Also allow reduction of control and levels of hierarchy.

Formation of groups at the workplace:

- **Formal groups** in a firm / at the workplace
  - Number of persons (optimum 7)
  - Group consciousness (team spirit, corporate identity)
  - group norms and values
  - Standards are duties, values are a matter of honor
  - Group objectives (group objectives are not always defined)
- Importance of **informal groups**
  - They form spontaneously by affection and sympathy.
  - Psychic support.
  - Status in the group is respected.
  - behind-the-scene-deals, networking, cliques, rope teams.
  - a medium level of performance is favored,
  - It protects the individual against rising labor demands
  - Resistance: groups protect themselves against requirements,
  - and against "attacks" from outside.

What functions do groups have for their workplace?

- Socialization function: The induction of new partners is facilitated.
- Motivation function: Shared success motivates the individual.
- Identification Function: Operating loyalty, one speaks of "WE".
- Information function: better information exchange.

291

- Emotionale Schutzzone.
- Informelle Gruppen können sehr kontraproduktiv sein, dies muss aber nicht sein.
- Sie können Außenstehende in Schwierigkeiten bringen,
- können aber auch konstruktiv und stabilisierend sein.

Konflikte im Betrieb sind normal, sind die Regel. Die Konfliktpartner sind emotional betroffen und eine befriedigende Lösung für alle oft nicht erkennbar. Gerade ein schlechter Umgangsstil befördert dies. Zwischentöne wie Ironische Bemerkungen, Doppeldeutigkeiten, Flapsigkeiten, vermeintlich „lockere lustige Sprüche", wortkarge Reaktionen, gereizte Zwischenbemerkung und üble Nachrede. Folgen sind dann Abgrenzungen, typische Verhaltensweisen wie Dienst nach Vorschrift, Produktionsfehler, Unpünktlichkeit, Krankmeldungen oder Leistungszurückhaltung. Sehr viel kommunikative Fähigkeit, auch Humor und Lebensart, sind nötig, um die Menschen aus diesem Dilemma zu führen.

Oft werden **Konflikte gezielt instrumentalisiert**, um Partikularinteressen durchzusetzen. Ein vermeintlicher Konflikt, um Druck zu erzeugen. Typisch ist die Konstellation des Widerstandes bei Veränderungen. Eine kleine Gruppe trägt dies mit, die große Masse beobachtet die Entwicklung und eine kleine Gruppe wehrt sich (Angst vor Veränderung, Verlust von Komfortzonen, Erkennen von gut verborgenen Insuffizienzen, Notwendigkeit Fortbildung, usw.).

Zu oft werden Sach- und Beziehungsebene „geschickt" vermengt. Derartige Konflikte bedürfen vieler Gespräche. Oft sind sie mit Gesprächen nicht zu lösen. Man muss die Engagierten unterstützen und der „breiten Masse" aufzeigen, dass dies der richtige Weg ist. Es gibt den alten Spruch, dass ein fauler Apfel hundert andere ansteckt. Hier ist es dann oft am besten sich ganz rasch von einem oder einigen zu trennen oder eine sehr klare Sprache zu sprechen.

5 Empfehlungen zur Konfliktlösung:

1. Gib dem Gegner eine Chance = Einen Konflikt zur Sprache bringen.
2. Beziehungskonflikte haben Vorrang = Emotionen formulieren.
3. Sachebene wahren = konkret bleiben, eingrenzen, keine Verallgemeinerung.
4. positives Ergebnis anstreben = Verständigung auf ein gemeinsames Fernziel
5. Abtrennen von destruktiven Mitarbeitern.

- Emotional protection zone.
- Informal groups can be very counter-productive, but not necesserily.
- They can get outsiders into trouble,
- They can also be a constructive and stabilizing.

Conflicts at the workplace / firm are normal, are the rule. The conflicting parties are emotionally affected and a satisfactory solution for all is often not recognizable. Bad social interaction promotes bad conflicts. Nuances such as ironical remarks, double meanings, patronizing, allegedly "loose funny sayings", taciturn responses, irritated digression and slander. Consequences are then deferred, typical behaviors such as working to rule, production errors, tardiness, absenteeism or performance restraint. Very much communicative ability also humor and way of life, are needed to lead people out of this dilemma. Conflicts are normal and productive, if people discuss and solve the fair.

Conflicts are often enforced for solitary interests – a conflict to generate pressure. A typical constellation is resistance to necessary changes. A small group carries with it, the vast majority observed the development and a small group defends itself (fear of change, loss of comfort zones, recognizing well hidden insufficiency, need for training, etc.).

Too often, content and relationship level are mixed up. Such conflicts require many discussions. They often cannot be solved with talks. You have to support the volunteers and show the "masses" that this is the right way. There is the old saying that a rotten apple infects a hundred others. Here it is often best to disconnect one from the group and speak a very clear language.

5 recommendations for conflict solution:
1. Give the opponent a fair chance = discuss a conflict openly.
2. Relationship conflicts are given priority = talk about emotions.
3. Keep the factual level = remain concrete, narrow, no generalization.
4. Aspire positive results = agreement on a common long-term object
5. Separation of destructive employees.

Aufgaben der Leitung / Ziele der Mitarbeiterführung:

- Optimale Effizienz
- Verpflichtung des Vorgesetzten gegenüber Betrieb und Mitarbeiter
- Leitungsebene fachlich und menschlich als Vorbild
- Mitarbeiter fordern und fördern
- Betriebsziele definieren und erreichen
- Ziel setzen → so dass ein betrieblicher Zweck erreicht wird
- Planen → Vorbereiten – Maßnahmen – Ziel
- Entscheiden → beste Optionen wählen
- Realisieren → Voraussetzung schaffen und Projekte umsetzen
- Kontrollieren → auch im Prozess, u.U. Kurskorrektur oder Revision der Zielsetzung.

Verbindlichkeitsstrategien:

- Identifizieren, engagieren, sich verantwortlich fühlen
- Partner im Betrieb geistig positiv beeinflussen und moralisch einbinden
- Lob fördert, aber kann Widerstände auch bestärken
- Vertrauensbildende Maßnahmen, leading-by-going-around, hohe menschliche Kompetenz
- Vorbild sein
- Visionen entwickeln
- Selbstregulierende Anreizsysteme
- informelle Gruppe kennen und beeinflussen
- zwischen versch. Gruppen Wettkampfsituationen herstellen
- gutes Gehalt – Befreiung von Existenzsorgen
- Benjamin Franklin: „Eine Investition in Wissen – bringt immer noch die besten Zinsen"

Motivation – Anreize und Verbindlichkeit:

- Anreizstrategie: z. B. Leistungszulagen, Freizeit, Weiterbildung
- Verbindlichkeitsstrategie: Identifizieren, engagieren, Wir-Gefühl
- Strategien fragen nach den Bedürfnissen der Partner im Betrieb.

aber:

- Pekuniäre Anreizsysteme wirken nur kurzzeitig.
- Anreizsysteme erzeugen Neid – Unterschiede werden negativ wahrgenommen.
- Anreizsysteme verdrängen das Interesse an der Arbeit selbst.

Responsibilities of the chief – objectives of personnel management:

- Optimum efficiency
- Obligation of superiors for the firm and for the staff
- The chief as an example in terms of professionalism and personality
- Challenging and rewarding the collegues and the staff
- Define operational objectives and achieve them
- Set targets → so that an operational purpose is achieved
- Planning → Preparation – measures – objective
- Make decisions → chose the best options
- Realize → create conditions and implement projects
- Control the course → especially in the process, sometimes correction or revision of the objectives if necessary.

Liability strategies for chiefs:

- Identify, engage, feel responsible
- Positive mental influence on partners in the company and integrate morally
- Praise promotes, but can also strengthen resistors
- Confidence-building, leading-by-going-around, high social competence
- Be a positive example, a standard bearer.
- Develop visions
- Create self-regulating incentives
- Know informal groups and influence them
- Establish competitive situations between various groups.
- Good salary – relief from financial worries
- Benjamin Franklin: "An investment in knowledge – always pays the best interest"

Motivation – incentives and liability:

- Incentive strategy: e.g. incentive payments, leisure, training
- Liability strategy: identification, engagement, team spirit
- Ask for the needs of the partners in the firm / at the work place.

but:

- Pecuniary incentives are only effective for a short time.
- Incentive systems generate envy – differences are perceived negatively.
- Incentive systems displace the interest in work itself.

conclusion:

- Communicate a good working and performance philosophy

Anreize – Bedürfnishierarchie nach A. Maslow:

1. Selbsterhaltungsbedürfnis (Essen, Trinken, Schlafen, Schutz, Ruhe)
2. Sicherheitsbedürfnis (sicherer Arbeitsplatz, Alters- Kranken- Arbeitslosenversicherung)
3. Kontakt-, Sozialbedürfnis (soziale Integration, Geborgenheit, Gruppe, Information)
4. Bedürfnis nach Anerkennung, Respekt, Status
5. Bedürfnis nach Selbstverwirklichung und Persönlichkeitsentfaltung (eigenes Potential zeigen)

Problem der unmotivierten Gruppe:

1. Verstehen:
   - Was liegt vor ?
   - Meistens ein Konflikt zwischen Vorgesetzten und Mitarbeitern.
   - Anhören und Nachfragen der Gründe.
   - Nicht spontan reagieren, Zeit zur Analyse.
   - Welche Bedürfnisse stehen hinter dem Anliegen der Gruppe?
   - Hetze einzelner? Wer ist Wortführer?
   - Werden Andersdenkende unterdrückt?
   - Bedingungen ändern? Umorganisieren?
   - Leitungsebene fachlich, menschlich, kommunikativ inkompetent?

2. Verschieben:
   - Für Emotionen und Verfassung Verständnis zeigen!
   - Erst Beziehungskonflikte lösen,
   - keine Zugeständnisse,
   - die das übergeordnete gemeinsame Ziel gefährden.
   - Neue Strukturen und Organisation erwägen

3. Vereinbaren:
   - Am Ende wird eine Vereinbarung getroffen,
   - ein gemeinsames Ziel wird formuliert.
   - Besteht bei Einzelnen nicht die Bereitschaft zu einer fairen Lösung,
   - muss man Konsequenzen ziehen.
   - Konsequenzen bei Nichteinhaltung der Vereinbarung festlegen.

Incentives – hierarchy of needs by Maslow A.:

1. self-preservation needs (eating, drinking, sleeping, protection, peace)
2. need for security (job security, retirement-sickness-unemployment insurances)
3. Contact, social needs (social integration, security, group information)
4. need for recognition, respect, status
5. need for self-realization and personal development

Problem of the unmotivated group:

1. **Understand:**
   - What is to solve ?
   - In most cases there is a conflict between chiefs and staff.
   - Listen and demand for the reasons.
   - Do not react spontaneously, take time for analysis.
   - What are the needs behind the concerns of the group?
   - Incitement of individuals? Who's the spokesman?
   - Are dissenters suppressed?
   - You have to change conditions? Reorganize?
   - the management: technical, human, communicative incompetence?

2. **Move:**
   - Understand emotions and circumstances!
   - Are there relationship conflicts?
   - Never make quick concessions,
   - never endanger the overriding common goal.
   - Consider new structures and organization

3. **Arrange:**
   - At the end, reach an agreement,
   - A common objective is formulated.
   - When for some individuals there is no willingness to a fair solution,
   - you have to draw the necessary conclusions.
   - Specify consequences for non-compliance of the agreement.

Führung – funktionale Autorität in vielen Bereichen:

- Viele unbequeme Entscheidungen sind oft und dringend notwendig,
- auch leitende Mitarbeiter bedürfen des verlässlichen Rückhaltes einer solidarischen Führungsgruppe, ansonsten droht dem Betrieb Stillstand und das Scheitern.
- (Siehe: Der Schimmelreiter, Der gute Mensch von Sezuan)

- Handlungskompetenz
  - Initiative: Impulse geben und Ideen entwickeln.
  - Entschlussfreudig: es muss jemand entscheiden.
  - Verantwortungsbewusstsein
  - gegenüber dem Betrieb, MA's und sich selbst.

- Fachkompetenz – fachliches Können und Wissen,
- Methodenkompetenz, situatives Führen (LGO – leading by going around).
- Soziale Kompetenz, gerecht, unparteiisch.
- Ethische Kompetenz, Vorbildfunktion, Selbstbeherrschung.
- Menschenkenntnis: Kenntnis von psychologischen u. soziologischen Begriffen.
- Humor und Rhetorik,
- kontakt- und kommunikationsfähig.
- Auch optisch gutes Auftreten.

Leadership – functional authority in many areas:

- Many difficult decisions are often urgent,
  - Also senior employees require the reliable backing of a cohesive leadership group, otherwise there is operating standstill and failure.
  - (See: The Dykemaster, The Good Person of Szechwan)

- Leadership Skills
- Initiative: giving impulses and development of ideas.
- Quick to take good decision: there must be someone who decides.
- Responsibility for the firm, the individuals, the staff and for oneself.

- Expertise – occupational skill and competence,
- Methodological skills, situational leadership (LGA – Leading by going around).
- Social competence, justice, impartiality.
- Ethical competence, be an example, self-control.
- Knowledge of human nature: knowledge of psychological and sociological terms.
- Humor and rhetoric,
- Contact and communication capability.
- Visually good appearance.

14. KOMMUNIKATION

Grundregeln der Gesprächsführung:

Kommunikation und Rhetorik sind ein zentrales Element der freien Gesellschaft. Werner Correll, Autor vieler Kommunikations-Standardwerke, erklärt: **„Das ganze Leben ist Marketing".** Kommunikation sowie der Umgang mit uns selbst (Liebe deinen Nächsten wie dich selbst) und unseren Gegenüber sind Grundlagen unseres Lebens und unseres Miteinanders.

Kommunikation ist Leben. Jeder Mensch sollte stets an seinem Ich und an seiner Persönlichkeit arbeiten. Bildung, gute Sprache, ein Repertoire an kommunikativen Themen, Humor und Witz, Charme und gute Stimmung, ja – man sollte einen Unterhaltungswert haben.

Die US-Amerikaner sagen: *„Jeder Satz soll ein Geschenk sein".* Der Mensch ist ein Kunstwerk und einzigartig, und das sollte er ständig pflegen und weiter entwickeln. Kommunikation, verbal und non-verbal, ist hierfür das zentrale Ereignis.

Die sozialen Grundbedürfnisse in der Kommunikation:

- Anerkennung durch einen Menschen
- Vertrauen zum Gesprächspartner
- Soziale Anerkennung
- Sicherheit und Geborgenheit
- Selbstachtung
- Unabhängigkeit

Führend ist das Bedürfnis nach Anerkennung: Der Mensch will ernst genommen werden.

Wenn das Hauptbedürfnis Sicherheit und Geborgenheit sein könnte: Dieser Mensch will Information, er fordert Fachkompetenz im Umfeld. Dabei sollte man Überinformation mit belastenden Details vermeiden. Der Mensch kann fliehen, sich entziehen und „kopfscheu" werden, wenn ihm das, was er eigentlich wollte, zuviel wird.

14. COMMUNICATING

Basic rules of conversation:

Communication and rhetoric are central elements of the free society. Werner Correll, author of many standard works on communication, explains: "The whole life is marketing". Communication as well as dealing with ourselves (love your next one like yourself) and our counterparts are foundations of our lives and of our cooperation.

Communication is life. Everyone should always work on oneself and one´s personality. Education, good language, a repertoire of communicative themes, humor and wit, charm and eloquence, yes – people should have an entertainment value.

The Americans say: "Every sentence has to be a gift." Man is a work of art and unique, and he should constantly maintain and develop himself. Communication, verbal and non-verbal, this is the central event of life.

The basic social needs in communication:
- Recognition by one reference person
- Confidence in the interlocutor
- Social recognition
- Safety and security
- Self esteem
- Independence

Leading is the need for recognition: Man wants to be taken seriously.

If the main requirement is safety and security: This person wants information, he demands expertise in the field. One should avoid an information overload with stressful details. Man can escape, evade and be "timid" if what he actually wanted is too much.

302

Wenn der Mensch ein gegenseitiges Anerkennungs-Vertrauensverhält-nisse sucht: Dieser Mensch will kooperativ sein, ist dabei sensibel und bringt Argumente und will nicht überrollt werden. Hier also aktiv zuhören (Mhhh-Technik), Argumente und Gegenargumente gelten lassen.

Wenn das Hauptbedürfnis „Selbstachtung" sein könnte: Dieser Mensch will alles bejahen können und auf der Sachebene objektiv überzeugt wer-den. Das können schwierige Partner sein mit tief verwurzelten Einstellun-gen. Selbstachtung im positiven Sinne ist, man möchte es nicht glauben, den Themen Anerkennung und Geborgenheit nachgeordnet.

Wenn man als Hauptbedürfnis die Unabhängigkeit vermutet: Detaillierte Erklärungen und emotionale Bindung sind nicht gefragt. Hier stehen klar definierte Ziele und baldige greifbare Resultate im Vordergrund. Der „Unabhängige" selbst will aber keine Standpunkte vertreten oder Ent-scheidungen fällen, vermeidet also Verbindlichkeit („Söldnermentalität"). Unabhängigkeit ist überraschenderweise ein recht seltenes Bedürfnis.

Man strukturiert Reden nach den Grundbedürfnissen der Zuhörer:
1. Anerkennung/Vertrauen von/zu einem Menschen
2. Soziale Anerkennung
3. Sicherheit und Geborgenheit
4. Selbstachtung
5. Unabhängigkeit

Stabile Persönlichkeiten (meist i. d. Leitung, Führungspersonen, Koordi-natoren) sind entspannt und dabei recht permissiv und integrativ. Dabei akzeptiert man Gegenargumente und variable Gesprächsverläufe.

Labile Persönlichkeiten fühlen sich hingegen ständig bedroht und werden dadurch rigide. Entweder-oder-Argumente sind häufig. Dominanz und Konflikt prägen die Interaktionen. Diese innerlich schwachen Menschen leiden darunter, dass die Umwelt (Druck erzeugt Gegendruck) dies wahr-nimmt und mit Dominanz und Konflikt reagiert. Vorteilhaft ist, wenn man das versteht und nicht darauf „herein-fällt".

Pferde können diese Persönlichkeitstypen sofort unterscheiden. Einen Menschen kann man recht leicht beeinflussen, bei einem Hund geht das auch noch gut (Trick, Würstchen, harte Hand). Bei einem Alpha-Hengst oder einer Leitstute greift das alles nicht mehr. Ganz instinktiv, untrüglich fühlen sie, wie der Mensch, der ihnen gegenüber steht, zu sich selbst steht. Ist dieser labil, unsicher bis ängstlich, oder ist dieser stabil, selbstbewusst.

If man looks for a mutual recognition-trust relationship: This man wants to be cooperative, this is sensible and brings arguments and will not be rolled over. Here actively listening (mhhh technique), arguments and counter-arguments may apply.

If the main requirement could be "self-respect": This man wants to affirm everything and be convinced objectively on the factual level. This may be difficult partners with deeply rooted attitudes. Self-esteem is second in order to the longing for recognition and security.

If independence is suspected as the main need: Detailed explanations and emotional attachment are not in demand. Here clearly defined goals and soon tangible results are in the foreground. The "Independent" himself does not represent his own views or decisions, so is avoiding liability ("mercenary mentality") – he looks for the best way to reach an aim. Independence is surprisingly a quite rare need.

One structured speeches to the basic needs of the audience:
1. Recognition / trust / for/in a reference person
2. Social recognition
3. Safety and security
4. Self esteem
5. Independence

Stable personalities (usually leaders, coordinators) are relaxed, thereby quite permissive and inclusive. These persons accept counter-arguments and variable course of conversation.

Unstable personalities however constantly feel under threat and are thus rigid. Either-or arguments are frequent. Dominance and conflict characterize the interactions. These internally weak people suffer because the environment (pressure generates counter-pressure) perceives this and reacts with domination and conflict. It is advantageous if these people know about their weaknesses, work on them and do not submit them. Unfortunately, these characters become more and more rigid.

Horses can differentiate personality types immediately. You can quite easily affect a human being, in a dog it works also well (food, sausages, strong guidance). With an alpha stallion or a leadmare all tricks do no longer apply. Instinctively they unerringly feel the character of a man who stands in front of them. Is he unstable, insecure and anxious, or is he stable, self-confident.

Es gibt **Manager- Seminare mit Pferden.** Dies kann ein recht guter Maßstab sein, um zu sehen, wo man mit sich selbst steht. Arbeit an sich selbst, am Ich, an den Emotionen, Gedanken und den Körperempfindungen und Konditionierungen resultieren daraus. Die Arbeit an der Kommunikation gibt ein Werkzeug in die Hand – wesentlicher wird sein, wer dahinter steht: „Wenn zwei das Gleiche tun – ist es noch lange nicht dasselbe".

Will man andere von sich überzeugen, so bedarf es eigener Überzeugungen: Es erfordert die eigene Identifikation mit dem Ziel, man lebt dies vor. Dabei ist man sehr gut informiert, um diese positive Beziehung zum Ziel dem Gegenüber zu vermitteln. Durch Fleiß und Arbeit an sich selbst kann man dies überzeugend vermitteln.

Die Menschen sind heute offener, aber auch kritischer geworden:
1. Sie prüfen, wer mit ihnen spricht.
2. Es gibt kein Argument oder Standpunkt, gegen die man nichts einwenden könnte.
3. Andere Meinungen oder Einwände dürfen formulieren werden.
4. Man soll dankbar sein, dass diese formuliert werden.
5. Viele Partner suchen zuerst ihren Vorteil.

4 Stufen wie man ein gutes Gespräch führt:

Man wundert sich immer wieder, warum ein Dialog misslingt
beachte :

Stufe 1: Wahrnehmung des Gegenüber als Mensch!

Stufe 2: Beziehungsaufbau mit einem Menschen!

Stufe 3: Zeigen von Emotionen, Mimik, Ausstrahlung –

Stufe 4: erst jetzt Argumentation, Ziele aufzeigen, usw.

Stufe 1 – Wahrnehmung: Den Menschen als Menschen wahrnehmen, mit dem man spricht. Man sollte sich für diesen Menschen, der gegenüber steht, interessieren. Betrachten sie ihn niemals als Abhängigen oder gar Schwächeren, ordnen sie sich selbst aber auch nicht devot oder servil unter. Immer an Liebe und Mitgefühl denken – das spürt auch das Gegenüber.

There are **managerial seminars with horses**. This can be a pretty good benchmark to see where you stand with yourself. Work on yourself, with your emotions, thoughts and body sensations and the resulting conditioning. Work on communicating is a tool – but it is essential who is behind the tool: "When two do the same – it is far from the same."

If you want to convince others, so you need your own convictions: it requires its own identification with yourself to live your aims. This person must be very well educated in order to convey this positive attitude to his partners. Through diligence and work on yourself you can convey this convincingly.

People are more open today, but have also become critical:
1. They check who is speaking with them.
2. There is no argument or point of view to which one could not object.
3. Other opinions or objections may be formulated.
4. And – you should be thankful that they are formulated.
5. Many partners first seek their advantage.

4 steps how to lead a good conversation:
One wonders again why dialogue often fails – note:
Level 1:   Perception of the opposite as a human being!
Stage 2:   Build up a relationship with your partner!
Step 3:   Show emotions, facial mimics, positive attitude
Stage 4:   only then argumentation, strategies, goals, etc.

Level 1 – perception: perceive a person with whom you speaks as a respected human being. Be interested. Look at him never as an addict or an even weaker person. You should neither be submissive nor servile. Always think of love and compassion – which the opposite feels too.

Stufe 2 – Beziehungsaufbau: In den Menschen, das Gegenüber einfühlen. Der soll merken: „Ich bin in <u>guten</u> Händen". Dabei verständlich sprechen. Und – „aktives Zuhören".

Man suche Gemeinsamkeiten, ein „gemeinsames Dach". Man spricht von „sozialer Fellpflege", muss sich eindenken, ihn/sie zum Partner machen. Dies bewirkt zudem später eine positive Wiedererkennung.

Stufe 3 – Emotionen: s.u. Kommunikationsinhalte sind weniger als 10% sachlich, über 90% sind unterbewusst und lösen beidseitig unterbewusst Emotionen aus. Vor dem Sachthema <u>suchen</u> die Menschen Emotionen.

Stufe 4 – Argumentation: sie spielt initial eine untergeordnete Rolle, darf aber zuletzt nicht vernachlässigt werden. Fleiß, Ideale, Sachkenntnis und positive Ziele sind Voraussetzungen.

Überzeugen gelingt auf der berühmten Sachebene nicht:

Sachinformation des Wortes.	7%
Informationsgehalt der Stimme:	38%
Und der Körpersprache:	55%
Bewusst kommuniziert werden nur	7%
Unterbewusst, folgenschwer, wirksamer	93%

Level 2 – Relationship building: Empathizing the other person. He should realize: "I am in good hands." Articulate comprehensibly. And – "active listening". Man is seeking common ground, a "common roof". One speaks of "social grooming". Empathize and make your vis-à-vis a partner. This also causes a positive recognition in the long run.

Level 3 – emotions: Communication contents are less than 10% factual, about 90% are unaware and resolve subconscious emotions on both sides. Before an abstract topic people are looking for emotions.

Stage 4 – reasoning: this initially plays a minor role, but should not be neglected finally. Diligence, ideals, knowledge and positive objectives are prerequisites

Convince not succeed on the famous factual level:

Factual information of the word.	7%
Information content of the sound of your voice:	38%
And the body language:	55%
Consciously communicated are only	7%
Subconscious, momentous, more effective	93%

Wesentlicher als der Inhalt eines Gesprächs sind Emotionen und Eindruck:

Stichwort PAUSE: kurze Gesprächspausen
nicht überrollen
erst zuhören und nachdenken
(= ernst nehmen)

Stichwort HÄNDE: auf Bauchhöhe
plus lächeln
Hände offen
in einer Hand kann was sein

Stichwort BLICK: orientiert, fest, sicher

Stichwort LÄCHELN: verändert die Stimme angenehmer
wirkt auf den Körper
wirkt positiv auf Gegenüber
wirkt optimistisch
zumindest initial bei Kontaktaufnahme
zurücknehmen bei ernsten Themen
nicht inadäquat sein, nicht übertreiben

Stichwort INNERES: selbst beobachten und daran arbeiten.
Der Körper folgt dem inneren Zustand.
Oft sind Menschen angespannt
und ängstlich.
selbstsüchtig auf den eigenen Vorteil bedacht.
Viele sind faul und vermeiden Verantwortung
Oder andere dominieren und diese „anleiten".
Man nimmt sich selbst oft falsch wahr,
oft völlig anders als das Gegenüber.
Liebe und Mitgefühl sind zentral,
auch wenn es manchmal schwer fällt.

Stichwort STIMME: Modulation, Sprachmelodie
mit einem Lächeln klingt die Stimme anders

AUTHENTIZITÄT: ist assoziiert mit Idealen, Zielen, Engagement,
Tugenden, Liebe

Nun sind alle diese Dinge für das tägliche Leben wichtig. 2 schöne Aphorismen: „Die Qualität meiner Kommunikation bestimmt die Qualität meines Lebens" und „Wer sich selbst beherrscht, beherrscht die Welt".

More important than the content of a conversation are emotions and impressions:

Keyword PAUSE: short breaks
Do not roll over
First listen and think (= take other seriously)

Keyword HANDS: ventral before the belly
plus smile
hands open
in one hand you can hold sth.

Keyword VIEW: oriented, solid, safe

Keyword SMILE: smile makes the voice sound pleasant
It affects the body language positively
has a positive effect on the partner
gives you an optimistic attitude
at least initially in contact
redeem for serious issues
don't be inadequate, do not overdo it

Keyword INSIDE: observe yourself and work on it.
The body follows the inner state.
People are often tense and anxious.
selfish intention on their own advantage.
Many are lazy and avoid responsibility.
Or dominate others and want to guide them.
Self-perception is often completely wrong.
often completely different from other persons.
Love and compassion are central,
even if it's hard sometimes.

Keyword VOICE: modulation, intonation
with a smile the voice sounds better

AUTHENTICITY: associated with ideals, goals, commitment,
virtues, love

Now all these things are important for one's daily life. 2 beautiful aphorisms: "The quality of my communication determines the quality of my life" and "Who controls himself, controls the world."

Ansonsten ist man angstbesetzt, unsicher und konditioniert, meist durch Gedanken, Körperempfindungen und Emotionen.

Oft gehen die Menschen mit einem Vorurteil fokussiert auf ihr Gegenüber zu. Es läuft ein Film mit Vorurteilen und falschen Erwartungen ab, meist vollkommen un- und unterbewusst. Analog im Umgang mit Menschen. Der allererste kurze Moment des Kontaktes mit einer neuen Situation ist in der Regel noch neutral, z. B. man wartet auf jemanden und freut sich – die Freude währt nur wenige Sekunden – und schon bricht die Erwartungshaltung durch. Diese Erwartung ist oft geprägt von Schwäche und Angst, die man dann auf das Gegenüber projiziert.

Regelung im Nachgang: Und da gibt es so viele Beschwerden und Konflikte, die im Nachgang (zu spät) geregelt werden müssen. „Ich habe ja nur gesagt". Klar, aber wie eben (Ton, Mimik, Gestik).

Eine Parallele ist das Tierreich, z.B. Pferde und Hunde reagieren nur auf die Körpersprache und die Stimmmelodie und erkennen Schwäche/ Unsicherheit, Stärke/Dominanz, Sicherheit/Stärke. Vor allem Pferde haben einen untrüglichen Sinn für das Wesen und die Authentizität eines Menschen.

Ziele und Ideale prägen die unterbewusste Kommunikation:

- ohne Ziele geht es nicht
- „Wer kein Ziel hat, wird es auch nicht erreichen".
- Im Leben und Beruf geht es ohne Ideale nicht.
- Liebe – ein altmodisches Wort: „Alles, was du ohne Liebe machst, ist vergeblich".
- Ohne Kompetenz-Fleiß-Engagement-Identifikation-Einsatz geht es auch nicht

Anerkennung: Welches ist die größte Beleidigung für einen Menschen? – Die Missachtung. Zurücksetzung, Herabsetzung, davor haben auch die meisten Menschen Angst. Diese (narzisstischen) Kränkungen führen oft zu subtilem Hass und „Rache". Respekt und Mitgefühl sind die Basis für eine gute Kommunikation.

Otherwise one is afraid, uncertain and conditioned, usually by unconscious thoughts, body sensations and emotions.

We are often focused on a prejudices toward our fellow human beings. It is like a film with prejudices and false expectations, mostly completely subconscious. Analog in dealing with these people. The very first brief moment of contact with a new situation is usually neutral and suddenly our expectations break through. These expectations are often marked by weakness, fear, and negative thinking, which are then projected onto the counterpart.

Regulation in the aftermath: There are so many complaints and conflicts that (too late) must be regulated in the aftermath. "I've just said, I only thought, I just meant, etc." Surely, but how we think, formulate and communicate (tone, mimics, gestures, subconscious messages) – this is very often an offense and produces a toxic atmosphere. In the U.S. a saying goes: *"Every word should be a present – if not, be quiet"*.

A parallel are the animals, for us mostly dogs. They respond to mimics, the body language and the vocal melody and recognize weakness / uncertainty, serenity / dominance, security / strength. Especially horses have an infallible sense for the nature and authenticity of people.

Goals and ideals shape subconscious communication:
- No positive communication without positive ambitions goals
- "Who has no aim, will not gain it".
- A successful life and career is not possible without ideals.
- Love – an old-fashioned word? – "Anything you do without love is in vain."
- Also no way without competence, diligence, engagement, identification or insert

Recognition: What's the biggest insult to a person? – disregard him. Reset, reduction and insult – most people are afraid of that. These (narcissistic) offenses often lead to subtle hatred and "revenge". The basis for good communication are respect and compassion.

Deshalb – aktiv den Perspektivwechsel üben und leben:

Luigi P.: „Wir leben alle auf derselben Erde,
aber jeder lebt in seiner eigenen Welt".

Ich-Falle: Unsere Gedanken kreisen um uns selbst,
betreiben Sie den Perspektivwechsel.
Konzentrieren Sie sich auf den Partner.

Victor H.: „Verstehen heißt mit dem Herzen zuhören".

Fazit: Aktives, aufmerksames Zuhören – Meinungen,
Gefühle des Anderen ernst nehmen und
ausreden lassen
Eigene und andere Mimik/Körpersprache
beachten.

4 Aspekte der Kommunikation:

Sachinhalt: „... trotz Reparatur noch Fehlfunktion ..."

Beziehungsinhalt: „... ich vertraue Ihnen nicht mehr ganz,
was nun ..."

Selbstoffenbarung: „... ich bin enttäuscht, dass es nicht hilft ..."

Appellinhalt: „...... bitte beseitigen Sie nun das Problem..."

Nahezu jede Aussage kann alle 4 Ebenen beinhalten, z.B. wenn der Beifahrer sagt die Ampel sei grün. Die Kunst ist es alle 4 Ebenen gleichberechtigt wahrzunehmen. Unsichere Menschen nehmen betont die Beziehungsebene wahr, und neigen dazu diese negativ zu interpretieren.

Rhetorik/Kommunikation braucht ein Ziel: Man muss wissen, was man will. Und das soll man bedenken, bevor man in ein wichtiges Gespräch geht. Das müssen keine starren Vorstellungen oder Vorgaben sein. An Idealen, Aufgaben, Leitfäden oder Philosophien sollte man sich aber schon orientieren. Man erkenne sich selbst, wer man ist und was man will; wie sollen es sonst andere tun?

Therefore – actively practice the change of perspective and life:

Luigi P .: "We all live on the same earth,
but everyone lives in his own world."

Ego-Trap: Our thoughts revolve around ourselves,
operate the change of perspective.
Focus on the partner.

Victor H .: "To understand is to listen with the heart".

Conclusion: An active, attentive listening
Take other opinions and feelings seriously
and always let others finish speaking.

Watch: Note your own and the facial expressions /
body language of others.

4 aspects of communication:

Objective content: "... despite repair yet malfunctioning ..."

Relationship content: "... I will not trust completely what now ..."
Self-revelation: "... I am disappointed that it does not work ..."
Appeal: "... please now put away with the problem ..."

Almost every statement includes all 4 levels, e.g. if the passenger says the traffic light was green. The art is to recognize all 4 levels on an equal basis. Insecure people emphasized the relationship level, and tend to interpret this negatively and are easily insulted. Strong people can stand all four levels, accept them and deal with them.

Rhetoric / communication needs an purpose: You have to know what you want. And that should be kept in mind before you go to an important conversation. It does not necessarily needs rigid ideas. But you should have an orientation on ideals, responsibilities, guidelines or philosophies. You have to know yourself, who you are and what you want; how should the others accept you, if you don't accept yourself?

Rhetorik braucht aber auch Technik:

Satz:	kurz ohne Nebensätze Wortreichtum, Synonyme, maximal eine Wiederholung menschliche, freundliche, positive Formulierungen
Schnell:	kann nervös und unsicher wirken kann als dominante Missachtung verstanden werden Zuhörer kombinieren langsamer als man sprechen kann
Langsam:	zu langsam wirkt arrogant oder inkompetent ruft Widerstände hervor
Modulation:	„der Ton macht die Musik" deshalb Stimmmelodie beachten Geschwindigkeit wechseln, lebendig sprechen Pausen sind ganz wichtig
Körper:	offene Hände auf Niveau Bauch darüber wäre nervös, hektisch darunter wirkt abfällig offener Blickkontakt und ggf. lächeln
Auftreten:	persönlich, menschlich, Wärme ausstrahlen, verstehend, kompetent

Rhetoric but also needs technology:

        Sentence: short without subordinate clauses
                  wordiness, synonyms, maximum
                  one repetition, friendly, human,
                  positive phrasings

        Quick: regarded as nervous and uncertain
                  Disregarded as dominant
                  listeners combine more slowly than you
                  can speak

        Slow: slow acting seems arrogant or incompetent
                  It provokes resistors

    Modulation: "the tone makes the music"
                  Watch your vocal melody
                  change speed, speak alive
                  breaks are very important

        Body: open hands in front of the belly
                  hands too high is nervous, frantic
                  hands to deep is disparaging
                  open eye contact and smile (if adequate

    Appearance: personal, human, radiate heat,
                  understanding, competent

DAS SCHWIERIGE GESPRÄCH:

Die schlechte Nachricht – schlimm für den Empfänger:

- Blickkontakt, die Zuhörer folgen den Augen des Sprechers
- Die WIR-EBENE finden, unsere Aufgabe (nicht *„Problem"*)
- Ganz sachlich die Fakten und Informationen zusammen fassen, ohne Wertung
- in der 3ten Person („der Befund", „der Bauplan", „die Mittel")
- Trennen Sie den Problemort vom Gesprächsort
- zugängliche Stimme, wenn Sie die Person ansehen (am Satzende Betonung nach oben)
- Seriöse Stimme, wenn Sie etwas vorlesen (flach, Betonung nach unten)
- Winkel zum Gesprächspartner nebeneinander bis 90°
- Nie direkt gegenüber = Auge um Auge = Konfliktposition!

Das De-Eskalationsgespräch:

- De-eskalieren durch Terminvergabe an einem anderen Ort
- Verständnis zeigen, Angst verstehen („Stoßdämpfer")
- Druck erzeugt Gegendruck
- Menschen haben oft Schuldgefühle,
- sind Opfer dieser Gefühle, sie haben Angst
- Angebote machen
- Bei Unmöglichkeit möglichst viele Angebote machen
- Aktivitäten abgeben

Wobei: Die Menschen sind heute schon alle so kommunikationsgeschult und auch skeptisch, dass man „das Reden um den heißen Brei" auch vermeiden muss. Mal geradlinig sagen, worum es geht, und dabei aber die mitmenschliche Komponente betonen, kann auch sehr günstig sein.

THE DIFFICULT CONVERSATION:

Bad news – bad for the recipient:
- Eye contact, the audience follows the eyes of the speaker
- Find the WE-LEVEL,
- talk about us, our task & our job (never use the word "problem")
- Put together quite objectively the facts and information without rating
- In the 3rd objective person ("the findings", "the plan", "the agent")
- Don't talk at the place where the problem is located
- Accessible voice, look at the person (at end of block emphasis upward)
- Reputable voice when you read something (Flat emphasis downwards)
- Angle to the partners by side to 90° (direct vis-à-vis is aggressive)
- Never directly opposite = face to face = a conflict position!

The de-escalation conversation:
- De-escalate by an appointment at a different location
- Show understanding, appreciate fear (so-called "shock absorbers")
- Pressure generates counterpressure
- People often feel guilty,
- are victims of their emotions and uncontrolled thoughts, they are afraid
- Make deals, if impossible make a lot of offers
- Delegate activities to your partners

Whereat: People are often "very theoretically schooled" in communicating. They are increasingly skeptical. Sometimes it is best to go straight to the subject – honest, truthful as a real partner. Emphasize the fellow human component.

Wer fragt führt das Gespräch:

- Wie kommen Sie zu der Meinung, dass .... ?
- Was machen wir falsch ?
- Gemeinsam prüfen: pro versus kontra
- erst mal keine Position beziehen (das macht angreifbar)
- nur klären mit vielen Rückfragen und aktivem Zuhören
- in der Sprache des Gegenübers sprechen
- Angst & Aggression ist oft Sorge,
- z. B. um das mühsam ersparte kleine Häuschen
- Deshalb Verständnis zeigen
- durch Rückfragen „eindenken"
- versuchen den Standpunkt nachzuvollziehen
- „kann ich verstehen" erzeugt oft Erstaunen
- Reframing: Ein unlösbares Problem aus einem neuen Sichtwinkel betrachten, das kann auch mal humorig sein.

Vermeiden Sie:

Reden:	Selbst so wenig wie möglich, Verhältnis ca. 30 / 70
Keine Vorgaben:	Lösungen werden nur „zerfleddert" auf Vorschläge soll der Partner selbst kommen dafür die Motivation suchen selbst aussprechen und formulieren lassen wenn es sein muss, auch mal schauspielern „Gut, dass Sie hier sind, da werden wir sicher eine Lösung finden (oder helfen können)".
Widerspruch:	Führt immer in eine Prestigediskussion Wenn man in diese Fall ging, dann zurück: „Vielleicht habe ich mich falsch ausgedrückt ..."
Sehr schlecht:	erhobener Finger oder ein Stift
Ganz geschickt:	„Ich mache mir Sorgen ....", dies weist sehr charmant auf einen Missstand hin

Sking structures conversation:

- How did you come to believe that ....?
- What are we doing wrong?
- Consider together: pro vs. contra
- Avoid too early positioning (which makes your position vulnerable)
- Clarify with many questions and active listening
- Speak in the language of the other person
- Fear & aggression are often concern,
- for example because of the little house painstakingly worked for
- Show acceptance and comprehension
- "Empathize" with questions about a partners subject
- Try to understand his point of view
- "I can see" often generates amazement
- Reframing: consider an insoluble problem from a new point of view, which can be sometimes humorous.

Avoid:

Talking:	as little as possible, ratio listening-talking 30 / 70%
No early guidelines:	solutions are only "tattered" The partner should formulate the proposals Search for his motivation by asking he should express and formulate them sometimes it is necessary to perform like an actor "We are glad you're here, we will find a solution".
Contradiction:	always leads into a prestige discussion Prestige If you are trapped, then return: "Maybe I expressed myself wrong ... .."
Very bad:	Raised Finger, or pen
Quite clever:	"I'm worried ...." a charming way to talk about grievances

Das Kritikgespräch:

- Soll möglichst ein Lösungsgespräch sein
- Nicht am Ort des Problems
- Zuerst Positives herausstellen
- Ehrliche und offene Rückfragen stellen

Dann:

- Sorge und Betroffenheit

Dann Lösung, wie

- „Wie wäre aus Ihrer Sicht ...."
- „Ich schlage nach Ihren Ausführungen vor ...."
- „Eine gute Lösung wäre nach Ihren Ausführungen ...."
- Und Schluss, Ergebnis gut, Ende.

Schlecht: Geradlinig das Problem definieren
„Meines Erachtens setzen Sie ...."
„Die Konsequenz ist............"
Vorwürfe ungeschminkt, Ich-B.,
Meinungen, usw.

Besser: Gruß, Gemeinsames, Positives
Ein Problem entwickelt sich ...
Wie sehen Sie die xy bei xy ...
Wurde von mehreren Seiten angesprochen ...
Wie empfinden Sie
Was wäre eine Lösung ....
Gemeinsam eine Lösung suchen

Manchmal sind Menschen wirklich aggressiv und bösartig. Ein deutliches und klares Wort zur rechten Zeit kann erfolgreich sein, wenn man es geradlinig und positiv zugewandt bringt. Kann leider aber auch genau das Gegenteil bewirken, wenn man dabei zu unbeherzt ist.

The criticism conversation:
- It should be a solution conversation
- Not at the location of the problem
- First talk about aspects
- ask honest, unbiased and open questions

Then:
- Concern and dismay

Then solution as
- "How about – from your perspective ...."
- "I propose – to your submissions that we ...."
- "A good solution would be according to your designs ...."
- Have a good end with good results and conclusion.

Bad: Defining straightly the problem ". (see below)
" In my view........."
"The consequence is ...."
Transporting accusations, opinions.

Better: greeting, common sense, positive aspects
"A problem develops .... "
"What is your impression, opinion ...."
"I was approached from several sides .... "
"How do you feel about.........."
"What would be a solution .... "
Search a solution together

Sometimes people are really dull or aggressive and malignant. A direct and clear word at the right time can be successful if you express (say it straight and if you achieve a positive result in the end. Unfortunately, this could exactly cause the opposite effect as well, if one is too fainthearted.

Mit sog. Beschwerden sollen manchmal Mitarbeiter verunglimpft werden, um eigene bösartige Interessen zu verfolgen. Da ist Loyalität gefragt; das muss man dann schon sagen, dass man das nicht glauben kann und dass der gewählte Stil verwerflich ist. Ehrlichkeit funktioniert sehr gut!

322

Mit ehrlichem Interesse und aktivem Zuhören, Blickkontakt, Ruhe und Zeit vermitteln, mit freundlichem Mienenspiel und professioneller Gelassenheit kann man diese Klippen i.d.R. gut umschiffen und kommt ans Ziel. Lob und Anerkennung mit Namensnennung des Gesprächspartners erlauben im Gesprächsverlauf auch mal ein deutliches Wort, insbesondere wenn man über allem die Gemeinsamkeiten betont und Sicherheit gibt.

With so-called "complaints" sometimes employees are to be vilified, these kinds of conniving complaints are used to pursue their own malicious interests. Because loyalty is asked; it must be said that this is unbelievable, and that this kind of style is reprehensible. Honesty works very well!

With genuine interest and active listening, eye contact, calm and time as well as with friendly facial expressions and professional composure you will reach your destination. Praise and recognition with attribution to the interlocutor strengthen your partner. Then also clear words are possible, especially when you stress the common features and provide security.

15. ZEN UND WERTE DER WESTLICHEN WELT

BUDDHAS WERDEGANG:

Buddha wuchs als Prinz abgeschottet, gebildet, reich und überbehütet auf, geb. im April 563 v. Ch. Nach seinem ersten Kontakt mit einem Siechenden floh er aus dem Palast, er wollte die Welt und das Leben verstehen. Er wurde Asket und Bettelmönch und suchte derart Antworten auf die wesentlichen Lebensfragen. Den harten Weg der Selbstkasteiung und Askese erachtete er bald als ungeeignet. Er verfolgte einen „Mittleren Weg der Tugend", ohne irgendwelche Extreme, für jedermann gangbar. Diese Gedanken und Techniken lassen sich unschwer in ein ganz normales Leben einfügen. Viele erfolgreiche Menschen nutzen Derartiges.

Parallel zur Entwicklung der westlichen Ideale und Wertegesellschaft entstand der ZEN-Buddhismus. Nahezu deckungsgleich mit christlichen und humanistischen Idealen. Nüchtern betrachtet identisch mit den Inhalten der 10 Gebote; lediglich die Themen Bildung (man muss die Welt verstehen) und das Thema Meditation (man muss sich selbst verstehen) kommen noch hinzu. Die Kernaussage ist, dass der Mensch durch Unwissenheit und ein ungesteuertes Unterbewusstes (Gedanken, Emotionen, Körperempfinden) konditioniert und angstbesetzt ist.

Yoko Beck beschreibt sehr gut, was ZEN in einem westlichen Lebensstil bedeutet. Man ist überrascht, wie kongruent das ist. Spitzenmanager aus Japan nutzen dies schon lange, um sich selbst im Alltag und Berufsleben besser zu strukturieren. Godamo Bhuddha sah sich selbst auch nur als ganz normalen Menschen. Er selbst empfand seine Erkenntnisse als weltlich. Keinen Moment dachte er dabei an eine Religion oder an eine Verehrung seiner Person.

15. ZEN AND THE VALUES OF THE WESTERN WORLD

BUDDHAS HISTORY:

Buddha grew up as a foreclosed prince, educated, rich and overprotected, born in April 563 BC. After his first contact with a withered he fled from the palace, he wanted to understand the world and life. He became an ascetic and mendicant and sought answers to the essential questions of life. The hard way of self-flagellation and asceticism turned out to be unsuitable. He pursued a "Middle Course of Virtue", without any extremes, passable for everyone. These ideas and techniques can be easily inserted in a completely normal life. Many successful people live this way.

Parallel to the development of Western ideals and values in Europe arose Zen Buddhism. ZEN is almost congruent with Christian and humanist ideals. The "noble eightfold path" is identical to the contents of the 10 Commandments; only the topics of education (one must understand the world) and the subject of meditation (one must understand oneself) still being added. The key message is that human beings are conditioned by their own ignorance and something uncontrolled subconscious (thoughts, emotions, bodily sensations) resulting in anxiety.

Yoko Beck (California) describes very well what ZEN means in a western lifestyle. One is surprised how congruent ZEN and western lifestyle are. Top managers have used this for a long time in order to better organize themselves in everyday life and in professional life. Godamo Bhuddha saw himself only as an ordinary man. He himself felt his findings as secular. He was never thinking of a religion or a worship of his person. In a modern sense he was a psychoanalyst and a coach.

Buddhas Erkenntnis. Seine sogenannte „Erleuchtung" bezeichnete er selbst ganz unspektakulär als Einsicht. Er zögerte, ob er das anderen mitteilen sollte; er dachte wohl etwa 1 Jahr darüber nach, ob er es kundtun sollte. Zuletzt entschloss er sich seine Erkenntnisse zu predigen und wählte hierzu eine logische und nachvollziehbare Systematik. Anhänger scharten sich rasch um ihn und Ordensgemeinschaften (erstmals auch Frauen!) wurden gegründet. Als Prediger, Redner, Ratgeber und Weiser genoss er sehr hohes Ansehen. Das Buch „Zen im Alltag" von Yoko Beck überträgt dies ganz unkapriziös und schlicht auf unsere sog. westliche Lebensweise.

Godamo Buddhas Mitteilungen. Im ersten Jahrhunderte nach Buddha wurde vieles seiner Vorträge weiter gegeben, ähnlich wie nach dem Tode Jesu. Buddha starb 483 v.Chr. Das erste buddhistische Konzil war 3 Jahre danach; ein zweites Konzil hundert Jahre später. Nach 300 Jahren hat man sich entschieden die Überlieferungen aufzuschreiben, es gab das Bedürfnis die Mitteilungen Godamo Buddhas möglichst wirklichkeitsnahe zu notieren.

Dies geschah auf Palmblättern bibliothekarisch geordnet in Körben, die auf Ceylon in einer Höhle gelagert wurden. Diese Höhle wurde mit Ton verschlossen. Man entdeckte sie 1890. Die Sprache des Pali-Kanon war schon seit 1500 Jahren ausgestorben und musste über 20 Jahre regeneriert werden (Neumann). Diese Texte umfassen ca. 1500 Seiten und sind vergleichbar mit mittelalterlichen rhythmischen Balladen; nicht ganz leicht zu lesen, aber sehr interessant und sprachlich gut verständlich.

Buddha's knowledge. He himself described his so-called "enlightenment" as a quite unspectacular insight. He hesitated whether he should tell it to others; he thought for about 1 year about whether he should proclaim it. Finally he decided to present his findings and started off with a logical and comprehensible systematic. Followers rallied around him quickly and religious communities (for the first time women!) were founded. As an analyst, coach, speaker, counselor and wiseman he enjoyed very high reputation. The book "Zen in Everyday Life" by Yoko Beck transmits this in a very straightforward and simple way on our so-called western way of life.

Godamo Buddhas releases. In the first centuries after Buddha much of his lectures were transmitted, just like after the death of Jesus. Buddha died in 483 BC. The first Buddhist Council was 3 years thereafter; a second council one hundred years later. After 300 years, it was decided to write down Buddhas statements, there was the need to write down the messages of Godamo Buddhas as original as possible.

This was done on palm leaves systematically arranged in baskets, which were stored in Ceylon in a cave. This cave was sealed with clay. It was discovered in 1890. The language of the Pali-canon has been extinct for 1,500 years and had to be regenerated more than 20 years (Neumann). These texts comprise about 1500 pages and are comparable with medieval rhythmic ballads; not very easy to read, but very interesting. There are comprehensive books with original contents, but which short buddha's speeches avoiding the highly repeating poem-ballad-like lyrics.

ZEN IST KEINE RELIGION:

ZEN entspricht der Urform analog den Übersetzungen, ohne hinduistische, tibetanische oder esoterische Zudichtungen. Es ist kein Glaube im religiösen Sinne. Es gibt keine Dogmen, es ist kein Vertrauen in eine höhere Macht. ZEN-Buddhismus versteht sich als Lehre vom Leben, es fordert Bildung und Lebensart, Selbst-Erkenntnis ist wesentlich.

Religion ist an die historische Wahrheit gebunden, man muss die Grundvoraussetzungen glauben, sonst kann man deren Weg nicht mitgehen. Stichwort: „Und die Bibel hat doch recht"; die Bibel z.B. fordert an vielen Stellen den Glauben; in anderen Religionen oft noch viel ausgeprägter, mit einer soziologisch-politischen, oft sogar gewalttätigen Komponente.

Buddhismus ist an keine historische Wahrheit gebunden, es ist eine zeitlose psychologische Wissenschaft. Kein „entweder-oder", wie Buddhist versus Christ versus Jude; sondern ein „sowohl-als-auch", alle guten Gedanken sind hilfreich.

Buddha ist kein Gott und kein Prophet und wollte auch nie einer sein. Es gibt demnach keine Kraft außerhalb von uns und außerhalb der Welt; demnach gibt es keine distanzierte Gottheit, keine Gottesfurcht. Eine Verehrung Buddhas ist nachträglich als Dank an einen Menschen zu verstehen.   Vielfältige Umwandlungen in Religion und Götterglauben war nie beabsichtigt. Manche buddhistischen Linien machten ihn zu einem Gott, was aber nicht seinen Reden und den Aufschreibungen entspricht. So z.B. der tibetanische Buddhismus. Die Unzahl der Gottheiten und Dämonen wurden mit der neuen „Religion" vermengt. Dies ist der sog. „große Wagen", der es erlaubt alle Strömungen und Weltbilder mit aufzunehmen.

Es gibt keine buddhistischen Religionskriege, Buddhismus kann man nicht als Kriegsvorwand missbrauchen, denn es gibt keinen „einzig wahren Gott". Wer einen Gott angreift, provoziert die erhabenen Gefühle der Gläubigen. Derartiges kann im Buddhismus nicht greifen.

ZEN IS NOT A RELIGION:

ZEN corresponds best to the archetype original speeches of buddha. ZEN has no Hindu, Tibetan or esoteric additives. ZEN is not a faith in the religious sense. There is no dogma, there is no faith in a higher power. ZEN Buddhism is the science of every day life, life in every minute, it demands discipline, education and self-knowledge.

Religion is defined as a historical truth, you have to believe in the basic requirements, otherwise you cannot go their way. Keyword: "And the Bible is quite right"; the Bible, e.g., demands faith in many places; in other religions often even much more pronounced, with a socio-political, often violent component.

Buddhism is not tied to any historical truth, it is a timeless psychological science. No "either-or", for example Buddhist versus Christian versus Jew; but a "both-and" all the good thoughts are helpful for a human being.

Buddha is not a God or a prophet and never wanted to be one. He proclaims there is no power outside of ourselves or anywhere outside in this world; therefore there is no distant deity, no fear of a God. Buddha never wants to be worshipped, monks who do that understand this as a gratitude to a human person. Versatile transformations in religion and religious beliefs have never been intended. Some Buddhist lines made him a God, but this does not correspond to his speeches and written records. The myriad of deities and demons were mixed with the new "religion". This is the so-called "Big Dipper", which allows all simple structured humans, all tendencies and all views of the world to assimilate the teachings of Buddha. ZEN is the "Small Dipper", only for a small group of persons – but nowadays this Small Dipper becomes the ideal solution to how we integrate Buddha´s techniques of living and thinking in our modern industrial world.

There were never Buddhist religious wars, Buddhism cannot be misused as a pretext for war, because there is no "one true God". Anyone who attacks a God would provoke the sublime feelings of believers. Such an idea cannot engage in Buddhism.

Es gibt auch keine buddhistische Metaphysik, keine Aussage zur Entstehung der Welt, keine Spekulation über das Ende, keine Angabe zum Leben nach dem Tod. All diese Fragen interessieren den „Buddhisten" nicht, weil diese keinen praktischen Lebensbezug haben; nicht nur, dass man es nicht weiß, es ist völlig bedeutungslos.

Die Wiedergeburtstheorien sind nicht buddhistisch, sondern hinduistisch. Diese wurden vor 2500 Jahren als gegebene Wahrheit gesehen. Buddha und das Thema Wiedergeburt werden oft unsinnig vermengt. Wiedergeburt wurde zu Buddhas Zeit als gegeben erachtet, so wie das frische Gras grün ist. Es wird in den Urtexten nicht erwähnt. Im ZEN wird es aber nicht thematisiert, weil ohne Bedeutung. Der westliche Mensch sehnt sich komischerweise nach Wiedergeburt, der östliche Mensch will diesem Rad entrinnen.

Es gibt nicht die eine Wahrheit. Wahrheit im Buddhismus wird sehr relativiert, Beispiel ist die buddhistische Parabel vom Elefanten (analog dem Höhlengleichnis von Sokrates). Ein König ließ einmal alle Blindgeborenen versammeln, um Ihnen einen Elefanten zu zeigen. Er ließ sie zum Elefanten führen, damit sie ihn betasten könnten. Einige die Zähne, andere den Kopf, weitere den Rüssel, Beine, Rumpf, etc. Der König freute sich und bat die Menschen ihm das Tier zu beschreiben. Jeder stellte sich das Tier anders vor, jeder verglich es mit ganz Unterschiedlichem, es gab sehr emotionale Interpretationen, die Diskussion wurde immer hitziger, es entstand Hass und dies führte in ein Handgemenge. Keiner kann also die ganze Wahrheit erfassen, eine Teilwahrheit erfasst jeder; und meint, dass dies die ganze Wahrheit sei, manche wollen dafür auch noch kämpfen. Man darf seine eigene Sichtweise und Empfindungen nie als die ganze Wahrheit missdeuten. Also nicht ein „entweder-oder", sondern ein „sowohl-als-auch" und andere Teilwahrheiten soll man gelten lassen.

Ein nicht-materialistisches Weltbild. Das buddhistische Weltbild ist nicht materialistisch: So auch im Christentum „am Anfang war das Wort." Es geht also nicht um materiellen Möglichkeiten oder chemisch-physikalische Prozesse. Wichtig ist, vor einer Tat soll eine Vision, ein Plan, eine Idee, eine Motivation, ein Ziel stehen.

There are also no Buddhist metaphysics, no information about the origin of the world, no speculation about the end, no indication of any afterlife ("nirvana" is a Hindu construct). All these topics are of no interest in ZEN, because they have no practical life terms; not only that you do not know it, it's totally meaningless.

The rebirth theories are not Buddhist, but Hindu. These were seen 2500 years ago as a given truth. Buddha and the subject of rebirth are often nonsensely confused. Rebirth was deemed to Buddha's time as a given truth, as the fresh grass is green. It has never been mentioned in the original text of Buddha's speeches. In ZEN it has never been addressed either. Western people strangely long for a rebirth, the eastern man wants to escape this wheel – funny issue – it is an irrelevant kind of thinking.

There is not the one and only truth. Truth in Buddhism is very relative, depending on the perspective. An example is the Buddhist parable of the elephant (analogueously to the cave of Socrates). A king had once all born blind people come together to show them an elephant. They were led to an elephant, so that they could touch him. Some touched the teeth, another the head, another the trunk, legs, etc. The king was pleased and asked the blind to describe him the animal. Each described animal turned out different, very different, there were varying and emotional interpretations, discussion became more and more heated, there was hatred and this resulted in a scuffle. No one can therefore capture the whole truth, each records a partial truth – and thinks that this is the whole truth, some want it even fight for their errors. One must never misinterpret our views-feelings-thoughts-emotions as the whole truth. So not an "either-or", but a "both-and" and other partial truths should be allowed to apply – knowing well that these are only fragments.

A non-materialistic worldview. The Buddhist view of the world is not materialistic: So in Christianity "in the beginning was the word." So it's not about material possibilities or chemical processes. It is important that a vision must be before an act – at the first place there is a plan, an idea, a motivation, an aim.

Das Weltbild der Industriegesellschaft ist hingegen materialistisch. Der Mensch sieht sich heute als hilfloses austauschbares Zahnrädchen in einem unendlich komplizierten Getriebe und muss mithalten. Probleme versucht man „materialistisch" zu lösen.

Die Psychologie von Ursache und Wirkung. Das sog. Karma ist das Prinzip von Ursache und Wirkung; dies kennen wir in den modernen Naturwissenschaften und in der Psychologie. Der Buddhist analysiert Ursache und Wirkung auf der nicht-materiellen Ebene des Denkens und Fühlens. Gedanken, Worte und Taten eines Menschen bewirken etwas bei ihm selbst. Es gibt nach Buddha keinen richtenden Gott. Das eigene Wirken ist Ursache für eine weitere Wirkung (abgespeichert tief im Unterbewussten) und holt den Menschen immer wieder ein (Konditionierung).

Kein Festklammern, kein Anhangen. Alles Existierende ist unbeständig, Sicherheit auf dieser Welt ist eine Illusion. Es hat keinen Sinn stete Sicherheit zu suchen, weil man sich dem Fluss des Lebens entgegenstellt und dadurch nur Angst entsteht. Diese Existenzbedingung bedeutet zwar Unsicherheit, aber auch, wenn man es akzeptiert, Freiheit und keine Angst mehr vor einer Zukunft, die in vielerlei Hinsicht zu variabel und unvorhersehbar ist. Aus dieser Einsicht entsteht die Chance im Jetzt zu leben. Negative und angstbesetzte Projektion kann man zunehmend als solche erkennen und dadurch überwinden. Dies nimmt auch die ungerichtete Angst vor Herausforderungen.

Selbstbezogenheit, Selbstsucht ist das Verfolgen egoistischer Ziele auf Kosten anderer. Ein angstbesetztes egoistisches Anklammern, um den eigenen Vorteil zu sichern. Es schadet nach „karmischer" Gesetzmäßigkeit einem selbst. Feindschaft, Eitelkeit, Hass, Raffgier etc. verkennt, dass wir mit unserer „Umwelt" verwoben sind. Der Buddhist sieht dies als mangelnde Einsicht und Weisheit, man muss verstehen, dass man sich (und sein engstes Umfeld) nicht durch Selbstbezogenheit beschädigen darf.

The concept of life of the industrial society, however, is materialistic. Man sees itself as a helpless interchangeable cog in an infinitely complicated gear and must keep up. The solution of personal problems is also "materialistic".

The psychology of cause and effect. The so-called Karma is the principle of cause and effect. We know this in the modern natural sciences and in psychology. The Buddhist analyzes cause and effect on the non-material level of thinking and feeling. Thoughts, words and deeds of people make a difference in himself. There is no judging God for Buddha – you are your own God. One's own work is the root for another effect (stored deeply in the subconscious) and the people are always brought up by their subconscious conditioning (subconscious emotions, thoughts).

No clinging, no appendices. Everything that exists is impermanent, security in this world is an illusion. There is no use in searching constant security, because one opposes one's own flow of life; struggling for guaranteed safety produces even more anxiety. The free life analogous to ZEN does not care about security versus insecurity, it accepts freedom and is not afraid of a future that is too variable and unpredictable in many ways. From this insight arises the opportunity to live in the present. Negative and fearful projection can be increasingly recognized and one has the chance to overcome them. This also cures the fear of challenges.

Self-centeredness, selfishness is pursuing selfish goals at the expense of others. A fearfully occupied egoistic clinging to secure one´s own advantage. Hostility, vanity, hatred, greed, etc. fail to recognize that we are interwoven with our "environment". Karma means that this way we damage our fellow human beings – and even more ourselves. The Buddhist sees this as a lack of intelligence and wisdom, one must understand that oneself (and his closest environment) should not be damaged by fearful and egoistic self-centeredness.

Liebe, Mitgefühl. Auch im Buddhismus gilt der Satz „Liebe deinen Nächsten und dich selbst"; es geht um den gemeinsamen Urgrund (Lebensbasis), eigene Gefühle, Ängste, Emotionen muss man da kennen und suchen – „wer sich selbst beherrscht, beherrscht die Welt". Diese Individualität bedeutet sich selbst erkennen und damit dem anderen und dem Gemeinsamen besser dienen. Man liebt den anderen und man liebt sich selbst.

Liebe deinen Nächsten wie dich selbst, heißt es. Wer liebt da wen ? Es geht meist um „nutzbringende" Liebe. Liebe als Partnersuche, die ein Traumbild reflektieren soll, ist eigentlich nicht gemeint. Liebe als ein „Fernsehprogramm", das man so oft wie möglich ansehen möchte ? Beides ist Ich-bezogen und führt meist in die Trennung. Liebe kommt aus der Freude.

Eric Berne sagt „ich bin o.k., du bist o.k." Liebe als zentrales Lebensgefühl, wie im Christentum. Im Buddhismus formuliert als Mit-Gefühl, Mitleid, sich-freuen-mit-dem-anderen.

Ehrlichkeit, Dharma bedeutet Redlichkeit in allen Lebenssituationen, Einordnen und selbst Erkennen einer Aufgabe, frei und selbstverantwortlich sich einfügen und dienen. Freiheit wird oft egoistisch und Ich-bezogen gelebt; dies ist erst mal erfolgreich, führt aber bald zu Angst und Leid. Recht bald stellen sich nämlich dann Einsamkeit, Verlust- und Versagensängste ein.

334

Love, compassion. In Buddhism the phrase "Love thy neighbor as thyself" (love your next one like yourself) is valid too. This is the common ground of our common existence. We should learn about our own subconscious feelings, thoughts, fears, emotions to get control – "who controls himself, controls the world." Recognize your individuality by yourself and thus you can better serve the others and the common. One loves one's fellow (neighbour) and one love oneself.

Love your fellow as yourself, they say. Who loves whom? It works mostly as a "beneficial" love. Love as dream, a dating, a request programme, a decal of our egoistic wishes. Love as a "TV with remote control", one would like to see as much as possible and zaps as one likes.

This self-centered attitude leads to separation. Love comes from common joy. Eric Berne says "I'm ok, you're ok" – love as the central way of life, as in Christianity. In Buddhism formulated as co-feeling, compassion, be-happy-with-the-fellow human.

Uprightness, Dharma means honesty in all situations in life, classifying and even recognizing a task freely, blend and serve with responsibility. Materialistic freedom is often lived in a selfish and self-centered way; this way of living is soon followed by anxiety and suffering. Pretty soon loneliness, loss and the fear of failure arise.

4 EDLE WAHRHEITEN UND DER 8-FACHE PFAD:

Buddhas Einsicht – er fasste die 4 edlen Wahrheiten zusammen:

1. Leben ist Leiden
2. Leid entsteht durch Begierde und Anhaften
3. Es ist möglich sich von diesem Leid zu befreien
4. Der Weg dazu ist der Achtfache Pfad zum rechten Leben

Leid wird wahrscheinlich wesentlich besser mit „Angst" (Stress/Frust) übersetzt. Anhaften wahrscheinliche besser mit „egoistischem Sich-Anklammern"

Die erste edle Wahrheit, Leben ist Angst, ist nicht pessimistisch gemeint. Sie besagt nur, dass man der Realität ins Auge sieht, nach dem Motto Gefahr erkannt, Gefahr gebannt. Verdrängen, Nicht-wahrhaben-wollen ist keine Lösung. Bewusstwerden erlaubt erst das Sich-Lösen. Die Betrachtung der eigenen Gedanken und Emotionen in der Meditation nimmt einem Thema die Angstbesetzung und man kann steuern, auch Ängste/Sorgen als Lebenslüge aufdecken.

Die zweite edle Wahrheit beschreibt das selbstsüchtige-sich-Anklammern, meist an das vermeintliche Glück, aber sehr aggressiv zum eigenen Vorteil. Sehr viele aus Veränderungsangst an einem Ist-Zustand und an der Befriedigung von Bedürfnissen, wie Geltung, Status u.a.

Die dritte edle Wahrheit fordert sich selbst zu befreien. Eigenschaften, die man Gott zuordnet auf sich zu projizieren, durch Achtsamkeit, Ausdauer, Disziplin auch und besonders in der Meditation. Es ist die Buddha-Natur in jedem Menschen. Diese Freiheit ist sehr humorig. Humor löst die Spannungen des Lebens auf. Es ist eine übergeordnete Sichtweise. Es erlaubt ein Lachen oder Lächeln in nahezu allen Lebenssituationen. Es befreit auch von der Angst in schwierigen Situationen, z.B. die viele Musiker vor Auftritten haben.

4 NOBLE TRUTHS AND THE 8-FOLD PATH:

Buddha's insight – he summed up the 4 Noble Truths :
1. Life is suffering (better translated with: fear)
2. suffering is caused by craving and attachment / adhering
3. It is possible to get free from this suffering
4. The way to do that is the Eightfold Path to right life

Suffering is probably much better translated as "fear" (stress / frustration). Adhering likely better with "selfish self-clinging".

The First Noble Truth, life is fear, is not meant in a pessimistic sense. It says only that you have to accept reality, don't suppress your daily life in the subconscious, be aware of what you do and what happens around you (mindfulness, attentiveness). Refusing to look at our life is no solution. Only awareness and observation of one's own world, thoughts and emotions give us slowly control. This way, we overcome subconscious fear, worries and suffering.

The second noble truth describes the selfish clinging, mostly to a supposed happiness (materialistic, needs, status, validity), but very aggressively to one's own advantage. This results in fear to lose it, fear of a change, the actual state is aggressively defended.

The third noble truth wants people to free themselves. Projecting properties that you assign onto a God on yourself with mindfulness, perseverance, discipline and also especially in meditation. This is the so-called "Buddha nature" in everyone. This freedom is very humorous. Humor resolves the tensions of life. It is a perspective on a higher level. It allows a laugh or smile in almost all situations. It also releases from the anxiety, like stage fright of musicians, in difficult situations.

Die vierte edle Wahrheit beschreibt den 8-fachen Pfad zum rechten Leben:

1. rechte Ansicht / rechte Einsicht
2. rechtes Motiv / rechte Gesinnung
3. rechte Rede
4. rechtes Tun
5. rechter Lebensunterhalt
6. rechte Anstrengung
7. rechte Achtsamkeit
8. rechte Konzentration / rechte Meditation

Die ersten 5 Pfade, rechte Ansicht bis rechter Lebensunterhalt, das verstehen die Menschen mit abendländisch und christlichem Hintergrund auch ohne Erläuterung.

Rechte Anstrengung beschreibt Buddha mit seiner ureigensten Denkweise. Gedanken, Körperempfindungen, Emotionen erfüllen unseren Geist. Wir prägen uns dadurch unterbewusst. Sauberkeit, Reinheit pflegen wir in Bezug auf unseren Körper, Zähne, Kleidung, Wohnung, Auto, etc. Für unseren Geist nehmen wir uns hierfür aber kaum Zeit. Die Ausrichtung ist materiell, wir kümmern uns nicht oder zu wenig um unsere geistige Gesundheit. Im Gegenteil, wir neigen eher dazu unseren Geist zu vermüllen und unsere Gedanken zu verschlacken.

Reinigen des Geistes. Buddha spricht vom Reinigen des Geistes, vom Kultivieren von Gedanken und Gefühlen. Schlechte Gedanken, wie üble Nachrede, Hass, Lüge, Neid, Verunglimpfung, Verlangen, Abneigung etc. schaden dem Urheber selbst. Affektfrei, unvoreingenommen, wohlwollend, liebevoll sollte man seinen Mitmenschen gegenübertreten. Mitgefühl, Mitfreude, Gleichmut sollten ausstrahlen. Sich für andere freuen. Auch hier wichtig die Liebe zu sich selbst.

Wesentlich ist es sich selbst zu lieben und akzeptieren, ohne Angst vor Zurückweisung oder Isolation, analog dem Christentum „liebe Deinen Nächsten wie Dich selbst".

Eric Berne sagt das so, „ich bin o.k., du bist o.k.". Auf Bayrisch: Leben und leben lassen.

The fourth noble truth describes the 8-fold path to the right way of life:

1. right view / right insight
2. right motive / right attitude
3. right speech
4. right action
5. right livelihood
6. right effort
7. right mindfulness
8. right concentration / right meditation

The first 5 paths, right view to right livelihood, these the people with occidental and Christian background understand them without explanation.

Right Effort is described by Buddha with his very own way of thinking. Thoughts, body sensations, emotions fill our mind – but they stay pre- or subconsciously. Our body, our car and our house stay clean, we like purity, we maintain with care our teeth, clothing, housing, car, etc. But for our mind we hardly take us any time. Our orientation is materialistic, but we take no care for our mental health. On the contrary, we are even inclined to litter our minds and our thoughts are slagged.

Cleaning the mind. Buddha speaks of purifying one's mind, from the cultivation of thoughts and emotions. Bad thoughts, like slander, hatred, falsehood, envy, defamation, desire, aversion etc. harm the person himself. In an unbiased, benevolent, loving way one should confront his fellow men. Compassion, sympathetic joy, equanimity should radiate. Be happy for others. Again, the love of ourselves, is important.

It is essential to love and accept yourself, without fear of rejection or isolation. This is analogous to Christianity "Love thy neighbor as thyself". Eric Berne says so, "I'm o.k., you're o.k." In Bavaria the saying goes: "Live and let live".

Die „sowohl-als-auch" Attitüde versus dem „entweder-oder" erlaubt es den anderen anzunehmen. Ansonsten projizieren wir unsere Ängste und unsere Stressoren auf die Umwelt, auf bayerisch heisst das „der mag sich selbst nicht".

Rechte Anstrengung: „ *Nicht soll unser Denken aus der Fassung geraten, und nicht wollen wir ein böses Wort äußern. Freundlich und mitleidvoll wollen wir verweilen mit einem Denken voller Güte, ohne innere Abneigung. Nachdem wir jene Person mit einem Geist voller Güte durchdrungen haben, wollen wir in diesem Zustand verweilen. Nachdem wir, damit beginnend, die ganze Welt mit einem Geist voller Güte, mit entfaltetem, geweihtem, grenzenlosem, friedlichem, nicht bindendem Geiste durchdrungen haben, wollen wir in diesem Zustand verweilen."*

Das Thema „rechte Achtsamkeit" bezieht sich auf Konzentration und Meditation und ist ein entscheidender Aspekt des Buddhismus. Es ist das Bewusstwerden emotionaler und mentaler Prozesse. Es führt zum Erkennen unbewusster Vorgänge. Meditation, also bewusstes Beobachten, lässt uns unterbewusste Gedanken und Emotionen (auch Körperempfindungen) als solche erkennen; und damit lernen wir zunehmend damit um zu gehen.

Das Gehirn ist wie ein Fernseher, mit vielen Programmen, Sender und Empfänger gleichzeitig, mit einer kaum steuerbaren Fernbedienung. Und dieses Nonstop-Programm konditioniert uns unterbewusst, schafft oft Verwirrung und erzeugt unvorhersehbar Freude, plötzliche Emotionen, vor allem aber ungerichtete Angst. In der Meditation schaut man sich diese wirren Gedanken, unvorhersehbaren Emotionen und vorbewussten Körperempfindungen ganz bewusst an. Zuerst nur auf den Atem achten, Gedanken, Körperempfinden und Emotionen sind als solche zu erkennen, bei Abschweifungen immer wieder zurückkehren, und immer wieder den Atem beobachten.

Meditation ist die aktive Beobachtung von Gedanken, Gefühlen und Körperempfindungen. Das ist ein Non-stop-Kinoprogramm oder PC-Hintergrund-Programm des Gehirns, das uns unkontrolliert durch die Höhen und Tiefen jagt („die Matrix"). Viele haben da die Kontrolle schon lange verloren. Meditation soll befreien von unterbewussten „Konditionierungen". Motivation, Emotion, Ängste, Denkschemen können hemmen, können falsche Assoziationen herstellen.

Im weitesten Sinne nahe der Psychoanalyse; „Wer sich selbst beherrscht, beherrscht die Welt", „Wer das Ganze hat, hat auch die Teile."

The "as-well-as-attitude" versus the "either-or-attitude" allows to accept each other. Otherwise, we project our fears and stressors on the environment, in Bavaria we have the saying "he dislikes of himself."

Right Effort: "*Our thinking should be stable, and we will not express a cross word. Friendly and compassionate, we want to stay with a mind full of kindness, without inner reluctance. Having a person imbued with a spirit of kindness, we want to remain in this state. Thus we permeate the whole world with a spirit of kindness, with unfolded, consecrated, boundless, peaceful, nonbinding spirit, we want to remain in this state.*"

The topic "right mindfulness" refers to concentration and meditation and is a crucial aspect of Buddhism. We should become aware of our emotional and mental processes. It slowly leads to stepwise realization of the unconscious. Meditation with conscious observation of our thoughts and emotions make us realize the subconscious more and more. We recognize them as uncontrolled and pre- or subconscious and learn increasingly to handle them.

The brain is like TV, with many receivers, transmitters and channels at the same time, with a remote control barely controllable. And this nonstop program conditions us subconsciously, often creates confusion and unpredictable joy, sudden emotion, but above all undirected anxiety. In meditation, you look at these confused thoughts, unpredictable emotions and body sensations. First, pay attention only to breath, thoughts, body sensations and emotions and realize them, always come back with digressions, and always watch your breath.

Meditation is the active monitoring of thoughts, emotions and body sensations. This is a non-stop cinema or PC background program of the brain uncontrollably chasing us through the ups and downs ("matrix"). Many people have already lost control. Meditation is the way to free yourself from this subconscious "conditioning". Motivation, emotion, fear, patterns of thinking can produce false associations, because the subconscious input is uncontrollable.

ZEN is close to psychoanalysis, daily-life-psychology and coaching; "Whoever controls himself, rules the world", "The one who has the whole, also has the parts."

341

Die Hemmungen während der Meditation sind:

1. Ehrgeiz und Begierden
2. Groll, Hass, Ärger
3. Stumpfheit und Trägheit
4. Aufgeregtheit und Gewissensunruhe

Die fünf Versenkungsstufen sind:

1. Achtsames, gerichtetes Denken
2. Konzentration auf einen Punkt, weitschweifendes Denken hört auf
3. Gleichmut, Klarheit, Gelassenheit
4. Aufhebung von Vergangenheit und Zukunft, kein Erinnern an Gefühle, reine Gegenwart
5. Weder Wahrnehmen, noch Nicht-Wahrnehmen

Worauf richtet sich „achtsames, gerichtetes" Denken:

1. Den Körper, das Körperempfinden (zunächst meist der Atem)
2. Emotionen und Gefühle
3. Das Denken, die Gedanken

Bildung und Wissen. Je mehr man weiß oder sieht, umso zielgerichteter kann man handeln. Die Wahrnehmung äußerer Möglichkeiten ist mit der inneren Welt verknüpft. Buddhistisches Denken fordert, dass man sich kontinuierlich bildet und seinen Horizont stetig erweitert.

The inhibitions during meditation are:
1. ambitions and desires
2. resentment, hatred, anger
3. dullness and inertia
4. agitation and remorse

The five levels of contemplation:
1. Mindful, oriented thinking
2. Focus on a point, expansive thinking ceases
3. equanimity, clarity, serenity
4. Repeal of past and future, not remembering feelings, pure present
5. Neither perception nor non-perception

What is "mindful, directed" thinking:
1. The body, the physical sensation (initially mostly respiratory)
2. Emotions and feelings
3. Thinking, the thoughts

Education and knowledge. The more you know, or see, the more targeted you can act. The perception of external opportunities is associated with the inner world. Buddhist thinking demands that we continuously form and expand our field of vision constantly.

ZEN – WAS IST DAS?

Der Mahayana-Buddhismus erlaubte eine umfangreiche Verschmelzungen mit lokalen Religionen und Kulturen und schuf eine unüberschaubare Vielfalt. In vielen Klöstern leben Mönche verschiedener Richtungen. Der sogenannte „große Wagen" befördert viele Menschen – mit ganz unterschiedlichem Hintergrund und mit unterschiedlicher Bereitschaft sich darauf einzulassen.

Ein Beispiel ist Tibet, wo man die alten und lokalen Gottheiten und Dämonen „integriert" hat. Entsprechend befremdlich, mystisch und verwirrend lesen sich die Schriften des Dalai Lama.

In Indien schien zunächst der Buddhismus dominierend zu werden. Das wurde von den Herrschern, die ihre alten Hierarchien beibehalten wollten, unterbunden, durch Kriege und Einbindung des Buddhismus in den Hinduismus; man machte Buddha zu einer der vielen hinduistischen Gottheiten.

Der Theravada-Buddhismus in Ceylon wurde eine Hochburg des „reinen" Buddhismus. 100 v.Chr. wurden im sog. Pali-Kanon die Reden Buddhas niedergeschrieben. Es waren viele große geordnete Körbe, mit den Texten auf Palmblättern. Darauf basiert der Zen-Buddhismus. K. E. Neumann entdeckte diese Schriften. Die Pali-Sprache war aber schon so lange ausgestorben, dass er diese erst über 20 Jahre wieder neu generieren musste.

Dann erst ging es an die Übersetzung. Diese Schriften, die 3 Bände des „Mittleren Weges", sind das Authentischste, was wir von Buddha heute haben. Albert Schweitzer lobte die 3 größten Werke der westlichen Welt, die Übersetzung der Bibel, Goethes Faust und K. E. Neumanns Übersetzung der „Reden Godamo Buddhos"

ZEN. Analog zum daraus entstehenden Zen-Buddhismus sind darin keine metaphysischen Ausführungen, keine Diskussion der Wiedergeburt, keine Gottheiten. Es ist eine ganz nüchterne Darstellung der „buddhistischen" Denkart, konzipiert als Hilfe für die Menschen; es ist „Diesseits-bezogen" und so verstand sich auch der Mensch Buddha.

Gründer des Zen-Buddhismus ist der chinesische Mönch Bodidharma im 6 Jh. Ab 1200 hatte ZEN in Japan eine lange Blütezeit. Jeglicher Ballast (Religionen, Literatur, Kulturen) wurde abgeworfen. Metaphysische Begriffe wie Gottheit, Seele, u.a. wurden eliminiert.

344

WHAT IS ZEN?

Mahayana Buddhism allowed an extensive merging with local religions and cultures and created a vast diversity. In many monasteries monks of different directions lived. The so-called "Big Dipper" transports many people – with very different backgrounds and with a different willingness and way to embrace Buddhism.

One example is Tibet, where the old and local deities and demons have been "integrated". The writings are accordingly strange, mystical and even confusing.

Initially in India the new Buddhism seemed to be dominant over the old Hinduism. The rulers feared to lose their government when old hierarchies disappeared. They prevented a change by pursuing Buddhism, with war and oppression – and the integration of Buddha as a small divinity into Hinduism; Buddha was made one of the many Hindu divinties.

Theravada Buddhism in Ceylon was a stronghold of genuine Buddhism. 100 BC Buddha's speeches were written down in the Pali-Canon. There were many great baskets, systematically sorted, lyrics wtritten on palm leaves. They were found in 1870 AD very well preserved in a cave occluded with clay.

This is the basis of Zen Buddhism. K. E. Neumann discovered these writings. The Pali-canon-language had already been extinct for so long (1500 years!) that he regenerated it for 20 years. Then he started translation. These writings, the 3 volumes of the "Middle Course" are the most authentic of what we have of Buddha today. Albert Schweitzer praised the 3 greatest works of the Western world, the translation of the Bible, Goethe's Faust and KE Neumann's translation of "Talking of Godamo Buddha"

ZEN. Zen Buddhism bases on these writings. There are no metaphysical explanations, no discussion of rebirth, no Deities. It is a very sober view of our daily and every-minute living. It is designed as an aid for the people, the world-based-thinking" of a human Buddha – just a person.

Finally the founder of the so-called genuine Zen Buddhism was the Chinese monk Bodidharma in the 6th century. From 1200 ZEN had a long flowering period in Japan. All ballast (religions, literature, cultures) was dropped. Metaphysical concepts such as divinity, soul, etc. was eliminated.

Dann wurde es leider skurril – selbst die Logik wird aufgehoben, als intellektuelle Falle erachtet. Typisch sind sog. „Koans", die das Denken in Begriffen aufheben sollen. Begriffliches Denken wurde als ein Hindernis auf dem Wege zur geistigen Reinheit erachtet; das war eine unglückliche, unnötige und unsinnige Entwicklung, die ZEN für viele Menschen gänzlich unverständlich zu machen drohte.

ZaZen bedeutet „das Sitzen". In strengen Klöstern wird sehr ausdauernd meditiert und asketisch gelebt. Dies sind aber nur die Regeln und Abläufe. Die Menschen und der Umgang sind sehr humorvoll und tolerant.

Typisch sind sog. „Koans", die das Denken in Begriffen aufheben sollen. Koans sind in sich unlogische Fragestellungen, auf die man eine mögliche Antwort erkennen/suchen soll in der Meditation. Die Antwort kann nahezu nur ein Witz sein, was die humorvolle Denkweise des ZEN stützt und auch so betont. Auch der Humor und Witz sublimiert ja beängstigende Konstellation auf ein unerwartetes und höheres Niveau – Lachen ist dann die Entspannung (also Auflösung von konfliktinduzierenden Widersprüchen auf einem höheren Niveau).

ZEN ist die authentischste gelebte Form der Vorgaben Buddhas. Erlernbar war es früher nur über Klosteraufenthalte, z.B. in Kyoto. Entsprechende japanische Standardwerke (Suziki u.a) sind selten und kaum lesbar. Jan-Willem Wetering beschreibt diese Denkart sehr gut, indem er seine Aufenthalte in Kyoto in Romanform darstellt. Der gelungene Bestseller ist Joko Becks „Zen im Alltag". Eine von Ihr geleitete Schule in Kalifornien vermittelt Zen. Das Buch bemüht sich dies in unseren westliche Welt verständlich zu machen.

Then, unfortunately, it became bizarre – even logic is cancelled, considered as an intellectual trap. The so-called "Koans" should neutralize the thinking in concepts. Conceptual thoughts would hamper the way to spiritual purity; that was an unfortunate, unnecessary and senseless development that threatened to make ZEN incomprehensible.

347

ZaZen means "sitting". In strict monasteries we find tenacious meditation and an ascetic life. But these are only the rules and procedures. The people and the handling are very humorous and tolerant.

Typical are so-called "Koans", they are to abolish the thinking in concepts. Koans are illogical in themselves, they serve as a tool for meditation. The answer is a humorous perspective that observes minute-to-minute life from a higher observation point, beyond logic and terminology. The answer can almost only be a joke, which supports the humorous mindset of Zen. Humor and wit sublimate frightening constellation on an unexpected and higher level – laughter is the relaxation (i.e. resolution of a conflict inducing indissoluble contradictions at a higher level) – psychoanalysis calls this technique "sublimation".

ZEN is the most authentic form of Buddha's specifications. Only learnable in monasteries, for example, in Kyoto. Corresponding Japanese standard works (Suziki among others) are rare and barely legible. Jan-Willem-Wetering describes this way of thinking very well, describing his stays in Kyoto in novel form and in crime novels. The successful bestseller is "Joko Beck's – Zen in everyday life". A school led by her in California mediates ZEN. The book seeks to make ZEN understandable and compatible with our western life.

ZEN – KERNAUSSAGEN:

ZEN ist eine Denkart und Lebensform des Alltags. Es betont, dass wir ein egozentrisches Bewusstsein haben. Das ist eine hohe Gabe, kann uns aber auch scheitern lassen. Das Leben wird meist als angstbesetzt, schwierig, verwirrend, „frustrierend" empfunden; selbst wenn es uns gut geht, haben wir Sorge, dass es nicht so bleibt.

Das Leben ist aber vollkommen, vollendet, so wie es ist. Wir ahnen, dass es auch unbegrenzt, weit und frei sein könnte. Die Antwort und Lösung suchen wir außerhalb von uns, z.B. im Auto, im Partner, in der Karriere, Ferien, etc. Noch schlimmer: die ewige Suche nach dem Glück, sie muss scheitern. Man fragt sich, war der Hans-im-Glück (Grimms Märchen) schon Zen-Buddhist?

ZEN heißt „Sitzen"

- Sitzen und seinen Atem verfolgen
- Sitzen und seine Gedanken betrachten
- Sitzen und seine Gefühle/Emotionen betrachten
- Sitzen o. Stehen und Trompete üben ?

Das Verfolgen des Atmens ist analog dem berühmten „Om" oder der Mantra-Meditation. Man nimmt wahr, dass man ein Körper ist. Das ist vor allem initial ganz schwer. Sofort schweifen Gedanken und Emotionen ab. Man schafft initial keine 10 Sekunden durchzuhalten.

Die abschweifenden Gedanken sind zu betrachten:

- 99% haben keine existentielle Wirklichkeit.
- Sie sind emotional gefärbt.
- Sie sind nur Spiegel unserer Ängste.
- Sie laufen wie eine Matrix völlig zufällig ab.
- Die Gedanken werden betrachtet.
- Immer wieder ganz kurz, nicht verweilen,
- 100mal, 1000mal, 10000mal.
- Dann zurück zum Sitzen & Atmen oder Trompeteüben.
- Und dann werden diese Gedanken irgendwann langweilig.
- Wir Zappen durch diese Fernsehkanäle und fangen an zu begreifen,
- dass da eigentlich NICHTS ist.

ZEN – KEY POINTS

Zen is a way of thinking and an everyday form of life. It emphasizes that we have an egocentric consciousness. This is a high talent, but can also frustrate us. Life is usually perceived as "frustrating", as anxiety occupied, difficult, confusing; even when we are doing well, we are concerned that it does not persist.

But our life is perfect, complete as it is. We suspect that it could be unlimited, wide and free. We search the answer, the possibilities and the solution outside of ourselves, for example, in the partner, in a car or a motorcycle, in the career, holidays, etc.. This eternal search for happiness is bound to fail. One wonders whether "Hans-im-Glück" (Grimm's Fairy Tales) was already a ZEN Buddhist.

ZEN is "sitting"

- sit and track your breath
- sit and consider your endless thoughts
- sit and consider your unpredictable emotions
- Or during walking or bow-shooting or other techniques
- ZEN favours sitting, other techniques can be additive.

The pursuit of breathing is similar to the famous "Om" or the mantra-meditation. You realize that you are a body. In an initial state this is ver-ydifficult. very important. When you watch your non-stop thoughts and unpredictable emotions thoughts and emotions digress immediately. There is no chance to stop them, within 10 seconds they get even more active.

Realize your rambling thoughts:

- 99% have no existential reality.
- They are emotive.
- They are only mirrors of our fears.
- They run like a random matrix.
- be aware of your breath and observe the thoughts.
- Watching them again and again, very briefly, don't linger – let them go,
- 100 times, 1,000 times, 10,000 times.
- After watching a thought go back to sit and breathe.
- And with time (years) these thoughts will become boring.
- We keep zapping through these TV-channels and begin to understand,
- that there is NOTHING.

350

ZEN kann erschreckend sein. Auf diesem Weg fliehen viele, oder es geht ihnen ganz schlecht, manche machen mal eine „Pause". Manche Menschen können in eine Krise geraten! Das Harte an ZaZen ist: Es kann erst mal erschreckend sein, was sich in unserem Kopf abspielt. Und man versteht, es ist wie das Zappen durch die schlechten Fernsehkanäle, nicht mehr. Wir müssen nur lernen damit umzugehen.

Das ZEN-Üben gibt erst mal keine Kraft. Es ist kein kurzer Weg zum Anderssein; nach spätestens 10 Sekunden fängt man ungebremst zu denken an, auch noch nach Jahren. Aber genau das ständige Denken kommt jetzt nach vorne, wir fangen an es als solches zu erkennen und lernen diese Gedanken zu etikettieren

Man übt ZaZen im Augenblick, auch im Alltag. Immer wieder muss man von dieser im Kopf drehenden Gedankenwelt Abstand nehmen. Diese fernsehkanalänlichen Gedanken sind als solche zu erkennen. Sich selbst und die Umwelt so wahrnehmen, wie sie ist. Nicht irgendwelche Phantasievorstellungen oder zufälligen Assoziationen und Verknüpfungen davon ernst nehmen, sondern dazu eine humorvolle Distanz wahren.

Man wird dadurch erst mal kein besserer Mensch, erkennt sich aber selbst. Wenn man wütend ist, so erkennt man das. Wenn man zornig ist, dann nimmt man das wahr. Ich bin, was ich im Augenblick bin – und erkenne das. Das verletzt nicht, wird zuletzt etwas steuerbar, kann mit einem Witz und einem Lachen beendet werden.

Angst ist das große Thema im Alltag. Wir vermeiden Gedanken und Situationen, die Angst auslösen. Dieses Vermeidungsverhalten verstärkt die Angst. Das kann sich über sehr weite Lebensbereiche verselbstständigen. ZaZen betrachtet genau dies, schaut es sich an, wertfrei, immer wieder und immer wieder.

Diese Gedankenprozesse sind zufällige Verknüpfungen, eine traumähnliche Matrix, die durch unser Gehirn läuft. Daraus entstehen Phantasieprodukte. Alle Menschen sind davon betroffen, unterschiedlich ausgeprägt und dadurch unterschiedlich beeinflusst. In der Regel aber derselbe Mechanismus.

ZEN can be frightening. Many people don´t stand the revelation of their senseless non-stop thoughts and their unpredictable emotions. They feel bad about it. Some feel bad, some flee, some make a pause. Some people can fall into a crisis when they realize what happens in their mind. It can at first be frightening what is going on in our heads. And you understand, it is like zapping through the bad TV channels – and we must just learn to deal with it.

The ZEN Practice gives you, in the first step, no power. It is not a short walk to "change your life". The first year can be hard. Within 10 seconds of meditation you start to think unrestrained, even after many years. But that constant thinking now comes forward, we begin to recognize it and learn to label these thoughts.

In the end you practice ZEN every minute in everyday life. Again and again you have to take distance of these rotating thoughts in your head. These TV-channel-non-stop thoughts should be labeled as such. Then you can realize yourself and your environment as it is, recognizable as such. You learn that fantasies or random associations aren't serious and you learn to maintain a humorous distance.

Thus you will not be immediately a better person, but you learn to know yourself. When you're e.g. angry or sad or anxious or happy or stressed , you recognize that. You are what you are in the moment – and you perceive it. You don't injure yourself or others subconsciously. Your thoughts, emotions and your acting become more and more controllable; conflicts don't escalate and can be ended with a joke and a laugh.

Fear is the big issue in everyday life. We avoid thoughts and situations that trigger anxiety. This avoidance behavior reinforces fear. This can affect wide areas of our life and become undirected general fear. ZaZen is something like a desensitizing technique – you considered it, look at it, watch it value-free, again and again. Finally you realize that here are only non-stop-thoughts and unpredictable emotions.

These thought processes are random links, a dream-like matrix that passes through our brain. This creates fancy products. All men are affected differently. In general it is however, the same mechanism. Dreams and day dreams have the function to sort this chaos; ZAZEN helps to get distance. People who meditate have fewer and fewer night mares.

352

Das Jetzt wird immer aus der Vergangenheit und durch diese Gedanken gefärbt und in die Zukunft projiziert. Das Jetzt, das Gegenüber, die Situation werden davon so beeinflusst, dass aus vielen einfachen-geradlinigen Dingen unser „Drama" wird. Es ist schon ein Riesenfortschritt, wenn man bereit ist das erkennen zu wollen. Man lernt, dass Zorn, Eifersucht, Angst, Selbstmitleid, Langeweile, Neid, alles o.k. sein kann, man muss es nur als solches erkennen.

Das nüchterne Betrachten der Gedanken, Gefühle und Körperempfindungen funktioniert mitunter sehr schlecht. Viele brauchen dazu ein Hilfsmittel. Das kann ein Mantra sein, das berühmte Om oder anderes, Bogenschießen, bewusstes Gehen, Trompeteüben und vieles mehr.

Der Drang nach Erleuchtung ist Unsinn. ZEN ist vollkommen undramatisch.

ZEN versteht sich eher als humorvolle, gewitzte Betrachtung des Lebens. Man sollte Witzebücher lesen, um zu lernen, wie man scheinbar beängstigende Situationen humorvoll auflösen kann. Eine ganz hohe Kunst, die man üben sollte. Darauf beruhen auch Erfolg im Leben und auch Karrieren.

Definition des Selbst. Wir glauben, emotionales-Verwoben-Sein sei unser Selbst, und knüpfen uns an Partner, Familie, Beruf oder anderes – was auch nicht falsch ist, aber eben auch nicht alles sein darf. Dies macht nämlich allzu oft überängstlich, erzeugt Sorgen, erzeugt Abwehrmechanismen, Aufregung, Verwirrung, Unklarheit, Feindseligkeiten. Das sollte man in der Meditation, z.B. beim Üben, betrachten und eine humorvolle Distanz entwickeln.

Das zu erkennen schafft Distanz zu sich selbst; im Buddhismus entsteht ein sog. „Nicht-Selbst", Nicht-Ich", ein Ungebunden-sein im Sinne von emotionalem Nicht-Anhängen. Dies schafft Kraft und Energie zum Arbeiten, zu Lieben, Verantwortung zu übernehmen. Und wir stehen uns immer weniger selbst im Weg.

Gefühle – wir nehmen dazu Abstand und betrachten diese. Zorn, Wunschträume, Sorgen sind wie einen Film betrachten. Hierzu gehört viel Humor. Natürlich öffnen wir auch die Büchse der Pandora, werden erst mal reizbarer und empfindlicher, weil die Schutzmechanismen wegfallen. Da nehmen wir Dinge wahr, die wir so vielleicht nicht wissen wollten. Hier machen viele eine lange Zen-Pause, weil dies das Lebensgefühl schon sehr stört.

Our minute-to-minute-life is colored from the past and by these thoughts and projected into the future. The moment, our opposite partners, the actual situation are very much influenced. Simple-straight-forward-things become a "drama". There is already a huge step forward if you are willing to recognize that. You can learn that anger, jealousy, fear, self-pity, boredom, jealousy can be o.k. if you just recognize them as such.

The sober look at the thoughts, emotions and body sensations sometimes works very bad. Many need a tool. This can be a mantra or that famous Om (or another mantra), archery, conscious walking, practicing trumpet, painting signs and more.

The urge for enlightenment is nonsense. ZEN is completely undramatic.

ZEN is rather an humorous, shrewd observation of life. One should read joke books to learn how seemingly frightening situations can be resolved humorously. A very fine art that you should learn and practice. Success in life and careers is based on this.

Definition of the "self". We believe emotional-entanglement is our "self", and make us partners, family, professional or otherwise– which is not wrong, but also not allowed to be anything. This makes too often anxious, creates worries, generates defenses, excitement, confusion, confusion, hostility. Watch it during meditation and develop a humorous distance.

Recognizing this creates distance to oneself; Buddha creates the concept of a so-called "non-self", an "unbind-being" in the sense of emotional non-attachments. This filters senseless negative inputs and strenghtens you for work, for love and for overtaking responsibility. And we less and less stand in our own way.

Emotions – we watch them and get distance. Anger, joy, dreams, fear, excitement, worries are like watching a movie. This needs humor, distance to our own emotions. Of course we also open a Pandora's box, initially we are irritated and become sensitive, because we now look behind the subconscious repression. Now we often perceive things that we might not want to know. Here a lot of people make a long "ZEN break", because this disclosure disturbs the joie de vivre. After a while you can start again – it very often needs several beginnings – this is normal.

354

Gedanken und Interpretationen. Wir lernen aber, dass das „Gedachte" wenig mit der Wirklichkeit zu tun hat. Unser Leben besteht aus ständigen Interaktionen und immer interpretieren wir das und meist falsch und meist getrübt-emotional. Meist mit zunehmenden Lebensjahren immer schlimmer und angstbesetzter. Ungefärbte reine schöne Gefühle kommen da oft nicht mehr durch. Werdet wie die Kinder, hat deshalb mal einer gesagt. Diese Kindlichkeit hilft und lässt uns ganz unbefangen sein, muss aber vom Erwachsenen wieder erlernt und auch geübt werden.

Menschen sind stets auf der Suche. Kummer und Unbehagen motivieren diese stete Suche. Meist nach Liebe. Alles, was wir finden, droht uns immer wieder zu enttäuschen. Es gibt keine vollkommene Beziehung, es gibt keinen vollkommenen Arbeitsplatz, es gibt kein vollkommenes Musikinstrument, usw.

Und diese Suche ist über Jahrzehnte immer wieder dieselbe, diese Suche soll auch unser Unbehagen lindern. Aber die Erkenntnis ist, diese Suche kann nicht außerhalb sein. Wünsche sind unerschöpflich – erkenne, was ihnen zugrunde liegt. Üben erkennt das „Beschäftigt-sein", das „ständig-Gehetzt-sein", und genau das sollte man wahrnehmen. Nur wahrnehmen, nicht vermeiden – das reicht erst mal schon aus. Und zunehmend entwickelt man eine humorvolle Distanz.

Gedanken und Konflikte. Es gibt einen Ursprung unserer Konflikte mit dieser Welt – und das sind unsere Gedanken, unsere Bilder und unsere Phantasien, unser Schubladendenken, das Einordnen in Programme/Schemata. Leben wird zum Fernsehen mit verschiedenen Programmen. Eine Beziehung wird zu einem Programm, das man abrufen will. Wenn sich das Programm ändert, gibt es Verwirrung und Ärger. Für andere Lebenssituationen gibt es andere Programme, manchmal laufen dann alle Programme gleichzeitig. Es sind Filme, die wir im Kopf selbst produzieren – und das verbaut uns den unvoreingenommenen und humorigen Blick auf das richtige jetzige Leben.

Gedanken werten oft gnadenlos. Wenn wir unsere Meinungen über alles Mögliche für eine absolute Wahrheit halten und nicht relativieren, dass es nur Meinungen sind, so leiden wir. Gedanken suchen in alltäglichen Beziehungen einen Vorteil. Wir müssen unsere unfreundlichen Gedanken über Menschen und Situationen beobachten. Wir schaden uns damit selbst.

Thoughts and interpretations. We learn that our "thoughts" have to do little with reality. Our life consists of steady interactions and we always interpret them, and interpret them usually wrong and often clouded by subconscious emotions. With increasing years of life this is getting worse and occupied by more and more anxiety. And lastly there is no space for pure beautiful feelings. Because of this a very clever man said: "Become like little children". This childishness helps us to be quite impartial, but adults have to learn it again and practice it.

People are always searching. Grief and discomfort induce this constant search, mostly for love. Everything we see always threatens us to disappoint us again. There is no perfect relationship, there is no perfect work, there is no perfect musical instrument, no perfect partner, etc.

And this search is always the same over decades, this search should also relieve our discomfort. But we should realize that this search should be inside ourselves. Desires are inexhaustible – one should understand what underlies them. Practicing ZAZEN allows you to perceive the "busy-ness", the "being-chased". Only perceive not avoid – this is sufficient. (note: avoidance is neurotic and couterproductive). And increasingly you develop a humorous distance.

Thoughts and conflicts. There is a reason for our conflicts with this world – and these are our thoughts, our images and fantasies, our stereotyped thinking, sorting our partners and environment in programs / schemes.

Life becomes television with various programs. A relationship with a partner becomes a program that you want to retrieve. If the program is changing one gets confused and angry. For other situations of life there are other TV-programs, sometimes all programs run simultaneously. These are films and programmes produced by ourselves in our heads – and this obstructs us an unbiased and humorous look at the right present life.

Thoughts often become mercilessly. If we have our opinions about everything and hold them to be an absolute truth and not relativize that these are only opinions, we suffer. In relationships thoughts search an advantage. We need to detect our unkind thoughts about people and our environment. Otherwise we hurt them and ourselves.

Der Geist will ständig spazieren gehen. Buddha: *„Gedanken sind wie Affen, die den Baum rauf- und runterklettern."* In den Jahren des Sitzens und Atmens erkennen wir so allmählich die Struktur unserer Gedanken, unseres Körperempfindens und unserer Emotionen. Immer wenn z.B. Ärger aufkommt, können wir alle damit verbundenen Gedanken und Reaktionen betrachten.

Diese Gedanken und Empfindungen sind nichts Reales, es ist wie eine sog. Konditionierung.

Ein banaler Auslöser kann eine Kaskade an Gedanken, Emotionen und körperliche Reaktionen hervorrufen, als ob jemand in uns einen Schalter umlegen würde. Das kann man erst mal nicht vermeiden, das ist so. Man kann es aber als Solches erkennen – und darüber lachen. Das beobachtende Selbst steht distanziert neben sich und lächelt über sich selbst.

Distanz zu uns und zur Umwelt. Das Leben kann auch als Straßenverkehr gesehen werden. Wir sind ständig damit beschäftigt auszuweichen. Eine gute Möglichkeit ist es zur Seite zu treten und den Verkehr zu beobachten. Also nicht mehr selbst Verkehr spielen. Wir können plötzlich sehen, welche Richtung der Verkehr nimmt, und wir erkennen, dass er in gewissem Sinne mit uns gar nichts zu tun hat. Er fließt einfach so dahin. Und wir schmunzeln und sind nicht mehr betroffen.

Das Leben kann mit einem Teppich in einer Eingangshalle verglichen werden, die Ereignisse gehen ständig über uns hinweg und lassen ihren Druck und „Schmutz" zurück. Diese Rolle sollte man nicht einnehmen. Ein buddhistisches Sprichwort stellt diesen Vergleich her und rät genau das nicht zu sein, also zur Seite gehen und beobachten.

Ängste und Leiden bestimmen oft das Leben. Was ist der Unterschied zwischen dem Ergreifen vernünftiger Maßnahmen und dem unaufhörlichen Sorgen und Kreisen der Gedanken ? Ist es der Verzicht auf das sog. „Anhangen"? Verzicht heißt nicht, die Dinge dieser Welt aufzugeben, sondern nur zu akzeptieren, dass sie dahingehen könnten oder werden.

Rechte Anstrengung. Üben bedeutet ein Leben zu verlassen, in dem man sich und andere verletzt. Eine ungute ständige Frage: „Was werde ich davon haben?" Wir schaffen uns selbst eine Gedankenstruktur, die unser Leben überlagert. Und leben dadurch unser Leben nicht so, wie es ist.

The mind constantly wants to go for a walk. Buddha: "Thoughts are like monkeys who climb up and down the tree." In the years of sitting and breathing we gradually recognize the structure of our thoughts, our body sensations and our emotions. Whenever, for example, anger arises, we can consider this anger and all the associated thoughts and reactions.

And we see that these thoughts and emotions are not real, we talk about "conditioning".

A minor trigger can release a cascade of thoughts, emotions and physical reactions, like someone using a switch within us. This is not avoidable, but one can recognize it – and laugh about it. The "observing-self" stands beside oneself and smiles.

Distance to us and our environment. Life can be seen as a road with a lot of traffic. We are constantly busy with avoiding. A good option is to step aside and watch the traffic. So you don't play traffic, you watch it now. We can suddenly see what direction the traffic takes, and we realize that it has (in some sense) nothing to do with us. It simply flows along. and we smile and are no longer affected.

Life can be compared to a carpet in a frequented hotel hall, the events constantly walking over us and letting their pressure and "dirt" behind. We should not take this role. A Buddhist saying makes this comparison and advises you to go aside, see and watch.

Distress and suffering often determine life. What is the difference between the use of reasonable measures and the incessant worry and circles of thoughts? Is it the so-called "attachment"? Renunciation does not mean giving up the things of this world, but only accepting that they might go along without us.

Right Effort. Practicing means to leave a life where one injures oneself and others. An uneasy constant question: "What will I have thereof?" We are superimposing a self-thought-structure over our lives. And thus we live our lives not the way they are.

Wir kreisen um Wunschträume, wie wir oder andere zu sein hätten. Und wie wir es hinbiegen müssen, damit wir bekommen, was wir wollen. Das ist unnötig anstrengend, verbraucht zur Unzeit unnütz und unnötig Energie.

Diese Ziele und Wünsche können auch Fluchtversuche sein. Ideale werden postuliert, sind oft nur reiner Egoismus. Man versucht vor etwas zu entfliehen.

Die berühmte fließende Grenze zwischen Streben und Neurose. Humorvolle Distanz erlaubt es dies zu erkennen.

Zuletzt: Deshalb lohnt es sich hier diese Hochkultur des ZEN-Buddhismus kurz dar zu stellen. Damit wird auch sehr deutlich, worauf unsere Hochkultur beruht. Man könnte meinen, dass man humanistische und christliche Regeln viel besser versteht, wenn man parallel dazu die Aussagen des ZEN betrachtet.

We revolve around wishful thinking, as we or others would be. And how we can get what we want. This is unnecessarily tiring, consumes uselessly and unnecessarily energy at inopportune times.

These goals and desires may also be attempts to escape. Postulated ideals are often just pure selfishness. Man trying to escape from something.

The famous flowing border between striving and neurosis. Humorous distance allows to recognize this.

Finally: This is why it is worth to show up this high culture of ZEN Buddhism. This makes also very clear what is the basis of our civilization. One might think that one understands humanist and Christian rules much better, when viewed parallel to the statements of the ZEN.

16. HUMOR

Konflikte, Bedrohungen oder nicht-veränderbare Konstellationen erzeugen Spannung. Der Mensch lacht und freut sich, wenn es gelingt dies durch einen Perspektivwechsel aufzulösen. Witze und Anekdoten, Sketche und humorige Äußerungen funktionieren nach diesem Prinzip. In der Regel ist das Lachen etwas ganz Positives, eine Befreiung, eine Freude, weil es eine Lösung, eine Auflösung, eine Befreiung oder einen gangbaren Weg gibt.

Es ist aber nicht nur die Entspannung auf einer höheren Ebene oder durch einen Perspektivwechsel. Man nutzt Humor auch, um eine emotionale Distanz zu Unvermeidlichem zu bekommen. Ängste werden verfremdet dargestellt und man kann sich befreiend emotional distanzieren. Kontakte können mit Humor geknüpft und verfestigt werden. Lachen mit Partnern solidarisiert, stärkt die Gruppe und die Verbundenheit. Konflikte können mit Humor vermieden oder abgemildert werden. Die Menschen lachen zu gerne über Bekanntes, das sie einerseits belastet, und ein anderer, humoriger Blickwickel wird dann befreiend; Komik ist Leid, das man überwindet.

Diese Technik oder Art zu denken kann man üben-trainieren-vertiefen-erlernen, wenn man sich damit befasst und derartiges immer wieder liest und betrachtet. Die Fähigkeit zu überraschenden erfreulichen Gedankenverbindungen ist erlernbar. Das ist ein Handwerk, mit dem man auch im Leben viel Gutes tun kann. ZEN beschreibt dies übrigens und nutzt dies auch.

Gerade wenn man sich mit Werten, Moral, Sinn, Philosophie, Gesellschaft usw. auseinandersetzt, das ist ab einem bestimmten Punkt sehr belastend. Das ist ab einem bestimmten Punkt sogar abstoßend und impliziert das Gegenteil.

Deshalb ist Humor gerade bei diesen Themen, wie Menschen sich ausrichten und Zusammenleben funktioniert, ein ganz zentrales Thema. Vielleicht sogar das wichtigste. Man betrachte, wie Goethe den Prolog im Himmel darstellt, dieses unglaubliche Spannungsfeld zwischen Gut und Böse, er hat dieses unsägliche komplexe Thema mit Humor und Eloquenz bewältigt.

16. HUMOR

Conflicts, threats or non-changeable constellations create tension. If we resolve this through a change of perspective we laugh and are pleased. Jokes and anecdotes, sketches and humorous expressions operate according to this principle. As a rule, laughter is something very positive, an exemption, a kind of joy, because there is a solution, a resolution, an exemption or a feasible way.

But it is not only the relaxation at a higher level or by a change in perspective. Humor gives an emotional distance to the inevitable. Fears are represented in an alienated way and you can dissociate emotionally. Social contacts can be made with humor and solidified. Laughing with partners declares solidarity within the group and strengthens the bonds. Conflicts can be avoided or mitigated with humor. People laugh at you about things which encumber them, and the humorous point of view is liberating; with a sense of humor (and comic) one can overcome suffering.

This technique or art of thinking can be trained when dealing with it. You learn it by reading and utilizing it over and over again. The ability to surprising pleasing thoughts can be learned. This is a craft, which allows you to do much good in life. ZEN describes this by the way, and uses this as well.

Just when one is dealing with values, morals, sense, philosophy, society, etc., this is at a certain point very distressing. This is at a certain point even repulsive and implies the opposite.

Therefore, with these issues, how people line up and co-works humor is a very key issue. Maybe even the most important one. Consider how Goethe represents the Prologue in Heaven, this incredible tension between good and evil, he has mastered this unspeakable complex topic with humor and eloquence.

Humor und Lachen sollte zentral sein bei jährlichen Mitarbeiterbefragungen. „Arbeitszufriedenheit" und Ähnliches ergeben kein valides Bild. Wird an Ihrem Arbeitsplatz gelacht und ist der Umgang humorig? Dies brächte eine zuverlässige Aussage über das Klima. Dabei sind oft die Mitarbeiter selbst Ursache einer humorlosen Atmosphäre. Humor und Lebensart muss man üben und leben.

Natürlich können Witz, Sarkasmus, Zynismus und Ironie negativ eingesetzt werden; das gibt es sehr häufig, ist aber nicht unser Thema und hat auch nichts mit Humor zu tun.

„Lachen ist die beste Medizin", wenn es aufrichtig und ehrlich ist, sagt der Volksmund. Lachen setzt im Gehirn Endorphine frei, die lindernd auf Schmerzen, körperliches Unwohlsein, Ängste und Stress einwirken. Menschen, die lachen, leben länger und glücklicher.

wizzi entstand als Ableitung zu einem Vorläufer des Verbs „wissen". Also gewitzt sein, Grundbedeutung „Verstand, Klugheit", Esprit, Spiritus, geistreicher Einfall. Analysen von Humor und Witz sind stets gequält und sinnlos, ähnlich wie die Besprechung von Bildern, Musik, Theater u.ä.

Gewitztes Denken, humorige Lebensphilosophie und eloquentes Formulieren, das ist eine ganz hohe Lebenskunst, die einem selbst und anderen sehr viel Freude macht und Kraft gibt. Ähnlich einem Musikinstrument, einer Wissenschaft, einem Handwerk oder einer Sprache muss man dies aber auch lernen und üben, ein Repertoire an Sprache, Inhalten, Anekdoten, Geschichten und Sprüchen kontinuierlich und beharrlich entwickeln. Es ist wie Musik nicht nur eine Kunst, sondern auch ein „Handwerk".

362

Humor and laughter should also be central in annual employee surveys. "Job satisfaction" and questionnaires do not provide a valid picture. Is there laughing at your workplace and is the handling humorous? This would bring a reliable statement about the work climate. But – it is often the employees themselves causing a humorless atmosphere. Humor and way-of-life must be practiced and lived.

Of course, wit, sarcasm, cynicism and irony can be used negatively; it is very common, but is not our issue and has nothing to do with humor.

"Laughter is the best medicine", if it is sincere and honest, so the saying goes. Laughter releases the brain endorphins that relieve pain, physical discomfort, anxiety and stress. Laughing people live longer and happier.

"wizzi", the first version of wit, has its origin in wisdom. So wisdom is the basis of being smart, having esprit, eloquence, witty incidents. Analyses of humor and wit are always tormented and pointless – similar to the interpretation of images, music, theater. Humor, wit and art stand for themselves.

Shrewd thinking, humorous philosophy of life and eloquent formulation, this is a very high standard of art of living that gives oneself and others a lot of fun and gives strength. This is similar to playing a musical instrument, working in field of science, performing a craft or improving a foreign language – you have to learn and practise this as well. You continuously develop a repertoire of statements, contents, anecdotes, stories and sayings. It's like making music, not just an art, but also a "craft" you have to educate yourself.

EINIGE HUMORIGE BEISPIELE:

„Ich war gestern wieder im Theater." „Zum Vergnügen?" „Nee – Abonne-mang!"

Sie werden es nicht glauben, aber es gibt soziale Staaten, die von den Klügsten regiert werden. Das ist bei den Pavianen der Fall. (Konrad Lorenz)

Dumm sein ist gut, wenn man es selber nicht weiß.

Was sagt die Schnecke, die auf der Schildkröte sitzt: *Huuuii*

Warum lecken Blondinen an der Uhr? Weil Ticktack nur 2 Kalorien hat.

Fährst Du rückwärts an den Baum, verkleinert sich der Kofferraum!

Lattenrost ist keine Geschlechtskrankheit

Sprich lauter, die Sonne blendet

Rhabarber schmeckt viel besser, wenn man statt Rhabarber Erdbeeren nimmt

Das sind keine Augenringe, das sind Schatten großer Taten

Wenn die Sonne der Intelligenz tief steht, werfen auch Zwerge lange Schatten.

Schwäbisch: .... den Unterkiefer und Zunge leicht vorschieben, an nichts Erhabenes denken und dann die Sprache einfach kommen lassen.

Was machen 17 Opelfahrer mit ihren blonden Freundinnen vor dem Auto-kino?

Sie warten auf den 18enten – der Film ist erst ab 18.

Auch Vegetarier beißen nicht gerne ins Gras.

Schwach anfangen und dann stark nachlassen.

Ich habe nichts gegen Gott. Aber seine Fanclubs gehen mir auf den Keks!

Schlechte Argumente bekämpft man, indem man ihre Darlegungen nicht stört.

Kinder lachen 200-mal am Tag, Erwachsene 20-mal ... Tote gar nicht mehr.

HERE A FEW HUMOROUS EXAMPLES:

"Yesterday I went to the theater." "For fun". "No – I subscribed a season ticket!"

You will not believe it, but there are social states which are ruled by the wisest. This is the case among baboons. (Konrad Lorenz)

Being stupid is good – if you do not know about it yourself.

What does a snail say sitting on the turtle – *Huuuii*

Why do blondes lick on the clock? Because "Ticktack" (a mintdragee) has only 2 calories.

If you drive back against the tree – this decreases the trunk!

Speak up – the sun is blinding.

Rhubarb tastes much better – if you take strawberries in place.

These are not dark rings under the eyes – these are shadows of great deeds.

When the sun of intelligence is low– even dwarves make long shadows.

Swabian: ... advance your lower jaw and tongue slightly, think of nothing sublime and then just let the language come.

What are 17 Opel (german car of the lower class) drivers doing with their blonde girlfriends in front of a drive-in-cinema?
Wait for the 18th – the movie is only for those above 18 (years of age).

Start weak – and then subside strong.

I have nothing against God – but his fan clubs are getting on my nerves!

Poor arguments are fought – by not interfering with their explanations.

Children laugh 200 times a day – adults 20 times – dead people no longer.

Denn das ist Humor: durch die Dinge durchsehen, wie wenn sie aus Glas wären. (Tucholsky)

Der Humor nimmt die Welt hin, wie sie ist, sucht sie nicht zu verbessern und zu belehren, sondern mit Weisheit zu ertragen. (Charles Dickens)

Aller höherer Humor fängt damit an, dass man die eigene Person nicht mehr ernst nimmt. (Hermann Hesse)

Humor ist das beste Kleidungsstück, das man in Gesellschaft tragen kann. (William Shakespeare)

Humor ist Verstand plus Herz mal Selbsterkenntnis. (François Truffaut)

Wer glaubt, Humor bestehe darin, sich über andere lustig zu machen, hat Humor nicht verstanden. Um komisch zu sein, muss man sich vor allem selbst zur Disposition stellen. (Loriot)

Welche Tomaten sind die härtesten Tomaten? – Die Bankau-Tomaten.

Sagt der Walfisch zum Thunfisch: „Was soll'n wir tun, Fisch?"

Sagt der Thunfisch zum Walfisch: „Du hast die Wahl, Fisch!"

Die Raucher und die Nichtraucher, das sind die Schlimmsten.

Wie nennt man einen Bär, der schreiend auf einer Kugel sitzt? – Kugel-schrei-Bär.

Treffen sich zwei Rühreier. Sagt das eine: „Hach, ich bin irgendwie so durcheinander!"

Was ist das Gegenteil von Reformhaus? – Reh hinterm Haus.

Was sitzt auf einem Baum und winkt? – Ein Huhu.

Wie nennt man eine alkoholabhängige Dirne? – Prost-ituierte.

Wohin fliegt ein schwuler Adler? – Zu seinem Horst.

Wie heißt ein helles Mammut? – Hell-mut.

Was ist blau und steht am Straßenrand? – Eine Frostituierte

Was sagte die Blondine, als sie über die unbezahlbare Ming-Vase stolperte? „Ist in Ordnung, Vati. Ich bin nicht verletzt."

This is humor: see through the things, as if they were made out of glass. (Tucholsky)

Humor takes the world as it is, it does not seek to improve and not to teach, but to bear it with wisdom. (Charles Dickens)

Humor begins with the fact that you no longer takes yourself seriously. (Hermann Hesse)

Humor is the best piece of clothing that you can wear in society. (William Shakespeare)

Humor is reason plus heart plus soul plus self-knowledge. (François Truffaut)

Anyone who believes that humor consists in making fun about others, did not understand humor. To be funny, you have to take yourself for a ride. (Loriot)

The smokers and the non-smokers – these are the worst.

Two scrambled eggs are meeting. Says one: "Hach, I'm so messed up some-how!"

What did the blonde say when she stumbled over the priceless Ming vase? "It's all right, Dad. I'm not hurt."

Wie viele Ostfriesen werden benötigt, um einen Nagel in die Wand ein-zuschlagen?
22 – einer hält den Nagel, einer den Hammer und zwanzig schieben die Wand vor und zurück.

So ist das Leben: Mal verliert man, mal gewinnen die anderen. (Sprichwort)

Geht ein Österreicher auf dem Gehweg und sieht in 10 Meter Entfernung eine Bananenschale liegen. Was denkt er ? Oh – verdammt, jetzt fliege ich schon wieder auf die Schnauze.

Was passiert, wenn man Country Music rückwärts spielt?
- Deine Frau kehrt zu dir zurück,
- dein Hund wird wieder lebendig
- und du kommst aus dem Knast heraus..

Ein Mann kommt nach seinem Tod zu seiner eigenen Verwunderung in den Himmel. Doch am zweiten Tag kommt plötzlich ein Teufel vorbei und peitscht ihn aus. Ruft der Mann: „Hey, das kannst Du doch nicht machen, ich bin hier doch im Himmel!" Darauf der Teufel: „Ha, denkst Du! Wir haben jetzt das integrierte Gesamt-Jenseits."

Moses kam vom Berg herab, um den Wartenden Gottes Botschaft zu ver-künden:
„Also Leute, es gibt eine gute und schlechte Nachricht.
Die Gute ist: Ich hab Ihn runter auf zehn Gebote.
Die Schlechte ist: Ehebruch ist immer noch dabei!"

Die Weisen aus dem Morgenland treffen am Stall zu Bethlehem ein.
Einer will geradewegs auf die Krippe zugehen und tritt dabei in einen Kuhfladen.
Als er sich die Bescherung ansieht, schreit er „Jesus Christus!"
Da dreht sich die Frau an der Tür zu ihrem Mann um:
„Du, Josef, ich glaube, das ist ein besserer Name als Gerhard!"

Zehn Jahre lang betet Herbert jedes Wochenende:
„Lieber Gott, lass mich doch bitte diesmal in der Lotterie gewinnen."
Immer vergeblich.
Als er es eines Tages wieder versucht, ist plötzlich sein Zimmer in strah-lende Helligkeit getaucht, und eine tiefe Stimme sagt verzweifelt:
„Gib mir doch eine Chance, Herbert. Kauf dir um Himmels willen endlich ein Los".

How many East-Frisians are needed to drive a nail into the wall?
21 – one holds the nail with the hammer and twenty push the wall back and forth.

That's life: sometimes you lose – sometimes the others win. (Proverb)

An Austrian on the sidewalk sees a banana peel in 10 meters distance. What is he thinking? Oh – damn, now I will again fall flat on my face.

What happens when you play country music backwards?
- Your wife will return to you,
- Your dog will come back to life
- And you will get out of jail… ..

A man gets into heaven after his death – to his own surprise. But on the second day suddenly a small devil comes by and flogged him. Shouts the man: "Hey, you cannot do that, I'm here in heaven!" Then the devil: "Ha, what do you think – we now have the integrated total Hereafter."

Moses came down from the mountain to announce God's message to the people waiting:
"Well folks, there is a good and bad piece of news.
The good thing is that I got him down to the Ten Commandments.
The bad news is: Adultery is still involved!"

The Three Wise Man arrive in Bethlehem at the stable.
One wants to go straight to the cradle and steps into a cow pat.
When he looks at the mess, he shouts, "Jesus Christ!"
The woman turns around to her husband at the door:
"Joseph, I think that's a better name than Gerhard!"

For ten years, Herbert prays every weekend:
"Dear God, please let me win in the lottery this time." Always in vain.
When he tries it again someday, suddenly his room is imbued with in radiant brightness, and a deep voice says in despair:
"Give me a chance, Herbert, for heaven sake – buy yourself a lottery ticket at last."

Ein Busfahrer und ein Pfarrer kommen in den Himmel.
Petrus lässt den Busfahrer eintreten, der Pfarrer muss draußen warten.
„Wieso wird der Fahrer bevorzugt?" fragt der Pfarrer.
Petrus erklärt: „Bei deinen Predigten haben die Leute geschlafen,
aber bei seinen Fahrten haben alle im Bus gebetet."

Adam unterhält sich mit dem lieben Gott und fragt:
„Warum hast du Eva so schön gemacht?"
Der liebe Gott antwortet: „Damit sie dir gefällt."
„Und warum hast du ihr ein so angenehmes Wesen gegeben?" –
„Damit du sie liebst." – „Ja."
Adam überlegt, „aber warum hast du sie dann so dumm gemacht?"
„Damit Sie dich liebt."

Wer dauernd auf die Pauke haut, geht eines Tages flöten

Sprach Abraham zu Bebraham, kann ich dein Cebra ham.

Lehrer: „Ich sehe heute wieder viele, die nicht da sind."

Das Telefon läutet – die Hausfrau Gattin telefoniert etwa eine ¼ Stunde.
Der Gatte fragt, wer es denn gewesen sei.
Gattin: Weiß ich nicht – hat sich verwählt.

Frauen sind die Juwelen der Schöpfung. Man muss sie mit Fassung tragen.
(H. Erhard)

Eine Frau, die vor ihrem Mann keine Geheimnisse hat, hat entweder keine
Geheimnisse – oder keinen Mann. (H. Erhard)

Weibliche Nacktheit muss man den Männern mit dem Teelöffel geben,
nicht mit der Schöpfkelle. (H. Erhard)

Wer sich selbst auf den Arm nimmt, erspart anderen die Arbeit. (H. Erhard)

Als ich geboren wurde, war ich noch sehr jung. (H. Erhard)

Ich brauche nur Fettgedrucktes zu lesen, schon nehme ich zu. (H. Erhard)

Das erste, was man bei einer Abmagerungskur verliert, ist die gute Laune.
(H. Erhard)

Will jemand eine Jungfrau frein, darf er nicht penibel sein. (H. Erhard)

A bus driver and a priest enter heaven.
Peter lets the bus driver enter, the pastor must wait outside.
"Why is the driver preferred?" asks the priest.
Peter explains: "In your sermons people slept,
but in his bus travellers all prayed."

Adam converses with God and asks:
"Why did you make Eva so beautiful?"
The good Lord answers: "So that you like her."
"And why have you given her such a pleasant manner?" –
"So that you love her."
Adam wonders "but why did you make her so stupid?"
"So that she loves you."

Teacher: "Again I see many pupils today who are not there."

The phone is ringing – the housewife phoned for about a quarter of an hour.
The husband asks who it was.
Wife: "I do not know – he dialled the wrong number."

A woman who has no secrets from her husband, either has no secrets – or no husband. (H. Erhard)

You have to give the men female nudity with the teaspoon, not with the ladle. (H. Erhard)

Anyone who teases himself – saves others work. (H. Erhard)

When I was born – I was still very young. (H. Erhard)

The first thing you lose with slimming – is the good mood. (H. Erhard)

If someone wants to win a virgin – he must not be fussy. (H. Erhard)

The bad thing about certain speakers is, that they often do not say what they are talking about. (H. Erhard)

Sometimes only this helps: teeth up and clench your head. (H. Erhard)

Full gentleness are the expressions and full of goodness is the soul, they are always ready to serve, so they are called camels. (H. Erhard)

Das Schlimme an manchen Rednern ist, dass sie oft nicht sagen, wovon sie sprechen. (H. Erhard)

Manchmal hilft nur noch: Zähne hoch und den Kopf zusammenbeißen. (H. Erhard)

Voller Sanftmut sind die Mienen und voll Güte ist die Seele, Sie sind stets bereit zu dienen, deshalb nennt man sie Kamele. (H. Erhard)

… antiquarischer Schürzenjäger

Sie hat was Magnetisches …

… epochale Erkenntnis

Sind sie blöd oder verstellen Sie sich?

Warum sollte ich mich verstellen?

Das einzig Weibliche was mich heute noch interessiert, ist die Bettdecke.

… geistesgestört – noch nicht, aber bald

Ich bin sprachlos. Antwort: Bitte verharren Sie in diesem Zustand.

Unser veredelnder Einfluss.

Fühlst Du meine Pulse rasen.

Mein Stimmungsbarometer steigt wie eine Mondrakete

Sie beten – und es hilft sogar.

Gehalt – ich dachte, ich hätte Pfandflaschen zurückgegeben.

Da müssen wir uns schnell entschuldigen – sonst ist der arme Mensch ganz verwirrt.

Gehen wir zur Abwechslung mal logisch an die Sache ran.

Ein vielversprechender junger Chirurg – er betet viel.

Ist das die Gallenblase? Seine Geldbörse ist es nicht.

... antiquarian womanizer

She has something magnetic about her ...

... epochal knowledge …

Are you stupid, or are you pretending?

Why should I disguise?

... deranged – not yet, but soon

One says: "I'm speechless". The answer: "Please remain in this state".

Our ennobling effect.

Do you feel my pulses racing?

My mood barometer rises like a moon rocket

They pray – and it even helps.

Salary – I thought I had returned deposit bottles.

We have to apologize quickly – otherwise the poor man is confused.

Let's go for a change – and approach the subject logically.

A promising young surgeon – he prays a lot.

Is this the gallbladder? It is not his wallet.

The negative end of his esophagus.

A horse in the menopause.

Then we have to cancel the war.

Did I say nicely charred – No – I said, nice and crispy.

What – no furniture? (a woman traveling with a lot of luggage).

I am getting married. Someone specific? No, the catholic men's choir.

The only thing that is warm – is the icecream.

Is it sufficient if I dissolve myself somehow? (Loriot)

Das negative Ende seiner Speiseröhre.

Ein Pferd in den Wechseljahren.

Dann müssen wir den Krieg absagen.

Habe ich gesagt, schön verkohlt – Nein – ich habe gesagt, schön knusprig.

Was – gar keine Möbel? (eine Frau reist mit extrem viel Gepäck).
Ich heirate. Jemanden bestimmten? Nein, den katholischen Männer-
gesangsverein.

Das einzige, das warm ist, ist das Eis.

Genügt es, wenn ich mich irgendwie auflöse? (Loriot)

..... nur sehr gering situationsbezogen reagiert

......das wäre hinreißend

......die Rationale stand nicht im Vordergrund

......ein Konflikt, dem ich aber nicht erliege

Weißt Du, was ich manchmal denke? Mich gibt es überhaupt nicht.

Als ich Sie zum ersten mal gesehen habe, es war wie ein Blitzschlag.
Ich möchte am liebsten eine ganz neue Sprache erfinden für dieses Gefühl.
Wenn Sie lächelt, vergesse ich zu atmen.
Ich finde an ihr alles, was ich jemals an einer Frau gesucht habe.

Das Schicksal hat schon lange einen Plan mit ihm.

Ich finde Jürgen ist ein schöner Name, der passt zu ihnen.
Das ist unglaublich, ich heiße nämlich so.

... .. barely corresponding with the situation

...... the rationale does not stand in the foreground

...... there is a conflict that I will not succumb

Do you know what I sometimes think? – I do not exist.

When I saw you for the first time, it was like a lightning bolt.
I feel like inventing a whole new language for this feeling.
When she smiles, I forget to breathe.
I think I found about her all I've ever wanted in a woman.

Fate has had a plan for him – for a long time.

I think John is a beautiful name – it would suit you.
This is unbelievable – it is my name actually.

The eyes are the gates of love.

From the slums of Augsburg.

Stay as you are– you have no other chance.

The man was under electric power – but the supply was not sufficient.

With all due respect. With whom?

... melting pot of emotions ....

... I still should congratulate a 100 year old for her birthday, there is already
one in my mind, but she is only 32

... A different kind of charm

Have a break – and drink a lemonade.

Our lips touch – we are born for love.

A proper, regular cat.

Die Augen sind die Tore der Liebe.

Schöne Frau, sei mir gewogen.

EIS – A – I – S

Aus den Elendsvierteln von Augsburg.

Bleiben Sie, wie sie sind – was anderes bleibt Ihnen eh nicht übrig.

Der Mann stand unter Strom, die Versorgung war aber nicht ausreichend.

Mit Verlaub. Mit wem?

... Schmelztiegel der Gefühle ....

... ich muss noch einer 100jährigen zum Geburtstag gratulieren, ich hab da schon eine im Auge, aber die ist erst 32.

.... der etwas andere Charme

Mach ich mal ne Pause – trink ich mal ne Brause.

Unsere Lippen berühren sich – wir sind für die Liebe geboren.

Eine richtige, reguläre Katze.

Sie hat die Abgründe Deines Charakters erwähnt – und sie steht drauf.

Empirisch gesehen bist Du attraktiv – ohne Anmache.

... irgendwo zwischen 30 min und der ganzen Nacht liegt ein Problem.

Mit dem Gehirn einer zurückgebliebenen Muschel.

Seine Emotionen lauern unter der Oberfläche wie eine Tretmine.

Ich bin mir nicht sicher, ob ich das erklären kann.

3mal verheiratet – und immer noch Jungfrau.

Habe meinen Mann eingeäschert.
Er steht im Einweckglas auf der Fensterbank,
er hat nämlich immer so gern aus dem Fenster geschaut.

She has mentioned the abysses of your character – and she likes them.

Empirically, you are attractive – without harassment.

... somewhere between 30 minutes and the whole night is a problem.

With the brain of a retarded seashell.

His emotions lurking below the surface like a land mine. (Billy Christall)

I'm not sure whether I could explain it.

Married 3 times – and still a virgin.

Have cremated my husband.

He is in preserving jar on the windowsill, for he always loved so much looking out the window.

Sleeping suppositories from Hexal, acts so fast that you wake up in the morning with your finger on the butt.

Of course I like women – and not only for a talk – if you know what I mean.

Women-technically – you're a nut.

The 2 thinnest books in the world: English cookbook and Austrian hero tales.

Police was arriving – and I said yet, make place – they want to pass by.

Suspected similarity.

One can say about Achim, what you want, it's true.

Fascination of the daily life.

Schlafzäpfchen von Hexal,
wirkt so schnell, dass du morgens mit dem Finger am Hintern aufwachst.
(Kabarett aus Franken)

Natürlich mag ich Frauen – und nicht nur zum Gespräch – wenn sie wissen,
was ich meine.

Weibertechnisch bist du eine Niete.

Frau verlassen – nimmst halt meine dawei (so lang).

2 dünnste Bücher der Welt: englisches Kochbuch und österreichische
Heldensagen.

Polizei kommt – und ich sag noch, mach mal Platz – die wollen durch.

Verdacht auf Ähnlichkeit.

Man kann über den Achim sagen, was man will, es stimmt.

Faszination des Alltäglichen.

Mit Depressionen ist nicht zu spaßen.

… Welt verbessern, Bundeskanzler werden und so.

… schon lange weg, Ausland und so.

Ein Schauspieler sagt zu einem anderen, dessen Autobiografie gerade
erschienen war:
„Ich habe Ihr neues Buch gelesen – wer hat es Ihnen geschrieben?"
Der Kollege erwidert: „Ich freue mich, dass es Ihnen gefallen hat – wer
hat es Ihnen vorgelesen?"

Nur g'scheid ist auch blöd. (Karl Valentin)

Nach so viel – ääh – Spaß.

Don't joke with depression.

... improving the world, becoming a chancellor are and such stuff.

... already gone for a long time, abroad and so on.

An actor says to another whose autobiography had just appeared:
"I read your new book – who wrote it for you?"
The colleague replied: "I am delighted that you enjoyed it – who read it
to you?"

Only brainy – is also stupid. (Karl Valentin)

After so much – ääh – fun.

SCHLUSSWORT

LaoTse beschreibt in seinem Tao-te-king vor 3500 Jahren:

- Gesetze – werden gebrochen
- Vorschriften – werden umgangen
- Zwänge – führen zu Vermeidungsstrategien
- Eine positive gesellschaftliche Entwicklung
- ist nur mit einem übergeordneten „Sinn" möglich.

Die westliche Welt basiert auf unschätzbar hohen Idealen. Freiheit, Gleichheit und Gerechtigkeit geben grundsätzlich jedem die Möglichkeit sich zu entfalten. Diese Chance beruht auf Solidarität, Liebe, Mitgefühl, Leistung, Disziplin, Fleiß, Bildung und gesellschaftlich positiv formulierten Zielen. Dies ist verankert in den Verfassungen.

Es fehlt in unserer Kultur:

- die Liebe zu unserer Umwelt,
- der konsequente Schutz der Natur und der Tierwelt,
- eine konsequent ökologische Ausrichtung,
- die überhaupt nicht im Widerspruch zur Ökonomie steht – im Gegenteil.

Was beflügelt diese westliche Welt und machte sie so erfolgreich? Es ist die Fähigkeit das Leben und die Aufgaben als Ganzes in seiner Vielfalt zu erkennen und die Verantwortungen und Aufgaben wahr zu nehmen.

Ein gutes Beispiel ist die Musik. Musik ist ein Fundament unserer Hochkultur. Musiker verstehen das Leben wahrscheinlich am besten. Da, wo viel musiziert wird, wo viele ein Musikinstrument spielen, wo es ein gelebtes Kulturleben gibt, dahin folgt auch die gesellschaftliche und wirtschaftliche Entwicklung.

Das Leben in der westlichen Welt ist wie eine sehr große Sinfonie, wir dürfen im größten und weltbesten Orchester mitspielen. Alle Instrumente, alle Klangfarben, alle Tonarten, alle Rhythmen, alle Stilrichtrungen.

SUMMARY

LaoTse describes in his Tao-te-ching 3,500 years ago:

- Laws – will be broken
- Regulations – will be evaded
- Constraints – lead to avoidance strategies
- A positive social development is only possible with an overriding "meaning".

The Western world is based on invaluably high ideals. In principal freedom, equality and justice give everyone the opportunity to unfold. This opportunity is based on solidarity, love, compassion, power, discipline, hard work, education and socially positive formulated goals. This is anchored in our constitutions.

One thing is missing in our culture:

- The love of our environment,
- The consequent protection of nature and wildlife,
- A consistent ecological orientation,
- which must not contradict the economy – on the contrary.

What inspires this western world and made it so successful? It is the ability to recognize life and duties as a whole in its diversity and to assume the responsibilities and duties.

A good example is music. Music is a cornerstone of our civilization. Musicians probably understand life best. Because where music is made, where many play a musical instrument, there is culture, a good way of life, people are singing and there is social and economic development.

Life in the Western world is like a huge symphony, we can play in the biggest and world's top orchestra. All instruments, all sounds, all the keys, all the rhythms, all styles.

Wenn man ein Instrument spielt, bedarf es Fleiß, Disziplin, Ausdauer, Kraft, und verbindliche Übernahme der Verantwortung, damit man richtig mitspielen und einsetzen kann. Wir lernen Teil dieses Orchesters zu sein, bringen es unseren Kindern bei, helfen unseren Mitmenschen mit zu wirken.

Und wenn unser Leben zu Ende geht, dann haben wir an vielen sehr guten Passagen und Konzerten mitgewirkt, haben damit viele erfreut, haben unseren Kindern und anderen die Musik und Instrumente beigebracht – und geben unseren Platz am Ende des Lebens weiter an andere. Und derart wurde unsere großes Sinfonieorchester über die Jahrhunderte immer besser und entwickelte sich.

Die griechisch-römische Antike:

- hier sind die Wurzeln unserer Hochkultur und Freiheit
- Aristoteles legte das Fundament
- das Christentum fügte das Prinzip der Liebe und Solidarität hinzu

Humanismus und Aufklärung:

- ermöglichte das freie Denken in einer freien Welt
- mit Wissenschaften, Demokratie, Wirtschaft, sozialer Sicherung, Kultur
- Soziales Leben in einer freien Gesellschaft.

Das Gehirn und unser ICH werden zu dem, was wir daraus machen:

- mit Liebe, Mitgefühl, Bildung, Leistung, Disziplin, Fleiß, Ethik
- stete positive Entwicklung von positiven Tugenden

ZEN ergänzt dies komplementär, wie der Kontrapunkt in einer Fuge:

- der Mensch ist unfrei und leidet, weil er konditioniert ist
- er muss diese Konditionierungen erkennen
- lernen mit diesen umzugehen
- und gewinnt dadurch die Kraft und die Freiheit
- für ein sehr gutes Leben.

Playing an instrument requires hard work, discipline, endurance, strength, and acceptance of a binding responsibility, so that you can play well and use the instrument properly. We learn to be part of this orchestra, we teach it to our children, and help our fellow human beings to act together with us.

And if our life comes to an end, then we have worked on many high quality arrangements of music and concerts, have made so many others happy, have taught music and instruments to our children and others – and hand our places at the end of life over to others. And so our large symphony orchestra evolved over the centuries.

The Greco-Roman antiquity:
- Here are the roots of our civilization and freedom
- Aristotle laid the foundations
- Christianity added the principle of love and solidarity

Humanism and Enlightenment:
- Allowed free thinking in a free world
- With science, democracy, economy, social security, culture
- Social life in a free society.

The brain and our ego are what we are making of it:
- With love, compassion, education, power, discipline, diligence, ethics
- Continuous positive development of positive virtues

ZEN is complementary, like the counterpoint in a fugue:
- Man is not free, and suffers because he is conditioned.
- He must recognize these conditionings,
- learn to deal with them
- and thereby gain the power and freedom
- for a very good living.

Humor:

- Gewitztes Denken und eloquente Sprache
- eine feine schöne positive Denk- und Lebensart,
- die einem selbst viel nützt und auch anderen Freude macht.

Es wird notwendig, dass sich die westliche Welt auf ihre Fundamente besinnt. Und wir werden jetzt weiterhin sehr stark werden müssen. Die globalen Veränderungen erlauben keine „splendid isolation", für niemanden. Es bedarf einer enormen unbezwingbaren Stärke. Diese muss wirtschaftlich und wissenschaftlich sein, mental und psychologisch, kulturell und gesellschaftlich, aber auch strukturell und militärisch. Dies wird nun immer wichtiger, um das zu erhalten, zu entwickeln, zu schützen und weiter zu geben, was sich in der westlichen Welt die letzten 2500 Jahre gebildet hat.

Jeder Einzelne, seine Angehörigen, der Freundeskreis, die Familie, Bekannte, das Umfeld, Betriebe und Behörden, Polizei und Militär, Politik und Gerichte, Städte und Gemeinden sind gefordert diese sehr dringliche Aufgabe zu erkennen und mit zu wirken.

Humor:

- Shrewd thinking and eloquent language,
- a fine nice positive way of thinking and way of life,
- is good for oneself and also gives a lot of joy to others.

It is more and more necessary that the people of the Western world should look at their foundations. And we should realize that we should be very strong. The global changes do not allow "splendid isolation", for no one. It requires an enormous indomitable strength. This strength must be economical and scientific, mental and psychological, cultural and social, but also structural and military. This will be increasingly important to protect what has been formed in the Western world over the past 2500 years.

Every individual, his family, the friends, the relatives, the environment, business and authorities, police and the military, politics and courts, cities and municipalities are required to recognize this very urgent task and contribute their best.

DEMENZ
VERMEIDEN

AVOIDING
DEMENTIA

388

Demenz........
.....vermeiden

Demenz – davor haben viele Menschen Angst.
Etwa 1% der Menschen haben eine schwere Demenz,
leichte und mittlere Formen sehr viel mehr
rasch zunehmend. Der Beginn der Demenz
wird in der Regel nicht erkannt.

Demenz und Depression hängen sehr zusammen.
Man sagt heute,
dass 25% der Menschen der westlichen Welt
mit sich, ihrem Leben und ihrer Umwelt
nicht zurechtkommen
bzw. deprimiert und ohne Halt sind.

Demenz ist in der Regel vermeidbar.
Man muss sich dabei jedoch bewusst sein,
dass geistiger Abbau keine sogenannte „Alterskrankheit" ist.
Das Alter birgt hohe Risiken hierfür,
ist aber weder Ursache noch Beginn der Verschlechterung;
die beginnt meist – wird bereits ausgelöst – in jungen Jahren.

Geistigen Abbau kann man im Labor
oder mit CT nicht erkennen.
Menschen mit mentalen Verschlechterungen
haben meist normale Laborwerte
und normale Computertomographien.

Jedoch – eine Sache scheint die bedeutendste zu sein:

Avoiding........
.....dementia

389

*Dementia – the fear of it is great. About 1%
of humans suffer from with severe dementia,
many more from mild and moderate mental
deterioration – with an increasing tendency.
Dementia usually begins unnoticed.*

*Dementia und depression are highly interrelated.
They say today
that 25% of humans of the western
world are unable to cope with their lives
and their social environement,
are desperate and unstable.*

*Dementia is not unavoidable.
But you have to be aware that mental deterioration
is not an "old-age illness".
Old age bears high risks
but it is not the cause neither the beginning of mental decline.
Its foundation is already laid at an early age.*

*Mental deterioration is not diagnosed
with lab values or computertomography.
People with mental decline
usually have normal labs and tomographies.*

*However –
one aspect probably seems to be most meaningful:*

Der geistige und seelische Abbau – oder Aufbau –
der hängt vor allem mit dem Mittelhirn zusammen,
in der Fachliteratur das „Mesencephalon".
Das kann man sich als die Steuerzentrale vorstellen,
„der Schaltkasten im Gehirn".
Alle Reize von außen, alle Aufgaben von innen,
alle Steuerungen und Zuordnungen im Gehirn, all dies
wird von diesem Schaltzentrum sortiert und zugeordnet.
Reize von außen sind vor allem das Sehen, Hören und
Fühlen.
Innere Aufgaben sind vor allem Bewegung, Denken,
Emotionen, Vegetatives.
Dabei gibt es viele Verknüpfungen und Kombinationen
mit dadurch ausgelösten Gedanken, Körperempfindungen und Emotionen.

Entscheidend für eine gute Gehirnfunktion,
geordnete Gedanken und beherrschte Emotionen,
und damit für ein gut strukturiertes Leben…
….ist dieser Schaltkasten, das Mittelhirn.
Wir wissen von Menschen, die geistig abbauen,
dass im MRT und CT die Größe und Funktion des Mittelhirns
abnehmen.
Wenn Menschen inaktiv und ohne Halt sind,
dann schrumpft dieses Mittelhirn zusammen bis auf die
berühmte Erbse.

Wenn man hier entgegen steuert,
dann arbeitet das Mittelhirn wieder besser und wird wieder größer.
Das kann man regelrecht im MRT-CT sehen und verfolgen.
Menschen, die im Leben, geistig und emotional gut strukturiert sind,
da findet man in der Bildgebung einen sehr großen Schaltkasten,
der ist trainiert und ausgebaut.
Aktive, fleißige und engagierte Menschen haben ein großes
Mittelhirn.

Entscheidend sind ein strukturiertes Denken und Leben, geistige und körperliche
Aktivität,
Engagement, soziale Verantwortung und Ideale sowie Humor und Sprache.
In der Ausbildung und im Berufsleben hat man Notwendigkeiten und externe
Strukturgeber.
Notwendigkeiten, Strukturgeber, Vorgaben im Tagesablauf mit Aufgaben von außen,
die bilden ein äußeres Gerüst, das den Menschen lange stabilisiert.

The mental and intellectual depletion – or development –
is related to the middle brain – the so-called
"mesencephalon".
This is a kind of control center, the "switch box in the brain".
Stimuli from the outside or tasks from the inside,
all the controlling and all the associations within our human brains
all these are organized and allocated by this "switch box".
Impulses from the outside are the senses
of seeing, hearing and of touch.
Internal stimuli are moving, thinking, emotions
and vegetative processes.
There are a lot of linkages and combinations
with thoughts, sensations and emotions triggered by all this.

Fundamental for a good cerebral function
are assorted thoughts and mastered emotions.
This control center, the switch box, the midbrain
is essential for a well-structured life.
We have learned that mental deterioration in humans
is accompanied by downsizing and functional decline of this midbrain.
If humans are inactive and instable,
the middle brain shrinks to the size of a pea.

With appropriate countermeasures
the middle brain regenerates in size and in function.
This can actually be seen in magnetic resonance imaging.
Active and emotionally well-structured and disciplined people
have a well functioning control center – a big midbrain,
their switch box is well-trained and well developed.
Engaged, busy and active people develop a big middle brain.

Therefore,
what counts are a well structured life and a good sense of thinking with mental and
physical activity, dedication, social responsibility and ideals – as well as humor and
language ability.
In young years with schooling and later in working life there are external needs with
binding structures with guidelines for the daily routine – which are a stable framework –
stabilizing people for their life.

Es gibt leider viele, zunehmend mehr, die keine Voraussetzungen bekamen, um sich in diese stabilisierenden Prozesse einzugliedern;
die sich ihrer Verantwortung entziehen oder nie in diese Strukturen hinein gekommen sind.
Und wir kennen viele, die plötzlich ihren äußeren Strukturgeber (Arbeitsplatz, Ehe, Wohnung) verlieren, und dann plötzlich erleiden müssen – dass sie keine tragfähigen inneren Strukturen haben.

392

Dies ist – nebenbei bemerkt –
das Grundprinzip von Weltanschauungen und Religionen, dass man den Menschen
ein stabilisierendes tragfähiges inneres Gerüst gibt.
In der westlichen Welt die Philosophie seit der Antike, das Christentum und der Humanismus.
Im asiatischen Raum insbesondere der Buddhismus, ganz speziell der ZEN-Buddhismus.

Das große Problem, das große Risiko einer Strukturlosigkeit ist, dass dann im Gehirn Aufgaben, Wahrnehmungen, Emotionen und die Gedanken – nicht mehr richtig sortiert werden.
Es finden dann stete Fehlzuordnungen statt, die einzelnen Teilchen kommen in die „falschen Schubladen".
Gleichzeitig sind die Verknüpfungen nicht mehr geordnet, sondern zufällig.
Kinder mit unguter Entwicklung bauen ihr geistiges Potential ab auf 20%.
Längere Arbeitslosigkeit führt oft dazu, dass man sich in eine strukturierte Tätigkeit oder Zusammenarbeit nicht mehr eingliedern kann.
Nach 6 Wochen Schulferien haben Kinder einen deutlich messbaren Intelligenzabfall.

Klassischerweise geschieht dann folgendes,
worunter Menschen auch leiden:
Impulse wie Wahrnehmungen führen zu zufälligen Gedankenverknüpfungen und lösen unkontrolliert Emotionen aus.
Der Mechanismus ist wie nächtliche Traumarbeit, irrational bis zu Alpträumen. Dadurch werden die Menschen zunehmend überfordert. Das Ergebnis im täglichen Leben ist für den Menschen selbst und sein Umfeld ungut, kann sogar sehr negativ und zerstörerisch sein.

There are a lot of younger people and adult, an increasing number,
who did not get any foundations to integrate themselves in these stabilizing processes;
they evade this development and do not assume responsibilities.
And it often happens that people suddenly lose there external structures (working place,
partner in marriage, housing), they suddenly suffer hard misfortunes – and have no firm
stable internal structures.

393

By the way –
the overriding principle of religions and ideologies is
to give humans stable and bearing internal structures.
In the western world we have the unique historical
heritage from the ancient philosophy, christianity and
humanism.
In the Asian world it is buddhism
in the first place the principles of ZEN-buddhism.

The big problem, the high risk of the lack of life structures are
that within the brain the tasks, sensations, emotions and
thoughts are not correctly controlled, assorted and allocated.
There is an increasing number of mismatches,
the single components find place in the wrong "drawers".
Interconnections get more and more disordered and random.
Kids with defective development reduce their mental potential
down to 20%.
Long time unemployment often leads to the inability
to integrate oneself in well-structured work and co-operation.
After 6 weeks of school holidays kids show a significant
intellectual decline.

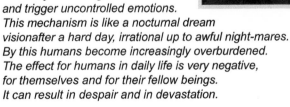

Classically development is as follows
and the people suffer from this:
Impulses like perceptions and
sensations
randomly link thoughts
and trigger uncontrolled emotions.
This mechanism is like a nocturnal dream
visionafter a hard day, irrational up to awful night-mares.
By this humans become increasingly overburdened.
The effect for humans in daily life is very negative,
for themselves and for their fellow beings.
It can result in despair and in devastation.

Unser Ziel ist es ein gut strukturierter Mensch zu sein.
Wahrnehmungen und Aufgaben
weiß dieser richtig zuzuordnen.
Die Gedanken sind kontrollierbar
und die Emotionen geordnet.
Dabei ist dieser Mensch humorig,
weil er nicht befangen ist,
sondern die Prozesse in ihm und um ihn herum
von einer höheren Warte aus betrachten kann.

394

Und nun die entscheidende Frage – wie baut man eine stabile innere Struktur auf?

Studien zeigen, wenn Menschen eine beginnende Demenz haben,
dann ist das durch Tanzen, Gymnastik, Singen, Musizieren, geistigen und sozialen
Aufgaben reversibel.

Man weiß auch, dass eine musikalische Intelligenz gibt.
Wenn man musiziert und singt, tanzt oder TaiChi übt,
dann ist das wie Muskeltraining für das Mittelhirn,
es wird dadurch größer und aktiver.
Wir kennen rhythmische Bewegungen und Laute aus
dem Tierreich, analog archaischer ritueller Tänze und
Gesänge.
Musiker, speziell Pianisten,
besonders wenn diese auch singen, bleiben geistig fit.
Gesellschaften, die tanzen, sportlich sind, musizieren
und singen, insbesondere zu Erkennen im Alpenraum,
die bleiben stabil und haben gefestigte Menschen.

Man analysierte welche Menschen, auch bis ins hohe Alter,
eine gute körperliche, geistige und psychische Lebensqualität
haben.
Alle möglichen Parameter (Ernährung, Geld, Fettgewebe, usw.)
ergaben nichts.
Der stärkste Parameter war interessanterweise Muskulatur.
Muskulatur beeinflusst nicht nur den Körper positiv, sondern
auch das Gehirn.

Our aim is to be a well-structured human being.
Perceptions and tasks should be well assorted.
The thoughts are controlled and the emotions are arranged.
In such a way we can be humorous and self-conscious.
The lives of those around us and our life
can be considered from a higher vantage point
with a profound understanding.

And now – the important question – how to set up a stable internal structure?

Studies show if people develop a mild dementia – it is reversible
with dancing, gymnastics, singing, playing a musical instrument and turning to
mental as well as social tasks.
Today we know that there is a musical intelligence.
Playing (or learning) a musical instrument, singing,
dancing or TaiChi
are like "muscle training" for the midbrain.
It becomes more active and grows bigger.
Rhythmical movements and voicings in the animal world
are analogous to archaic ritual chants and dances.
Musicians, especially piano players,
and especially if they are also singing, stay mentally very fit.
Societies in which dancing, sports, singing
and making music are popular,
easily remarkable in the alpine region,
are strong and have mentally and socially stable and
structured humans.

It has been examined which people – even until old age – stay
in a good physical, mental and psychological shape with a high
quality of life.
A lot of parameters (nutrition, money, fatty tissue, etc.) yielded no
results.
The significant parameter was the muscular system.
Strong muscles do not only support the body, but also the brain.

Humor und Sprache sind essentiell für die geistige Fitness.
Insbesondere die Fähigkeit mit anderen, auch fremden Menschen
spontan ein humoriges nettes freundliches Gespräch zu führen,
das korreliert am besten mit dem was man als Zufriedenheit und Glück bezeichnet.
Das muss man aber gezielt trainieren und aufbauen
und stets pflegen und weiter entwickeln,
das kommt nicht von selbst.
Anekdoten, Lieder, Geschichten und auch nette Witze formen den Geist,
und damit den guten Umgang mit uns selbst und unseren Mitmenschen positiv.

Ein sinnvolles Leben,
im humanistischen und christlichen Sinne,
soziale Vernetzung und
die verbindliche Übernahme von Verantwortung,
das ist ein wesentlicher Stabilisator und
Strukturgeber.
Man erkannte,
dass Disziplin, Tugenden und Verlässlichkeit
im Kleinen alltäglichen wie im übergeordneten Großen,
also ein sog. prosoziales Verhalten und Denken,
dass genau dies entscheidend für ein gutes Leben und Erfolg ist.

Es scheint gerade so zu sein,
dass die christlichen und ZEN-buddhistischen
Aussagen,
ganz unabhängig von jeglicher Religiosität,
entscheidend für eine stabile Gesellschaft
und gefestigte Menschen sind.
Liebe, Dank, Vergebung, Ideale und Freund sein,
darauf beruht ja auch die Sinntherapie von Frankl;
interessanterweise die Psychotherapie,
die einen guten und gesicherten Nutzen hat.

Der Dalai Lama sagt viel Esoterisches – aber auch manches Gute – zum Beispiel:
„Wir sollen an unserem Geist und unserer Freude arbeiten – das ist unsere Stärke".

Z u s a m m e n f a s s e n d ergibt dies,dass man Geist und Körper,
die Seele und unseren Humor trainieren soll.
Bereits die kleinen Kinder und die Jugendlichen
soll man darin unterstützen.
Und die Erwachsenen sollen Vorbild sein
und dies lebenslang trainieren.

Humour and language ability are essential for mental fitness.
Especially the ability
to have a spontaneous nice humorous friendly conversation
even with unknown people.
This is highly associated with satisfaction and happiness.
But – it is necessary to train and to develop it purposefully,
This ability does not emerge by itself.
Anecdotes, songs, storytelling, and friendly jokes form your spirit positively,
and this way also our social interaction with fellow humans – and ourselves.

397

A meaningful life in the humanistic and Christian sense
with the acceptance of social responsibility
is the fundamental stabilizing and structuring factor in life.
It is recognized that discipline, ethics and reliability,
the little everyday duties as well as the big tasks
(so called pro-social thinking and behavior)
are crucial for a good and successful life.

It seems obvious
that Christian and ZEN-buddhistic statements
(independent of any kind of religiousness)
are paramounts for a stable society and strong humans.
The logotherapy of V. Frankl (a search for meaning)
is a concept based on love, gratitude, forgiveness,
ideals and being a friend for others;
it is the psychotherapy that has proved to be highly effective.

The Dalai Lama is often esoteric – but he sometimes says the right thing – for example: ***"We should work on our mind and our joy – this is our strength".***

S u m m a r i z i n g – the conclusion is
that our body and our spirit, our soul and our humour
should be developed and trained.
Herein, we should support the kids and the adolescents.
The adults should be shining examples training
these abilities all their lives.

Gute Gespräche……….

……..stärken Menschen

Kommunikation

Gespräche

lösungsorientierte Dialoge

Austausch

Diskussionen

Dr. med. Peter Hien -   2017

Conversational skills…………

…..make man strong

communication

conducting talks

solution based dialogues

talkings

conduct of discussions

Dr. med. Peter Hien -   2017

400

Die Qualität der Kommunikation
bestimmt die Qualität eines Lebens.

Kommunikation & Umgang
sowie Ich & Lebenseinstellung
sind die beiden Seiten
derselben Medaille.

Es "*lohnt sich*" daran zu arbeiten..

The quality of our communication
determines the quality of our lives.

Communication & behaviour,
one´s self & attitude of mind
are two sides of the same coin.

It is well worth working on it.

401

Als junger Mann aus Oberbayern war ich direkt,
das erzeugte enormen Gegendruck.

Ich erlernte dann „sanfte Kommunikationsweisheiten",
Richtiges wurde nun unter den Teppich gekehrt,
das Ergebnis wurde deshalb nicht besser.

Heute spreche ich Wichtiges & Richtiges direkt an,
und versuche das - m ö g l i c h s t   g u t -
mit den Regeln guter Kommunikation zu vereinbaren.

As a young man from upper bavaria I argued directly,
the result was an enormous counterpressure.

I learned the soft skills of conversation, now
the important things were swept under the carpet.
The result was not better in the end.

Today I openly express the important right things,
and try - a s   w e l l   a s   p o s s i b l e -
to combine them with conversational skills.

402

Gesprächsführung

1. Kommunikation ist Marketing

2. Grundregeln der Kommunikation & Rhetorik

3. Sender und Empfänger

4. Das Konfliktgespräch

Conducting dialogues

1. Communication is marketing

2. Basic rules of communication & rhetoric

3. Sender and recipient

4. Conflict talks

Teil 1

Kommunikation

&

Marketing

Part 1

communication

&

marketing

404

Gespräch ist Marketing

Werner Correll,

Autor des Standardwerkes „Motivation und Überzeugung in Führung und Verkauf" (14. Auflagen)

sagt:

„Alles ist Marketing".

conversation is marketing

Werner Correll,

author of the des standard work „motivation and conviction in management and sales" (14 editions)

says:

„Everything is marketing".

Kommunikation ist Marketing

405

Werner Correll:

„Es gibt Menschen, die machen bei der Gesprächsführung instinktiv fast alles richtig und andere, die machen fast alles falsch – und beide wissen meist nicht warum."

Der Preis für eine ungute Kommunikation - sind Ressourcenverluste.

Communication is marketing

Werner Correll:

„There are people who instinctively do everything right in their conversation strategies. And others do everything wrong. And both often do not know why."

The price for ungood communication is the loss of ressources.

Kommunikation & Betriebssteuerung

Man sagt:

„Die Qualität unserer Kommunikation, bestimmt die Qualität unseres Lebens."

.... und der Ressourcensteuerung ?

.... und der Betriebsergebnisse ?

Und wie geht das Marketing an diese Fragestellungen ran?

communication & management

A saying goes:

„The quality of our communication will determine the quality of our lives."

.... and of our ressource management ?

.... and of our operational results ?

.... and   - how is modern marketing approaching this issue ?

Bedürfnisse im Gespräch

- Anerkennung

- Sicherheit und Geborgenheit

- Vertrauen zu einem Menschen

- Selbstbezogenheit

- Unabhängigkeit (interessanterweise selten)

- eine ███████-Studie: „60% der Patienten und Angehörigen in der Notaufnahme und im Krankenhaus haben sehr große Angst vor unguten Interaktionen und Herabwürdigungen."

407

Communication demands

- appreciation

- safety and security

- confidence in a certain person

- self-centredness

- independenc & autonomy (interestingly seldom)

- a ███████-study: „60% of patients and their relatives in the hospital or emergency department feel very strong fear of ungood interactions and of devaluations."

408

Anerkennung

Wenn das Hauptbedürfnis „**Anerkennung**" sein könnte.............

.........dieser Mensch will sehr ernst genommen werden

Gut: Kompetenzen abtreten
       Aufgaben delegieren

Cave: nicht unterfordern
        nicht bevormunden

appreciation

If the main requirement seems to be **appreciation**...
.............this fellow human will be taken very seriously

positive: give him competences
            and delegate tasks

caution: do not subchallenge
            do not patronize

Sicherheit & Geborgenheit

409

Wenn das Hauptbedürfnis „**Sicherheit und Geborgenheit**" sein könnte:

> Dieser Mensch will verlässliche Information
> Er fordert Fachkompetenz

> Cave: Überinformation
>   belastende Details

---

security & safety

If the main desire is to get **security & safety**........

.... this human wants reliable information

.... and professional expertise.

> caution: too much confusing information
>   with burdensome details

410

Vertrauen

Wenn man „**Vertrauen**" haben will:

Dieser Mensch will kooperativ sein
bringt Argumente

Gut: also aktiv zuhören (Mhh-Technik)
      Gegenargumente anhören
      auch etwas gelten lassen

Cave: nicht überrollen

confidence

If „confidence in a certain person" ....

.... seems to be the leading desire:

this human wishes to be a cooperative partner
and wants to contribute arguments

positive: listen to him actively
             listen to counterarguments
             which should be honoured

caution: do not overrun/overtake him

Selbstbezogenheit

411

Wenn „**Selbstbezogenheit**" im Vordergrund steht:

dieser Mensch will für sich alles bejahen können

Cave: oft sehr schwierige Menschen
fest sitzende Einstellungen

Dann: objektiv bleiben
überzeugen auf Sach-Fach-Ebene

self-centredness

If „**self-centredness**" is predominant...............

.............this human wants to be able to affirm & accept everything

caution: often difficult & troublesome people
with rigid positions

try: .....to remain objective
and stick to the factual level
with professional expertise

412

Unabhängigkeit

Wenn jemand „**unabhängig**" sein will:

dieser Mensch will Resultate

Cave: der will keine Entscheidung abgeben

Gut: will keine detaillierten Erklärungen
aber Ziele gemeinsam definieren

independence & autonomy

Being "**independent & autonomous**" is rarely wanted.

This human expects results

caution: he will not leave decisions to others

positive: he demands no detailed explanations
but wants to define common aims.

Bedürfnisse i.d. Gruppe

- Individuelle Bedürfnisse ahnen wir nur,
- Die Hauptbedürfnisse einer Gruppe sind:

3 - 1 – 2 – 4 - 3

3. Vertrauen in einen Menschen
1. Anerkennung
2. Sicherheit & Geborgenheit
4. Selbstachtung
3. Vertrauen schaffen
5. Unabhängigkeit → ganz ganz wenige !

➔ so werden politische Ansprachen gerne gegliedert !

413

needs of a group

- we can only suspect the individual needs
- The needs of a group are:

3 - 1 – 2 – 4 - 3

3. confidence in a person
1. recognition
2. safety & shelter
4. selfrespect
3. creating confidence
5. independence → very few !

➔ in such a manner
   political speeches are usually structured !

414

Der optimale Sender

1. Eigene Identifikation mit dem Ziel
2. Genau informiert
3. Positiver Eindruck auf das Gegenüber...........
4. ....um ihm eine positive Beziehung zum gemeinsamen Ziel zu vermitteln

the perfect sender

1. .....identyfies himself with the goal
2. .....is very well informed
3. .....has a favourable impression on his vis-a-vis...........
4. ....to provide a positive relationship towards the common goal

2 Sender-Persönlichkeiten

415

1. Stabile Persönlichkeiten:
    - sind entspannt
    - und dabei recht permissiv
    - Nachteil: laisser faire
    - Vorteil: integrativ

2. Labile Persönlichkeiten:
    - fühlen sich ständig bedroht
    - und werden dadurch rigide.
    - Nachteil: u.a. Domination
    - Vorteil: sehr zielorientiert

2 sender-characters

1. stable characters:
    - are relaxed
    - and thus in particular permissive
    - the dark side: too often laisser faire
    - the bright side: he acts integrational

2. weak characters:
    - feel under threat all the time
    - in this way they become inflexible and rigid
    - the dark side: too much domination
    - the bright side: very purposeful

416

Labile Persönlichkeit

1. Verhaltensform Dominanz & Konflikt
2. „entweder oder" – Argumente
3. Diese innerlich meist schwachen Menschen
4. ....bekommen nun ein Dauerproblem:
5. Gegenüber reagieren auf diese Vorgaben nahezu stets mit Gegendruck

labile characters

1. Behaviour pattern: dominance & conflicts
2. These internally weak persons.........
3. ....use either/or - arguments
4. and get a permanent problem:
5. The partners usually react to this steady pressure - with counterpressure.

Die stabile Persönlichkeit

417

1. ....ist integrativ

2. ....erlaubt und akzeptiert Einwände und Gesprächsverläufe

3. Risiko ist das laissez-faire, deshalb

4. 2/3 integrativ zu Beginn des Gespräches

5. Und 1/3 dominant zum Ende

stable characters

1. ....are integrational

2. ....accept doubts, counter arguments and open discussions

3. Their risk is „laissez-faire".

4. Therefore a good strategy is

5. being integrative in the first 2/3 of a talk

6. and getting dominant in the last third.

ein „Produkt" anbieten

1. Es gibt keine Angebote, gegen die man nichts einwenden kann, also…….

2. …Einwände erst mal formulieren lassen.

3. Danken, dass diese herangetragen werden.

4. Gegen Ende erst entkräften, relativieren, Vorteile schildern, Alternativen bedenken.

offering a „product"

1. There are no offers you cannot oppose, therefore…………..

2. …………allow that arguments are put forward.

3. Express your thanks that these distinctions are introduced……….

4. ………refute counterarguments toward the end,

5. ………qualify them, describe your advantages or consider alternatives not too early.

Produktverkauf & Wert

1. Aufgabe & Bedingungen deutlich nennen.

2. Die Höhe des Preises spielt meist keine Rolle

3. Den Wert und den Selbstwert betonen.

4. Das Gegenüber will mit dem „Produkt" ja Bedürfnisse befriedigen..........

5. ....und darauf stolz sein.

419

product sale & value

1. Name tasks & conditions clearly

2. The level of the price is usually not an issue

3. Underline the value and the personal self appreciation

4. The opponent wants to satisfy needs with the product...............

5. ......as well as be proud of this product.

420

„Produkt" richtig anbieten

1. Sachliche Korrektheit
2. Adressatenbezogenheit der Argumente
3. Persönliche Identifikation des Verkäufers
4. der an ein positives Ergebnis (Ziel) glaubt.

offer the „product"

1. factual correctness
2. adress the arguments optimally
3. the seller should identify himself……..
4. ……and believes in a positive result (aim).

....zuletzt

1. Correll zieht u.a. ein Fazit:

2. Der Gesprächspartner soll das Schlüsselwort am Ende selbst formulieren !

421

.......finally

1. Correll draws a conclusion:

2. The conversation partner should finally express the decisive keyword himself

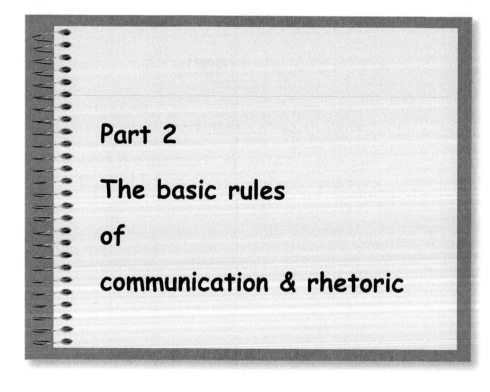

4 Stufen eines Gespräches

423

Stufe 1:   Wahrnehmung

Stufe 2:   Beziehungsaufbau

Stufe 3:   Emotionen

Stufe 4:   Argumentation

the 4 levels of a conversation

level 1:   perception

level 2:   building up relationship

level 3:   emotions

level 4:   argumentation

424

Stufe 1 - Wahrnehmung

Nimm den Menschen mit dem Du sprichst
als Menschen wahr.

Interessiere Dich für den Menschen,
der Dir gegenübersteht.

Reduziere ihn nicht auf den „Kollegen",
„Konkurrenten", „Mitarbeiter", „Patient" oder
„Angehörigen" (eines Patienten).

level 1 - perception

Perceive the person you are talking to

as a fellow human being.

Be interested personally in this vas-a-vis.

Do not reduce him to a „colleague",

a „competitor", an „employee", a „patient"

or a „family member" (of this patient).

Stufe 2 - Beziehungsaufbau

425

- In den Menschen einfühlen
- Der merkt: „Ich bin in guten Händen".
- Sprich verständlich
- Frage zurück, um Gesprächsfehler zu vermeiden, die die Beziehung stören würden.
- Stichwort: „aktives Zuhören"

level 2 – building up relationship

- Empathize with the person
- He realizes: „I am in good hands".
- Speak understandably
- Check back to avoide miscommunications that would disrupt the relationship.
- Key word: „avtive listening"

426

Stufe 2 - Beziehungsaufbau

- Suche Gemeinsamkeiten
- „soziale Fellpflege"
- Den Menschen zum Partner machen

- Das bewirkt zudem eine positive Erinnerung

level 2 - building up relationship

- Search for common interests
- „grooming" is important for social contact
- Making the vis-a-vis a respected partner

- In addition, this causes a positive remembrance

Stufe 3 - Emotionen

427

- Kommunikationsinhalte weniger als 10% sachlich
- über 90% sind unterbewusst
- und lösen unterbewusst Emotionen aus

- Vor dem Sachthema <u>suchen</u> Menschen Emotionen

level 3 - emotions

- Only 10% of communication contents are objective
- Over 90% are subconciously conveyed
- and are trigger irrational emotions
-
- Before an objective communication...........
- ....partners seek for emotions

Stufe 4 - Argumentation

- Warum ist etwas sinnvoll - Sinn & Wert
- Rhetorik und Sprechen trainieren
- Die Menschen und deren Bedürfnisse beachten
- den persönlichen Nutzen vermitteln

level 4 - argumentation

- Why is something useful? - meaning & value
- Train / practice rhetoric and speech
- Consider the requirements of your partners
- and deliver them their personal benefit.

Stichwort: Pause

429

- kurze Gesprächspause/n
- nicht überrollen
- erst zuhören

- Wie in der Musik, da sind auch die Pausen das wichtigste.
- Miles Davis: „Music is the framework around the silence".

key word: pause

- short pauses during discussions
- do not roll over
- first listen to your partner

- It is comparable to music - in music the pauses are most important.
- Miles Davis: „Music is the framework around the silence".

430

Stichwort: Hände

- auf Bauchhöhe
- plus Lächeln
- Hände offen
- in einer Hand kann etwas sein

key word: hands

- hands remain still in belly-height
- plus - a smile
- hands open
- in one hand there can be something

Stichwort: Blick

- orientiert
- fest
- sicher

431

key word: our eyes

- orientated
- a steady gaze
- eyes radiating confidence

Stichwort: Lächeln

- verändert die Stimme angenehmer
- wirkt auf den Körper
- wirkt positiv auf Gegenüber
- wirkt optimistisch
-
- zumindest initial bei Kontaktaufnahme
- zurücknehmen bei ernsten Themen
- nicht inadäquat sein, nicht übertreiben

key word: smiling

- ...... makes the voice more pleasant
- .... has a positive effect on your body posture
- .... has a positive effect on your vis-a-vis
- .... appears optimistic
-
- at least for the first time of making contact
- avoid smiling during serious issues
- don´t be inadequate, don´t overdo smiling

Stichwort: Ausstrahlung

- Haltung & Gestik
- Mimik – Gesichtsausdruck - Blickkontakt
- Stimme & Ausdrucksfähigkeit
- Der Körper folgt dem inneren Zustand
- also am inneren Zustand arbeiten
- Was ist das ? Geist, Ich .... ?

433

key word: „charisma"

- body posture & gestures
- facial expressions & eye contact
- voice & expressiveness
- The body posture............
  ....is affected by the internal conditions
- This means that.......
  .... we should work on our mind.
- What is this - mind - spirit - I ....?

434

Stichwort: Stimme

- Modulation & Sprachmelodie
- mit einem Lächeln
- dann klingt die Stimme
- anziehend und gewinnend

key word: voice

- with modulation & speech melody
- and a smile - then
- the voice sounds likable and charming

Stichwort: Kompetenz

435

- kompetent wirken
- kompetent sein
- Kompetenz zeigen
- wenn es sein muss auch mal „schauspielern"

- Im Moment inkompetent ....
- ....dann Termin vergeben und vorbereiten

key word: competence

- communicate competence
- be competent
- show competence
- sometimes it is necessary to turn to acting

- If you are not familiar with an issue ....
- ....it is better to appoint at a later date,
- ....and prepare yourself

436

Stichwort: Echtheit

- Synonym: unverfälscht, aufrichtig, ehrlich, authentisch
- Unser Ich - sich selbst kennen
- Unser Geist - daran arbeiten
- Freude haben, Humor pflegen
- An der Sprachfähigkeit arbeiten
- Humanistisch-christliche Ideale leben
- Eigene Stärke entwickeln

key word: genuineness

- synonym: unaltered, honest, truthful, authentic
- Our so called „self" - being aware of oneself
- Our mind & spirit - work on it
- have joy, develop your humour
- strengthen your conversational skills
- live humanistic-Christian ideals & ethics
- evolve your individual strength

Die Erwartungshaltung

437

Inneres	oft ist man unbewusst konditioniert durch Emotionen & Gedanken
Erwartung	man rechnet mit etwas „man sieht es kommen"
Der 1te Moment	ist noch objektiv & neutral
Und dann	brechen die Erwartungen und Vorurteile durch

expectation - anticipitation

our inside	we are often subconsciously conditioned by our emotions & thoughts
anticipation	we too often expect something in advance and anticipate it: *„It is bound to happen"*
1st moment	of a contact people try to be objective
and then:	the anticipations and prejudices will emerge

438

Die Erwartungshaltung

Die „lustige" Geschichte mit dem Hammer:

Man will sich nur einen Hammer ausleihen,
beim Nachbarn - eigentlich kein Problem.
Und jetzt läuft unterbewusst ein Film ab,
was der andere abweisend sagen könnte,
und so tritt man an das Gegenüber heran.

expectation - anticipitation

The "funny" story about a hammer:

A man wants to borrow a hammer,
from his neighbour - a problem?
This man anticipates his prejudices
that he will get a harsh rejection.
With this expectation he contacts his neighbour.

Die Erwartungshaltung

439

Im ersten Moment des Kontaktes mit einer neuen Situation wolllen Menschen neutral und objektiv erscheinen:

Z.B. man wartet auf Arzt in einer NFA-Kabine:

Freude, dass er jetzt da ist - nur 1 Sekunde.

Und jetzt kommt so oft so vieles „nach oben".

Und noch viel mehr, wenn es getriggert wird.

expectation - anticipitation

In the very first moment of a contact with a new situation people wants to appear objective & neutral:

e.g. waiting for the doctor in an emergeny room:

Patients are instantly pleased as soon as he comes.

But then there are so many emotions & thoughts.

And even more - if they are triggered.........

440

Die Erwartungshaltung

Und jetzt kommt so oft so vieles :

- Anspannung & Nervosität
- Vorwürfe & Vorhaltungen
- Erwartung (positiv, aber meist negativ)
- und vor allem - A N G S T
- Ungerichtete unspezifizierte diffuse Angst
- projiziert man auf das Gegenüber.

expectation - anticipitation

And then so many overwhelming reactions:

- internal tension & nervousness
- criticism & reproaches
- anticipations (positive, but mostly negative)
- and in particular - a n x i e t y
- Unfocused unspecified diffuse fear
- is projected onto our vis-a-vis.

Die Erwartungshaltung

441

Daraus folgt:

- diese 1te Sekunde nutzen

- <u>Vertrauen schaffen</u>

- den Menschen ansehen & ansprechen

- Partner sein - Mensch sein

- Interessanterweise - das ist nahezu nur möglich mit den humanistisch-christlichen Fundamanten des Liebens, der Vergebung und der Dankbarkeit (vergleichbar auch im ZEN-Buddhismus).

expectation - anticipitation

As a result:

- use this objective neutral first moment

- create trust & build up confidence

- Your fellow human - look at him, talk to him

- be a partner - be a human being

- Interestingly - this is almost only achievable with the humanistic-Christian fundaments of love, forgiveness and thankfulness (nearly the same in ZEN-buddhism)

442

3 Kommunikations-Ebenen

Sachebene: die sachliche Information des Wortes

Wie-Ebene: vor allem die Stimme

Optik: vor allem die Körpersprache

3 communication levels

factual level: objective information content of a statement or message

the way it is transmitted: mainly one´s voice

optical impression   mainly one´s body language

3 Kommunikations-Ebenen

443

1. Sachebene: Draussen regnet es.
              Das kostet 5 Euro.
              Wir lösen das Problem, uvm.

2. Stimme: menschlich – „freund" – lich,
             barsch, fordernd, appellativ,
             zugewandt, warm, modulierend,
             Stimmmelodie, Pausen

3. Körper: Kleidung, Pflege, Uhr, Brille
             Gestik, Mimik
             menschliche Zuwendung

3 communication levels

1. factual: e.g.: It is raining outside.
              The price is 5 Euro.
              We solve the problem.

2. the voice: human – friend-*ly*
               harsh, commanding, appellative
               warm, pauses,
               with a modulating voice melody

3. the optic: the body language
               clothes, personal care, accessories
               gestures, facial expression
               human affection

444

3 Kommunikations-Ebenen

Die vermittelte „Information" & Erinnerung :

in Prozent

1. Das Wort: .... %
2. Die Stimme: .... %
3. Körpersprache: .... %

3 communication levels

The transferred „information" & remembrance:

percentage

1. words: .... %
2. voice: .... %
3. body language: .... %

Kommunikations-Ebenen

445

Die vermittelte „Information" & Erinnerung :

                in Prozent

1. Das Wort: 7 %

2. Die Stimme: 38 %

3. Körpersprache: 55 %

3 communication levels

The transferred „information" & remembrance:

                percentage

1. words: 7 %

2. voice: 38 %

3. body language: 55 %

446

3 Kommunikations-Ebenen

Das Eisbergphänomen :

- bewußt kommuniziert werden nur 7 %
- unterbewußt, folgenschwer, wirksamer 93 %

Eine Parallele ist das Tierreich :

Z.B. Pferde und Hunde reagieren nur auf die Körpersprache und die Stimmmelodie

Entwickeln dabei einen nur schwer trüglichen Instinkt für Schwäche/Unsicherheit, Stärke/Dominanz/Sicherheit.

Nur wenige haben Stärke & Sicherheit *von Natur* aus.

Dies lässt sich verbessern durch lebenslanges Training am Humor, der Freude, der Sprachfähigkeit, des Körpers, am sog. „Geist" und der ethischen Einstellung.

3 communication levels

The iceberg phenomenon:

- conciously "communicated" are only 7 %
- subconciously, with serious consequences 93 %

An analogy from the animal world :

e.g. horses and dogs react to body language and modulating voice melody

Especially horses will perceive this unfailingly (dogs are corruptible)

They have an unmistakable instinct for weakness-uncertainness versus strength-dominance-reliability.

Only few humans naturally have strength-certainness-reliability.

Humans can slowly improve these properties with lifelong training of their mind, their joy, their humour, their body, their conversational skills and their ethical attitude.

unterbewusste Kommunikation

447

<u>Ziele und Ideale prägen diese unterbewusste Kommunikation:</u>

- ohne Ziele geht es nicht
- „Wer kein Ziel hat, wird es auch nicht erreichen".
- in unserem Beruf geht es auch ohne Ideale nicht
- (und ohne fachliche Kompetenz geht es auch nicht)

subconcious communication

<u>Ideals and goals shape our subconscious communication:</u>

- no success without goals
- *„If you do not have a goal, you will not reach it".*
- in our profession ideals & ethics are mandatory
- (as well as professional competence)

.... und weiter geht es

.... and - let´s go on

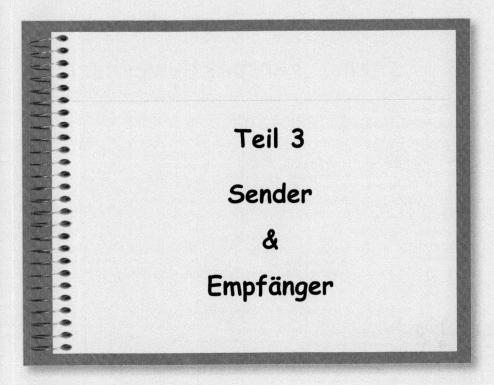

449

Teil 3

Sender

&

Empfänger

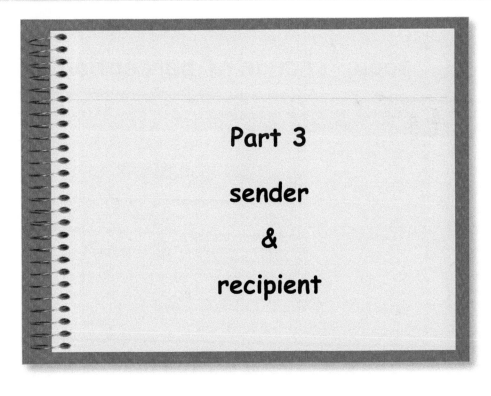

Part 3

sender

&

recipient

450

Thema „Perspektivwechsel"

Luigi P.: „Wir leben alle auf derselben Erde,
aber jeder lebt in seiner eigenen Welt"

Ich-Falle: Unsere Gedanken kreisen um uns selbst
Wir vergessen uns um unseren Gesprächspartner zu kümmern
„Betreiben Sie den Perspektivwechsel"
„Konzentrieren Sie sich auf den Partner"

Fazit: Aktives, aufmerksames Zuhören
Meinungen, Gefühle des Anderen ernst nehmen
ausreden lassen
eigene und andere Mimik/Körpersprache beachten

Victor H.: „Verstehen heißt mit dem Herzen zuhören"

topic "change of perception"

Luigi P.: "We all live on the same planet,
but everyone in his own world"

selfishness-trap: Our thoughts are revolving around ourselves
We don´t care for our partners.
Change your perception
Concentrate on your partners.

résumé: aktive attentive listening
take oppinions & emotions of your partners seriously
let each other speak ot
watch your mimic & body language - and of others

Victor H.: „Acceptance means understanding with your heart"

Der Weg einer Botschaft

Mehrere Personen beschreiben s i c h   n a c h e i n a n d e r   einen Sachverhalt:

- Emotionales Unterbewusstes wird führend (siehe oben, 93%)
- Informationen gehen verloren (70% nach 10 min, 98% nach 2 Tagen)
- Informationen verändern sich (Zeugen > 50% falsch)
- vermeintliche Informationen kommen hinzu (Zeugen > 30% komplett falsch)
- Interpretation verschiebt Bedeutungen
- die Erwartungshaltung färbt subjektiv bereits beim Zuhören

451

the course of a message

some persons explain each other successively, one by one, an issue with certain circumstances:

- subconscious emotions will be most eminent (93%)
- information gets lost (70% after 10 min, 98% after 2 days)
- information is modified (testimonies > 50% wrong)
- completely false images (testimonies > 30% absolutely incorrect)
- interpretations shift meanings
- expectations modify contents already while listening

452

Thema „Respekt"

Welches ist die größte Beleidigung für einen Menschen
– die Missachtung.

Zurücksetzung, Herabsetzung, davor haben auch die meisten
Menschen Angst.

Diese Kränkungen führen oft zu subtilem Hass und „Rache".

Respekt und Zuwendung hingegen sind die Basis für eine gute
Kommunikation.

Man muss im Gegenüber stets den Menschen sehen.

topic "respect"

What ist the most insulting behaviour for a fellow human being ?
– it is disregard without respect.

Most people are really afraid of an affront or disparagement.

These offending insults result in hatred and subtile revenge.

Respect and personal appreciation form the basis for good
communication.

Always see the fellow human being in your partner, in your vis-a-vis.

Modifikation einer Botschaft

453

Black-out: Stress blockiert die objektive Wahrnehmung
deshalb Stress & Angst im Team vermeiden

Verzerrung: Sender sagt was anderes als er meint
Empfänger versteht es dann noch ganz anders

Erwartungshaltung: Resultiert aus Ängsten
das sog. Vorurteil
Konditionierung durch Emotionen-Gedanken

Unbewusst: Erscheinung, Mimik, Gang, Körpersprache
Symbole (Uhr, Schuhe)
Emotionale Ebene, s.o. (EQ)

modification of a message

black-out: stress jams objective perception
therefore avoid stress & anxiety in your team

Perception bias: the sender says
something different from what he means
the recipient misconceives it as something
even much more different

anticipitation: often resultung from fears,
the so-called prejudices are conditionings
by uncontrolled emotions and thoughts

subconscious: emotional perception of
mimics, body language and outward appearance
also symbols like clothing, shoes, watches, glasses
and room, furniture, positioning in a room

Rethorik braucht ein Ziel

Ziel: Man muss wissen was man will.
ein Ziel, ein Ideal, eine Aufgabe, etc.
Hohe Ethik ist zuletzt am tragfähigsten,
humanistisch-christliche Ideale sind langfristig erfolgreich.

Kein
Ziel: Das Ziel sollte man kennen bevor man in das Gespräch geht,
z.B. vor einem Konfliktgespräch mit Angehörigen.
Einfach nur nett reden wird als Schwäche erachtet.
Man erwartet fachliche und menschliche Kompetenz.

rethoric needs a positive goal

goal: the sender has to know what he wants:
a goal, a task, common values, etc.
a high ethical attitude is most sustainable and future orientated
humanistic-Christian ideals are succussful in the long run.

no
goal: Define the targets for a talk before you go into a meeting
e.g. before you prepare a conflict talk with relatives of a patient.
Only being friendly will be misinterpreted as weakness.
Your partners expect professional and interpersonal skills.

Rethorik braucht Technik

455

Satz: kurz ohne Nebensätze
            Wortreichtum, maximal eine Wiederholung
            menschliche Formulierungen
            nicht theoretisch, geschraubt, gekünstelt

Schnell: kann nervös und unsicher wirken
            kann als mangelndes Interesse, Mißachtung verstanden werden
            Zuhörer kombinieren stets langsamer als man sprechen kann

Langsam: zu langsam wirkt aber arrogant & beleidigend
          oder inkompetent
          ruft Widerstände hervor

rethoric needs skills

the sentence: should be short without accessory sentences
                   wordiness with a lot of synonyms, only one repetition
                   speak humanely (keep the humans in mind)
                   not affected and unnatural, no complicated sentences

quick talking: appears nervous and unsecure
                   reveals a lack of interest
                   will be seen as disregard and disrespect
                   and
                   recipients comprehend more slowly as we talk

talking slowly: slow talking sounds arrogant and is insulting
                   on the other side it is interpreted as incompetence
                   and will provoke resitance and opposition

Rethorik braucht Technik

Modulation:
„der Ton macht die Musik"
deshalb Stimmmelodie beachten
Geschwindigkeit wechseln, lebendig sprechen
normale freundlich-zugewandte Sprechmelodie
kurze Pausen sind ganz wichtig

Dominanz-Herabwürdigung:
laute-hohe-monotone-Stimme

Körpersprache:
offene Hände auf Niveau Bauch
darüber wäre nervös, hektisch
darunter wirkt abfällig
Mimik beachten
offener Blickkontakt und ggf. lächeln

rethoric needs skills

voice modulation:
"It's not the way you say something, but how you say it"
take care of a good speaking melody
talk vividly with changing tempo and tone colour
a normal friendly human-orientated way of speaking
short pauses are important

without voice
modulation:
this means disregard, disrespect, stupidity and dominance
avoid this ungood loud monotone voice.
It is too often heard by officials, clerks, doctors or nurses

body language:
open relaxed hands on the level of the belly
above the belly shows hectic and nervousness
below the belly shows dismissive and listless attitude
watch your own mimic
open eye contact and adequate smile

Patientenorientierung

Berater:	Verstehen Sie sich als Gesundheitsberater
Auftreten:	persönlich, menschlich, Wärme ausstrahlen verstehend, kompetent
Aufgabe:	Pat-Angeh. dürfen Ängste, Zweifel, Probleme frei äußern Wir sind dazu da uns das anzuhören
Gesprächs- ebene:	Initial Kontakt auf der emotionalen Ebene dann auf die Sachebene wechseln
Vermeide:	hierarchisches Auftreten mit einer formellen Autorität Keine Wertungen, keine Anweisungen Selbst nicht zuviel Verantwortung übernehmen diese sogar zurückgeben
Unhaltbares:	Erst mal sehr ernst nehmen und rückfragen (evtl. bis Pat-Angeh. selbst einsichtig wird) andere Meinungen ins Feld führen

457

patient orientation

adviser:	perceive yourself as an health adviser
appearance:	human, face-to-face, give a feeling of security and warmth, appreciate your vis-a-vis and be competent
task:	Relatives may express fears, doubts, problems freely, we ought to listen to them
emotional vs. subject level:	Initially the contact is mainly emotional later you change to the subject or factual level.
avoid:	a hierarchical position with formal authority no evaluations, no instructions Do not overtake too many tasks and responsibilities these should be "*skillfully*" delegated.
harsh arguments:	take them seriously - in the beginning - ask questions, please to explain them from all perspectives. Then **explain** other positions, opinions and interrelations.

458

Negatives Denken

Das kommt ganz von selbst:

Der Mensch neigt zu negativen Gedanken
Dies setzt Elan und Kraft herab

Die Medien unterstützen diese Entwicklung

Abwertungen und Ängste sind zuerst noch bewusst,
werde dann aber zunehmend unterbewusst.

Dies verfestigt sich leider,
wird zunehmend dominant im Denken
und spiegelt sich nach außen wider.

negative thinking

negative thinking will emerge naturally:

Humans tend to develop negative associations.
This reduces strength and enthusiasm

Our media induce these destructive reflexes.

Primarely we are still aware of these bad evaluations.
Devaluations and unfocused fears became subconscious.

Unfortunally these sick reflexes are fixed in the brain.
They become more and more a dominant thought pattern
that is increasingly perceived externally.

Positives Denken

- **Das wiederum muss man aktiv aufbauen**
- Freude, Humor, Sprachfähigkeit
- Singen, Musizieren, Gedichte, Anekdoten, Witze
- Training, Tanzen, TaiChi
- Soziales Engagement, humanistisch-christliche Werte
- Liebe, Dank, Vergebung
- Fleiß, Disziplin, Verantwortung, Zuverlässigkeit
- Freund sein für andere
- verlässlicher Partner sein für andere

459

positive thinking……..

- **….on the other hand - must be actively built up**
- joy, humour, conversational skills, anecdotes, sketches
- singing, playing an instrument, poems
- training, dancing, TaiChi
- social engagement, humanistic-Christian values
- love, gratitude, forgiveness
- diligence, discipline, responsibilities, reliability
- being a friend for others
- being a reliable partner for others

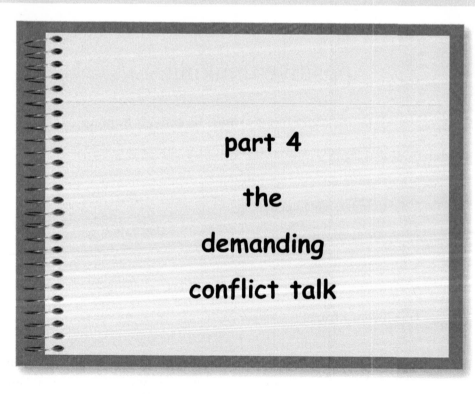

Konflikt
schlechte Nachricht

Was erwartet der Mitmensch von uns ?

Welche wesentlichen Gesprächsbedürfnisse hat er?

1. <u>Anerkennung</u>
2. <u>Sicherheit & Geborgenheit</u>
3. <u>Liebe von einem bestimmten Menschen</u>
4. <u>Selbstbezogenheit</u>
5. <u>Unabhängigkeit</u>

461

conflict & bad news

What do our partners expect from us ?

What are the 5 human *„communication needs"*?

- appreciation

- safety and security

- confidence in a certain person

- self-centredness

– independence & autonomy (interestingly seldom)

schlechte Nachricht

Gesprächstechnik - nicht zum Teil des Konfliktes werden :

- Blickkontakt, die Zuhörer folgen den Augen des Sprechers
- Bringen Sie die Information
- dabei nicht das Wörtchen „ich" verwenden
- stattdessen verweisen auf
  gemeinsame Ziele, Werte, Aufgabe, Team,
  „der Befund", „der Pflegestandard", „der Körper", „die Situation"
- Trennen Sie den Problemort vom Gesprächsort
- zugängliche menschliche Stimmmelodie (am Satzende Betonung nach oben)
- wenn Sie etwas vorlesen eine seriöse Stimme (flach, Betonung nach unten)
- Sachlich sprechen, ohne Wertung
- Winkel zum Gesprächspartner nebeneinander bis 90°
  nicht direkt gegenüber = Auge um Auge = Konfliktposition

462

bad news

conversational skill – do not become part of the conflict:

- eye contact face-to-face, the listeners follow the eyes of the speaker
- give the listeners the important information
- do not use the word „I"
- instead of this refer to
  common aims, common values, common tasks, the team and the facts:
  "the findings", "the standard of care", "the body", "the situation"
- the conversation should be transferred away from the "conflict room"
- friendly modulated voice melody, at the end of the sentence the voice is clearer
- but if you read, sound serious, straight, at the end of the sentence deepen your voice
- always be objective without evaluations, especially no negative statements
- be seated at an angle of 90° to each other
- never direct vis-à-vis - this is an aggressive conflict inducing position

Das Konfliktgespräch

auch hier nicht selbst Teil des Konfliktes werden :

- Druck erzeugt Gegendruck
- Deeskalieren durch Terminvergabe an einem anderen Ort
- Verständnis zeigen, Angst-Meinung-Vorgehen-Tat verstehen („Stoßdämpfer")
- Sie sind meist (oder wahrscheinlich) der Klügere – immer daran denken
- in der Klinik auch der Stärkere (d.f.: durch Klugheit „Angstbeißen" verhindern)
- Angehörige haben oft Schuldgefühl, sind Opfer dieser Gefühle, sie haben Angst
- Aber auch mal aggressiv, bösartig, selbstsüchtig, herabwürdigend
- sollte man benennen, z.B. „Warum glauben Sie uns beleidigen zu dürfen?"
- Sprich über gemeinsame Ziele? Gemeinsame Startegien?
- Angebote machen, bei Unmöglichkeit möglichst viele Angebote machen
- Aktivitäten abgeben an das Vis-a-vis.

the conflict talk

here the same - do not become part of the conflict:

- pressure induces counterpressure
- deeskalation by shifting the date to a different place
- show understanding for fears-opinions-approach-deed („shock absorber")
- you are probably more clever - think and act like this
- in the hospital you are also stronger (avoid aggression by intelligent prudence)
- relatives often feel guilty and are afraid
- but are sometimes aggressive, malicious, selfish, degrading.
- This should clearly be namend, e.g.: „What gives you the right to insult us?"
- Talk about common goals? ....common strategies?
- make offers, if it is difficult - make a lot of offers
- and delegate taks to your vis-a-vis

Wer fragt führt..................

- Wie kommen Sie zu der Meinung, dass .... ?
- Was machen wir falsch ?
- Gemeinsam prüfen: pro versus kontra Was spricht dafür ?
- erst mal keine Position beziehen (das macht angreifbar)
- erst klären mit vielen Rückfragen und aktivem Zuhören

- Angst ist oft Sorge, z.B. um das mühsam ersparte kleine Häuschen
- Deshalb Verständnis zeigen , „kann ich verstehen" erzeugt erstaunen
- durch Rückfragen „Eindenken", versuchen den Standpunkt nachzuvollziehen

- Aggression ist oft Dummheit & schlechtes Benehmen
- siehe Hassmails, Polizisten anpöbeln, Sanitäer behindern, usw.
- Da muss man dann sehr konkret, selbstbewusst & auch kompetent sein

if you ask, you can lead ....

- Why do you think that.................. ?
- What are we doing wrong ?
- examine jointly: the pros and cons.   What are the advantages ?
- do not adopt a position too early (that makes you vulnerable)
- First it should be clarified with questions and active listening

- Often your partners are frightened and concerned, e.g. to get heavy burdens
- Therefore show empathy -   *"I understand"* - is surprising
- Understand the different points of view with questions and compassion

- Aggression and insults are often forms of stupidness & bad manners
- e.g. these hate emails, attacking of paramedics and hampering policemen
- If you are offended - be very concrete, self-confident and professional.

Schlüsselfragen

Führen: Offene W-Fragen nutzen, um das Gespräch zu führen:
- „Was wünschen Sie ...."
- „Wie sehen Sie das ...."
- „Wie sehen Sie den Stellenwert ...."
- „Was ist Ihnen wichtig ...."
- „Welche Erfahrungen ...."
- „Welche Ziele/Pläne ...."
- „Welchen Weg könnten wir gehen ...."

Kritik wird nötig: „Wie kommt es denn, dass ...."

Anwürfe: „Warum glauben Sie ...."

Wendungen:
- „Für Sie ein wichtiger Punkt ...."
- „Augenblick, das war wichtig..........."
- „Da muss ich nochmals nachfragen ......"
- „Mir ein wichtiges Anliegen ...."

key questions

leading: Use open questions to *l e a d* the conversation:
- "What do you want ...."
- "How do you see this..............."
- "How do you see the importance........."
- "What is important to you ...."
- "What experience.............."
- "Which objectives / plans........."
- "Which path we could take........"

criticize him: „How could it happen that..............."

he critizises: „Why do you think.............."

good phrases:
- „For you an important aspect........."
- „One moment – this was essential..........."
- „Here I must ask you once more......"
- „For me a major issue ...."

466

Eindenken

Angehörige „meckern":	Warum tun Sie das ? Was hätten wir in dieser Situation getan ? Unstimmigkeiten ehrlich und objektiv prüfen „Ich bin froh, wenn sie zu uns kommen". Gel. muss man Kritik annehmen (sich auch mal entschuldigen) Oft sind Vorhaltungen ungerechtfertig
Problem:	Wer Teil des Problems wäre, könne nicht Bestandteil der Lösung sein. Deshalb nicht als Problem, sondern als Aufgabe betrachten Objektiv von außen betrachten Es ist eine Aufgabe, nicht ein Problem.

empathy

relatives „grumble":	Why are they doing this ? What would we have done in this situation ? Dissonances should be cleared honestly and objectively „I am glad that you come to us". Sometimes necessary to apologize or to accept criticism. Sometimes explain that there is no reason for reproaches
task / problem:	If you become part of the problem, you cannot be part of the solution. Therefore - never use the word "problem" - call it "task". Take an objective view from above, it is a task - not a problem.

Gesprächprofis

467

Fokus:	Eine vorgefestigte Erwartungshaltung ist unprofessionell Das dürfen Profis (Ärzte/PflegerInnen) nicht haben Sie sollten möglichst frei und objektiv sein.
Offen bleiben:	Nicht starr konditioniert reagieren.
zu emotional sein:	Man steuert nicht mehr Wird selbst negativ „Auf sich selbst aufpassen"
Reframing:	Ein unlösbares Problem kann durch Humor einen neuen Sichtwinkel bekommen

professional conversation

prejudices:	Fixed expectations are not professional not eligible for medical doctors and nurses They should be objective and unprejudiced
be open-minded:	Avoid to react conditioned and rigidly.
too emotional:	You will lose control Bears the risk to argue and to interprete negatively It is necessary to watch oneself
reframing:	A seemingly unsolvable "problem" can often be seen in a different way with a friendly positive humorous interpretation, which shows up a new point of view.

468

vermeiden

Ungute Phrasen:	… ich hoffe …	keine Fragezeichen senden
	… eigentlich …	negatives Füllwort
	… ein bißchen ..	abschwächend
	… soll sein …	unklar
	… bereit erklärt ..	besser „…konnte gewinnen….“

Reden: Selbst so wenig wie möglich, Verhältnis ca. 30 / 70

Keine Vorgaben: Lösungen werden nur „zerfleddert"
auf Vorschläge soll der Gesprächspartner selbst kommen
dies herbeiführen & dafür die Motivation suchen
selbst aussprechen und formulieren lassen
„Gut, dass Sie hier sind, da werden wir sicher eine Lösung
finden (oder helfen können)".

avoid

Bad phrases:	… I hope …	do not send question marks
	… actually …	senseless filler-word
	… a bit. ..	mitigating
	… may be …	unclear
	… agree to do ..	better *"we could win her to do"*

Talking : listening: Your relation talking / listening should be 30 / 70%

no directives: Early proposed solutions will be tattered
better if proposals come from your partners
prepare them for this and look for their motivation
They should express it by themselves
„Very good that you came here,
we will surely find a good solution".

vermeiden

Widerspruch:	Führt immer in eine Prestigediskussion Wenn man in diese Fall ging, dann zurück: „Vielleicht habe ich mich falsch ausgedrückt ….."
Superschlecht:	erhobener Finger oder ein Stift
Ganz geschickt hingegen :	„Ich mache mir Sorgen ……………….." Dies weist sehr charmant auf einen Mißstand hin

avoid

contradiction:	induces a prestige discussion If you made this mistake - then draw back: "Perhaps I did not express myself correctly….."
super bad:	a raised finger or a raised pencil
skillfully:	"I am concerned about………………." This way you can hint at a problem

Cave: Ich-Botschaften

Ich will/habe/ärgere usw. funktioniert nur ganz selten gut.

Weisung, Suggestion, Interpretation leider auch nicht (mehr).

Besser einen Nutzen für das Vis-a-vis suchen/hervorheben:

- „Wie schaffen wir es ....?"

Lösung/Widerspruch selbst formulieren lassen:

- „Wie würde es Ihnen gehen, wenn ...."

beware: I-messages

"I want....." *"I have....."* *"I should....."* - are rarely helpful.

Directives, suggestions, interpretations - are not either.

Better to find a benefit or a motivation for your vis-a-vis:

- „How can we both cope with this task ...."

The partner should find the contradictions to his wrong arguments

and also the final solution himself :

- "How would you feel if................."

Ziele finden

471

- Evtl. zunächst nur Teilziele ansteuern

- Nutzen & Vorteil „einbauen"

- Image und Status stehen als Ziel hoch im Kurs

find good goals

- subgoals are often better than big goals

- install benefits & advantages on the way

- there is a great demand for personal image and status

472

Kritikgespräch

- Soll möglichst ein Lösungsgespräch sein
- Nicht am Ort des Problems
- Zuerst Positives herausstellen
- Öffnende W-Rückfragen stellen
- Dann:
- Sorge und Betroffenheit
- Dann Lösung, wie
- „Wie wäre aus Ihrer Sicht ...."
- „Ich schlage nach Ihren Ausführunge vor ...."
- „Eine gute Lösung wäre nach Ihren Ausführungen ...."
- Und Schluss, Ergebnis gut, Ende.

a criticizing talk

- ....should be a common search for a good solution
- Do not do it at the place of the conflict.
- Primarily emphasize the positive aspects
- Ask open questions that allow a wide array of answers
- then - express sorrow and concern
- Then look for solutions:
- "How is your point of view regarding............."
- "Referring to your opinion I suppose..........."
- "A good solution - according to your explanations - could be..."
- And finally find a good conclusion and result.

Kritikgespräch

Schlecht: Geradlinig das Problem definieren
                                   „Meines Erachtens setzen Sie ...."
                                   „Die Konsequenz ist......................."
                                   Vorwürfe ungeschminkt, Ich-B., Meinungen, usw

Besser: Gruss, Gemeinsames, Positives
                                   Ein Problem entwickelt sich ....
                                   Wie sehen Sie die xy bei xy ....?
                                   Wurde von mehreren Seiten angesprochen ....
                                   Wie empfinden Sie.........?
                                   Was wäre eine Lösung ....?

Meine Meinung: Techniken kennen und gezielt anwenden
                                   Dabei authentisch (...) bleiben
                                   Ziele, Ideale verfolgen

473

a criticizing talk

bad: define the „problem" directly
                                   "In my opinion you ...."
                                   "The consequence is....................."
                                   straightforward criticism and opinions

better: greeting, common taks & interests, positive elements
                                   There is a task we have to look at.........
                                   What would you say about ....?
                                   The topic was raised by various parties.........
                                   How do you feel about......?
                                   What could be a good strategy or solution.....?

my opinion: train conversation skills
                                   Be an honest and likeable person
                                   Have goals and ideals with high ethics

474

Literatur

Altmann : Kunden kaufen nur von Siegern
Murphy: Die Macht des Unterbewussten
Peale: Die Kraft des positiven Denkens
Beck: Zen im Alltag
Lindemann: Überleben im Stress
Beer: Optimisten leben länger
Czierwitzky: Positives Denken gezielt einsetzen
Carnegie: Sorge Dich nicht – lebe.
Werner Correll: Motivation u. Überzeugung in Führung und Verkauf

Und vieles mehr

Steter Prozess

mit Fehlern & Weiterentwicklung

literature

Altmann : Kunden kaufen nur von Siegern
Murphy: Die Macht des Unterbewussten
Peale: Die Kraft des positiven Denkens
Beck: Zen im Alltag
Lindemann: Überleben im Stress
Beer: Optimisten leben länger
Czierwitzky: Positives Denken gezielt einsetzen
Carnegie: Sorge Dich nicht – lebe, and more Carnegies
Werner Correll: Motivation u. Überzeugung in Führung und Verkauf

....and much more

a constant process

with faults & further development

Vielen Dank

für Ihre Aufmerksamkeit

Thank you

for your kind attention

Geleitwort

Der Autor Dr. Peter Hien ist Facharzt für Innere Medizin und Pneumologie – sowie Vater von zwei mittlerweile erwachsenen Kindern – nämlich uns, den Autoren dieses Geleitwortes.

Die Inhalte, die er uns im Laufe unseres Lebens vermittelte und die er für wesentlich im Leben hält, hat er in diesem Buch aufgearbeitet und zusammengestellt. Man könnte also sagen, es handelt sich um Botschaften, die darauf abzielen den Empfänger für das Leben auszurüsten.

Im Laufe seines Lebens hatte er Kontakt zu einer breiten Auswahl von Menschen in verschiedensten Lebenssituationen und Konstellationen. In Kombination mit seinem familiären Leben, seinem breiten Interesse sowie dem Blick auf die aktuelle Entwicklung der Gesellschaft, hat er eine Vorstellung davon entwickelt, was Europa und „den Westen" ausmacht, was sie auszeichnet und stark macht – und was es zu erhalten und weiterzugeben gilt.

Dies gilt vornehmlich nicht für wirtschaftliche und materielle Inhalte, sondern primär für moralisch, idealistische und psychologische Aspekte, die an das Individuum gerichtet sind; in einer immer individualistischeren Gesellschaft, die das Gemeinsame zu vernachlässigen scheint und in der der Mensch nach Inhalten, Sinn und Identifikation sucht.

In diesem Sinne halten wir das Buch für sehr empfehlens- und lesenswert.

Anna & Felix Hien

Closing word

The author Peter Hien is a specialist at Internal Medicine and Pneumology. And he is the father of two children who have grown up to adults now – namely us, the writers of this closing word.

In this book he has collected and illustrated the subjects that he conveyed to us over the course of our childhhood and youth – and that he considers to be essential in life. So one could say that these subjects aim at equipping the recipients for life.

All his life he has been in contact with a wide range of people in the most different situations and contexts. In combination with his family environment, his widespread interests as well as his eye of the current development of society, he has gained an idea of what Europe and the "Western culture" are constituated, where their strength comes from – and what is worth to be preserved and passed on.

This does not apply for economic or materialistic contents, but mainly for moral, idealistic and psychological aspects. These are addressed to the individual in a more and more individualistic society which seems to neglect common values and in which people search for contents, meaning and identification.

In this sense, we consider this book to be very recommendable and worth reading.

Anna & Felix Hien